本书的出版得到国家社会科学基金项目“‘一带一路’南亚国家债务可持续性问题及我国应对策略研究”(项目编号: 19XGJ021)资助

印度财政支出的经济增长效应研究

罗文宝 著

科学技术文献出版社
SCIENTIFIC AND TECHNICAL DOCUMENTATION PRESS
·北京·

图书在版编目（CIP）数据

印度财政支出的经济增长效应研究 / 罗文宝著. —北京：科学技术文献出版社，2021.3
ISBN 978-7-5189-7430-6

Ⅰ.①印… Ⅱ.①罗… Ⅲ.①财政支出—关系—经济增长—研究—印度 Ⅳ.①F135.1

中国版本图书馆 CIP 数据核字（2020）第 245199 号

印度财政支出的经济增长效应研究

策划编辑：周国臻　责任编辑：崔灵菲　责任校对：王瑞瑞　责任出版：张志平

出 版 者　科学技术文献出版社
地　　址　北京市复兴路15号　邮编 100038
编 务 部　(010) 58882938，58882087（传真）
发 行 部　(010) 58882868，58882870（传真）
邮 购 部　(010) 58882873
官方网址　www.stdp.com.cn
发 行 者　科学技术文献出版社发行　全国各地新华书店经销
印 刷 者　北京虎彩文化传播有限公司
版　　次　2021 年 3 月第 1 版　2021 年 3 月第 1 次印刷
开　　本　787×1092　1/16
字　　数　230千
印　　张　11.5
书　　号　ISBN 978-7-5189-7430-6
定　　价　48.00元

前　言

财政支出的经济增长效应问题一直是经济学关注的焦点之一，也是政府制定宏观经济政策面临的难题。2007 年世界金融危机爆发后，探索危机产生的根源、寻求危机治理的举措再次将这一问题推到风口浪尖。全球多数经济体不约而同选择了扩张性财政政策以应对危机冲击，作为新兴发展中工业化国家的印度也不例外。危机爆发后，印度政府除实施大幅减税免税政策外，还在农业、制造业和基础设施等领域推行了大规模公共财政扶持计划；伴随宽松财政政策的是 2008—2009 至 2015—2016 财年印度取得了实际 GDP 年均增长率高达 6.92%的骄人成绩。因此，本研究选择印度财政支出的经济增长效应作为研究对象，旨在弄清印度自独立以来财政支出与经济增长之间的真实关系，更重要的是试图探讨财政支出与经济增长之间关系的一般性规律，以期为我国当前供给侧改革背景下如何用好用活财政支出政策以实现“保增长、调结构、促发展”目标的实现提供借鉴与启示。

第一，绪论部分明确指出了研究的背景和意义。在全球多数经济体主要以财政手段应对危机冲击、稳定经济增长的政策实践背景下，研究财政支出的经济增长效应不仅可以丰富经济学关于政府与市场关系的理论探索，而且还能在实践上为主要经济体特别是新兴发展中国家科学决策财政政策特别是财政支出政策提供借鉴。

第二，对财政支出的经济增长效应研究的现有相关文献进行综述。内生增长理论是当前研究财政支出与经济增长之间关系的主要理论范式。在这一分析框架下，大量文献围绕财政支出规模和支出结构与经济增长的关系进行了深入的理论探讨和实证分析，取得了丰富成果，但也尚存不足之处：①研究结论分歧较大。②多以静态研究为主。③割裂了配置效率与管理效率之间的内在联系。④以印度为个案的研究成果较少。上述不足之处削弱了研究结论的可信度和一般性意义。文献综述部分旨在为全书研究奠定理论基础、选择研究视角和寻求研究切入点。

第三，分别以新古典增长理论和内生增长理论为基础构建数理模型对财政支出与经济增长的关系进行理论分析。①基于新古典增长理论的分析模型表明，财政支出变动无法作用于长期经济增长，但对动态过渡期的经济增长率产生影响，且财政支出规模和结构与动态过渡期经济增长率均呈倒“U”形关系。②基于内生增长理论模型的分析表明，财政支出规模和支出结构对长期经济增长均产生重要影响。当税率水平低于财政支出的产出弹性时，扩大财政支出规模是合理的；反之则反。当某项财政支出比重小于其产出弹性时，提高该项财政支出比重是合理的；反之则反。③两种模型分析都认为，最优财政支出规模和最优财政支出结构最终是由财政支出的产出弹性或生产效率决定的。

第四，梳理和回顾印度自独立以来财政制度和财政政策变迁的历程与特征，为印度财政支出的经济增长效应分析提供制度背景和政策背景。①开启自由化改革之前，政府通过财政分权制度、征税制度和预算制度等安排和政策调节为以公有制为基础的国民经济形成与发展动员经济资源，财政支出以总量管理或规模管理为主。②开启自由化改革之后，以市场为基础的公共财政体制日益形成，财政功能逐渐从动员经济资源单一型向促进经济增长、收入分配和社会稳定等复合型转变，财政支出以结构管理和绩效管理为主。

第五，采用描述性统计方法对印度财政支出与经济增长之间的关系进行经验分析。①混合经济时期印度财政支出的经济增长效应较小，但随着支出规模的逐渐扩大其产出效应也日益增强。② 20 世纪 80 年代印度自由化改革初期，财政支出规模的进一步扩大和支出结构的适度调整均在一定程度上促进了印度经济的增长。③ 20 世纪 90 年代印度全面开启自由化改革后，印度财政支出结构管理和绩效管理对其经济增长发挥了重要作用。④ 2007 年金融危机发生后政府所采取的财政扩张举措对恢复、稳定和促进印度经济增长具有重要意义。

第六，构建滚动向量自回归（VAR）模型以印度 1950—1951 至 2015—2016 财年相关数据为基础对印度财政支出的经济效应进行检验。①多数年份印度财政支出的产出效应为正，表明财政支出规模尚未达最优水平。②经济增长对财政支出的脉冲响应累积值出现前后两次悬殊较大的峰值，表明财政支出的产出效应不仅与支出规模有关，而且也与财政支出结构和财政资金管理或使用效率有直接关系。因此，支出规模和支出结构的最优水平会随着财政支出使用效率的变化而变化。③经常性支出与资本性支出的产出效应均为正，但前者高于后者，这一实证结果不支持本研究理论模型的分析结论，可能原因在于印度资本性支出多用于效率低下的农业部门。④债务利息支出、国防支出、财政补贴支出的短期和长期产出效应均为负，教育服务与养老服务支出的产出效应为正，与本研究经验分析结论一致。⑤行政管理支出的产出效应短期为正、长期为负。⑥经济服务支出和医疗服务支出对经济增长的效应从总体来看是负效应，前者可能与相关财政支出主要用于生产效率相对低下的农业部门有关，后者可能与医疗服务支出较低的管理效率有关。

第七，针对中国当前全口径政府财政支出规模高达 38.47%、“建设型财政”特征依然显著、财政支出效率普遍低下的现状，正值供给侧结构性改革的背景下，结合本研究相关研究结论提出 5 点启示：①适当控制和压缩财政支出规模，提升公共资源的使用质量，增强公共资源的使用效率。②建立和健全与市场经济相适应的公共财政体制。③优化财政支出结构，促进包容性增长。④完善财政资金分配、监管和绩效评估机制。⑤坚持厉行反腐提升行政管理支出效率等。

本书在撰写过程中得到了四川大学南亚研究所杨文武研究员、四川大学出国培训部（出国留学预备学院）蒲诗璐博士、长江师范学院财经学院苏畅博士、西南大学商贸学院谢向伟博士等的大力支持和帮助，在此表示衷心感谢！此外，本书参考了近年来国内外财政支出效应、经济增长等领域的最新研究成果，因篇幅所限，在此不再一一列举，谨向相关专家与学者致以谢意！

本书的出版得到国家社会科学基金项目“‘一带一路’南亚国家债务可持续性问题及我国应对策略研究”（项目编号：19XGJ021）资助。

由于笔者水平有限，相关研究文献较少，书中难免存在疏漏和不足，敬请各位专家和读者批评指正。

目　录

1 绪 论

1.1 研究背景及意义

1.1.1 研究背景

① 从世界经济发展的现实需求来看，以财政支出的经济增长效应作为核心问题进行研究有其内在的逻辑必然性。2007 年美国爆发次贷危机后，全球经济遭受重创。据世界银行统计数据表明，危机前（2003—2007 年）世界经济年均增长率为 3.72%，但危机后（2008—2014 年）年均增长率急剧下降到 1.91%。为了降低经济危机的冲击，稳定本国的经济增长，各国政府均无一例外地实行了扩张性财政政策和货币政策。但在运用两种政策的力度上，由于国情的不同，新兴发展中国家大都更倾向于财政手段，如中国政府的减税措施和四万亿元刺激方案；印度政府除减免税收外，还对农业、制造业和基础设施等领域推行了大规模公共财政扶持计划；南非政府在公共基础设施领域的财政投资就高达 7870 亿兰特；俄罗斯在减税的同时也推行了财政支出扩张政策，内容涉及飞机制造和民航业的利息补贴、农业生产投入及政府采购等。这种公共政策取向在学术界一直备受质疑，问题集中体现在财政支出能否真正起到稳定或促进经济增长的作用上。事实上，关于财政支出的经济增长效应一直是学术界争论的焦点之一，从古典主义、凯恩斯主义、新古典主义到新增长理论一直没有间断。因此，本研究以财政支出的经济增长效应为研究对象旨在契合当前世界经济增长困境对相关经济理论研究和理论建设需求。

②从印度经济增长、财政支出的演变历程来看，把印度作为本研究的主要研究对象既具有一般性又具有特殊性。印度是“金砖五国”之一，既具有当今世界新兴工业化发展中大国的一般性，但其经济增长的演变历程和财政支出模式也有不同于其他新兴发展中国家的特殊性。

首先，从印度经济增长演变来看，经历了从缓慢到中高速的发展过程。独立以来的近 70 年的时间大致可分为 4 个阶段。第一阶段为独立后的 30 年。独立之初，受历史、宗教和费边社会主义思潮的影响，尼赫鲁领导印度推行了“混合经济”发展模式，即以公共财政为依托，大力建立国营企业和发展国家资本主义，同时也允许私营经济在一定范围内存在。依靠这一模式，印度经济经历曲折而缓慢的发展，实现了GDP年均增长率为3.5%的“印度教徒式增长”。第二阶段为改革初期的20世纪80年代。1980年英迪拉·甘地（Indira Gandhi）执政后，大力推进“绿色革命”，放松对私人经济的控制，整顿国营经济秩序；随后上台的拉吉夫·甘地（Rajiv Gandhi）又继续推行经济自由化改革和信息技术产业发展政策，这些举措成功实现了印度经济从低速向中高速过度，GDP年均增长率达5.6%。第三阶段开始于印度全面自由化改革到2007年世界金融危机爆发。这一时期印度推行自由化、市场化、私有化和全球化改革方略，经济发展取得显著成效，经济增长步入快车道，这一阶段GDP年均增速为6.7%。第四阶段是2008年至今。这一时期，印度尽管也遭到全球金融危机的冲击，但政府通过推行宽松的货币政策和财政政策，加大财政支持力度，调整财政支出结构，推行税制改革和各项就业促进计划，2008—2013年，印度经济成功实现了6.9%的中高速增长，远远快于同期发达国家的增速。2014年5月，莫迪就任印度政府新总理开启了印度经济增长的新时代。他以改进政府工作效率和基础设施、振兴制造业、改革土地制度和劳工制度等举措为印度经济增长带来新的预期。世界银行、国际货币基金组织等普遍认为印度经济增速会超过中国。

其次，从印度财政支出规模、支出结构和赤字演变来看，经历了规模从小到大、赤字从低到高、结构从不变到适时变化的历程。与经济增长同步，财政支出规模和结构演变也可以分为4个阶段。独立后30年的第一阶段，财政支出占GDP比重维持在16.4%的较低水平；同期，赤字规模也不大，水平控制在3.4%以内。20世纪80年代为第二阶段，这一时期，财政支出具有规模管理的特征，“六五”计划和“七五”计划时期的支出规模迅速扩大，占GDP比重迅速上升到26.3%，赤字规模上升至7.9%，不过各项财政支出结构的变化幅度不大。1991年开启自由化市场化改革至2007年金融危机爆发为第三阶段，这一时期，印度政府的财政政策具有结构性特征，支出规模得到控制，基本维持在80年代末期的水平，占GDP比重小幅上升到26.4%，但赤字规模仍然高企，达7.6%。2007年金融危机爆发以来是第四阶段，受金融危机的冲击和莫迪政府庞大的振兴计划的影响，财政支出规模再次攀升，达29.3%，同时赤字水平也继续在高位徘徊，达7.2%，远超出3%的国际警戒线标准。因此，把印度财政支出与经济增长的关系作为本选题的研究对象探索其规律，旨在为包括我国在内的广大新兴发展中国家抉择经济发展战略、制定经济增长促进政策提供经验借鉴。

③从理论层面看，政府与市场的关系问题始终是经济学聚焦的问题之一。20世纪90年代，以Barro等为代表的经济学家们从内生增长的视角对财政支出与经济增长的关系进行了深入探讨，其研究成果在政府与市场之间打开了一个新的通道，这再次激发了学界研究财政支出与经济增长关系的极大热忱；2007年全球金融危机后，多国政府偏重财政政策工具以拯救本国经济的实践也助推了时下学术研究潮流。学者们试图弄清财政支出规模和支出结构对经济增长产生的影响。财政支出规模反映政府支配经济活动的能力大小，财政支出结构描述政府经济活动的轻重缓急。将上述因素与经济增

长结合起来进行研究依然是当前经济学研究的前沿问题，这些问题的探讨对一国政府如何制定其财政政策特别是财政支出政策具有重要的指导意义。例如，一国财政支出有没有最优规模？如果有，如何确定？一国政府如何优化其财政支出结构？影响财政支出规模与财政支出结构的最终因素是什么？等等。对上述问题的科学解答有助于政府公共财政决策的科学性和合理性。

1.1.2 研究意义

本研究首先分别以新古典增长理论和内生增长理论为基础，构建包括财政支出规模、财政支出结构两大因素与经济增长关系的数理模型进行推导，得出一般性结论；其次对印度财政支出的经济增长效应进行描述性分析，初步判断印度财政支出规模与财政支出结构的关系；再次构建滚动 VAR 模型并运用印度 1950—2016 年数据形成的结论进行实证检验；最后是对检验结果进行分析。本研究主要拟弄清楚以下几个问题：财政支出总量即规模如何影响人均产出？财政支出结构跟经济产出的关系是什么？影响财政支出规模和支出结构的最终因素是什么？印度财政支出的经济增长效应研究对中国有何启示？因此，本研究不仅具有重要理论意义，而且也具有重要现实借鉴意义。

1.1.2.1 理论意义

首先，本研究运用经济增长的前沿理论——内生增长理论对印度财政支出的经济增长效应进行国别研究，这是对一般理论的具体化，本身就具有重要理论意义；其次，本研究构建滚动 VAR 对财政支出规模和财政支出结构的经济增长效应进行检验，动态揭示相关变量之间的关系，所得的研究结论更客观，可信度更高；最后，本研究把配置效率与使用效率结合起来进行研究，指出了财政支出的使用效率或管理效率是影响财政支出规模和结构的最终因素，其变动将直接影响最优配置规模和最优配置结构，上述结论对于公共财政理论建设具有重要意义。

1.1.2.2 现实意义

首先，本研究的研究结论有助于印度政府在对本国财政支出进行管理和宏观调控时发现真问题和找到真办法，如为印度政府在治理国家经济时决策财政支出规模和财政支出结构的合理水平、探索提升财政支出效率的路径等方面提供咨询依据。其次，依据同样的分析逻辑和研究方法对中国财政支出的经济增长效应进行考察，在当前中国经济进入“新常态”、正着力进行供给侧改革的背景下，其研究结论无疑为我国政府科学抉择财政政策提供有益的借鉴和参考，从而有助于进一步理顺市场与政府的关系、有助于把握政府实施财政政策的力度、节奏和重点，有助于“稳增长、调结构、促转型、惠民生、防风险”政策目标的实现。最后，本研究的一般性结论还为新兴发展中国家协调政府与市场的关系、促进本国经济增长、制定本国宏观调控政策提供借鉴和参考。

1.2 研究方法及技术路线

1.2.1 研究思路和方法

1.2.1.1 研究思路

第一，明确选题背景，提出研究问题，指出研究意义；第二，对相关文献进行综述，为本研究找出进一步研究的视角和切入点；第三，从新古典增长理论和内生增长理论构建数理模型对财政支出的规模和结构与经济增长的关系进行分析，得出一般性规律；第四，梳理印度财政制度和财政政策变迁历程，分析其特征，为本选题的研究工作提供制度背景和政策背景；第五，对印度财政支出规模和支出结构与经济增长的关系进行描述性统计分析，初步得出分析结论；第六，构建VAR模型对印度财政支出规模与结构的经济增长效应进行实证检验，分析检验结果，并同前文数理模型分析结论进行对比分析；第七，在此基础之上指出对中国财政支出政策决策的启示。

1.2.1.2 研究方法

本研究的主要目标在于弄清楚印度自独立以来各个历史时期财政支出与经济增长之间的关系及这种关系的演变规律，为弄清楚这些问题，拟采用历史与逻辑相结合、实证与规范相结合、定性与定量相结合等科学研究方法。

①历史与逻辑相结合。历史分析即按照历史演变的先后顺序把握历史现象的内在联系，从而揭示历史发展的规律；逻辑分析即撇开历史的具体形式和偶然因素仅从理论形态上或形式上再现其内在联系或规律的研究方法。本研究从印度特殊的历史背景出发，采用历史主义的分析方法对印度现代公共财政体制的演变历程及趋势和阶段性特征及形成原因进行梳理和分析；而在对印度财政支出规模与结构变动所引起的印度经济增长效应变化程度进行研究时，又采用逻辑主义的分析方法，对形式化数理模型进行严密推理。

②实证与规范相结合。实证分析即通过对经济现象仅进行客观描述或经验分析解决"是什么"或者"怎么样"的问题不做价值判断的研究方法；规范分析是指对一定现象或判断做一定价值判断以回答"应该是什么"或"应该怎么办"的研究方法。通常，实证分析和规范分析在经济研究中同时和配合使用，很难将二者进行独立应用。本研究无论是对印度财政支出所做的经验分析还是构建模型进行的实证检验，这些实证分析都离不开规范分析。例如，对印度财政支出是否影响长期经济增长、它们之间

的关系又如何、什么样的财政支出政策才是合理的政策等问题的思考，既要考察其内在客观规律性，又要对其相关政策主张的合理性进行评价。

③定性与定量相结合。定性分析是指对事物本质的分析，通常采用归纳与演绎、分析与综合、一般与特殊等相结合的方法对经验材料进行去粗取精、去伪存真、由此及彼、由表及里进行思维加工，旨在揭示事物的本质。本研究对印度财政制度与政策演进过程进行梳理主要采用分析和综合方法揭示印度财政制度与财政政策演变的规律，为本研究的进一步研究提供政策和制度背景；通过梳理关于财政支出的经济增长效应的相关文献，分析财政支出与经济增长的互动关系及特征，为后文定量分析印度财政支出的经济增长效应提供支撑。定量分析是指对经济现象间数量特征、数量关系与数量变化进行分析从而达到揭示和描述经济现象间相互作用和发展趋势的目的。本研究的定量分析是指以印度特定样本区间的财政支出数据为基础，对印度财政支出的经济增长效应进行描述性分析和计量检验，从而揭示印度财政支出与经济增长之间的真实关系。

1.2.2 技术路线

本研究的行文逻辑：背景、意义、创新—相关理论综述—构建数理模型—描述性分析—计量检验—结论启示。其技术路线如图 1.1 所示。

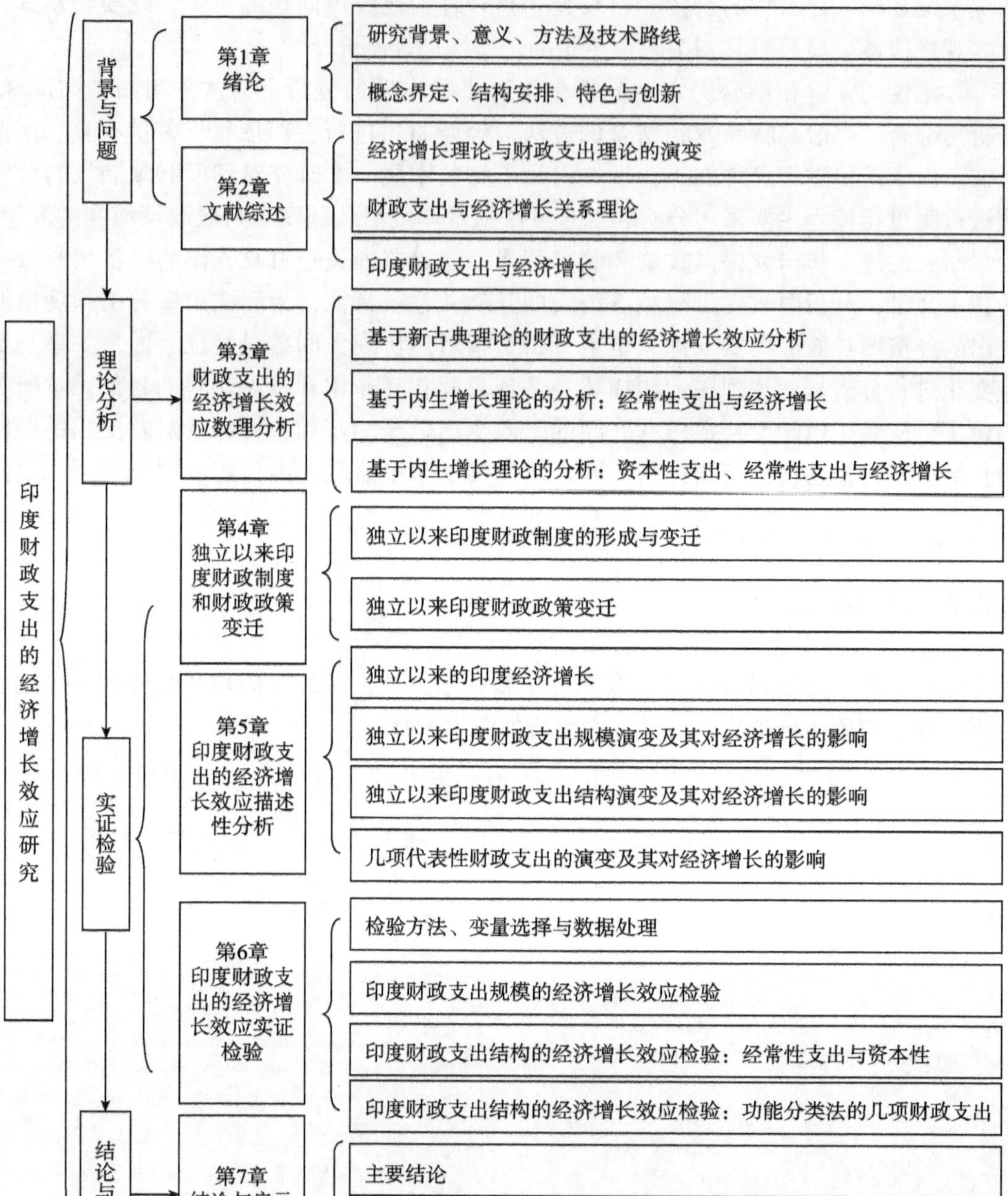

图 1.1　印度财政支出的经济增长效应研究内容框架

1.3 核心概念界定

1.3.1 财政支出规模与财政支出结构

财政支出，即公共支出，是指政府为了履行其资源配置、收入分配、经济稳定与发展、维护社会和谐与国家长治久安政治局面等职能，按照财政部门的预算计划，将国家财政资金进行分配和支付的经济活动。中国财政学家邓子基认为："财政支出是以国家为主体，以政府的事权为依据进行的一种财政资金分配活动，集中反映了国家的职能活动范围及其所发生的耗费。"①

财政支出规模（scale of public expenditure）即指政府在一定时期内分配或支付的财政支出总量，可用财政支出绝对数表示，也可用财政绝对支出数占国民生产总值（GNP）或国内生产总值（GDP）的比重即相对数来表示。它反映出一国政府经济实力的大小，也反映了政府支配经济活动能力的大小。早期经济理论与实践提倡经济自由主义，认为政府的职能仅限于防御外敌、维持秩序和提供法律制度等，因此政府支出占国民收入比重较小。但随着资本主义经济危机的日益频繁和加深，为了消除危机影响和维持社会稳定，政府职能越来越多，这直接导致政府财政支出规模呈不断扩大态势。

推动财政支出规模不断扩大的因素很多。德国经济学家 Wagner 认为，经济增长导致国家活动增多从而导致财政支出规模不断扩大，此即"瓦格纳法则"。而 Peacock 等却认为，内外两种因素共同作用导致了财政支出的不断增长。从外因来看，外部危机让公民容忍了政府税收水平的提高，但当危机消除后，政府支出并不会退回到先前水平，这是财政支出不断增长的主要原因；从内因来看，经济增长引起收入增长从而导致政府税收增长。

经济理论和经验实践都证明了扩大财政支出规模在一定程度上可以推动国民经济增长。政府提供充足的公共品，包括安全的国防、稳定的政治环境、健康的生态环境、良好的基础设施及健全的法律制度体系等，是经济获得较快增长的必要条件，社会公共品严重匮乏必然会极大压缩国民经济的发展空间。但财政在本质上又属于政府参与国民收入的再分配活动，财政支出规模的扩大就意味着政府从国民收入分配中获得的份额在增加，而家庭和企业能够获得的国民收入份额在减少，这将导致家庭消费需求和企业投资需求同时下降，从而引起国民收入下降。

财政支出结构（composition of public expenditure）即按某一标准划分的各项财政支出占财政总支出的比重或相互间的比重关系，又称财政支出构成，常用各项支出占财

① 邓子基．财政学［M］．北京：高等教育出版社，2008：31。

政总支出的百分比来表示。影响财政支出结构的因素主要有经济体制、一国所处的经济发展阶段及所面临的国内外环境等。国家经济体制不同政府职能则不同，其财政支出结构也有所不同。通常，中央计划经济的国家比非中央计划经济的国家生产性支出多于消费性支出。经济发展阶段不同的国家或同一国家不同的经济发展经济阶段，其财政支出结构也有较大差异。财政学家马斯格雷夫（R. A. Musgrave）和发展经济学家罗斯托（W. W. Rostow）认为，不同经济发展阶段政府的职能有所不同，其财政支出结构也会有所不同。早期政府对公共基础设施投资较多甚至超过国民经济增长速度；中期政府的公共投资一般是作为私人投资的补充而存在；成熟阶段政府投资于基础设施的支出会减少，相反政府在公共服务和社会保障方面的投资将不断增加。当一国面临较大国际战争风险或不稳定的国内政治局势时，国防支出和公共安全支出会增加，从而挤占民生支出比重。合意的财政支出结构通常是指各项支出既要符合社会共同需要又保持相对协调、合理的比重关系。因此，在财政资源既定的前提下，优化财政支出结构、合理配置公共资源是政府财政管理的重要内容。

1.3.2 购买性支出与转移性支出

以政府经济活动性质为依据可将财政支出划分为购买性支出（purchase expenditure）和转移性支出（transfer expenditure）。购买性支出又称消耗性支出，是指政府按照等价交换原则通过购买企业或个人的商品和劳务再以公共品形式提供给社会成员或公众，这种支出对国民生产与就业产生直接影响，是国民收入的重要组成部分。转移性支出是指政府将财政资金无偿地转移给个人、家庭、企业或其他社会受益者，如各类财政补贴、失业救济金和养老保险等支出，这类支出是国民收入的再分配活动，直接影响社会财富的分配结果，但只能间接影响国民生产与就业。通常，发达国家市场体制较为完善，政府直接干预经济的活动较少，政府购买性支出也较少，相反，转移支出则较多；而经济欠发达的大多数发展中国家，政府直接干预经济的活动较多，加之公共基础设施投资需求较大，从而导致政府购买性支出较大而转移性支出较少。

1.3.3 经常性支出与资本性支出

国际货币基金组织（IMF）依照财政支出效益产生时间的长短的经济分类法将财政支出分为经常性支出（current expenditure）和资本性支出（capital expenditure）两类。经常性支出是指维持公共部门正常运转或保障人们基本生活所必需的支出，如人员经费、公用事业经费、社会保障支出，这些支出仅对当年经济增长产生影响；资本性支出是指用于购买或生产使用年限通常在一年以上既对当年经济产生一定影响又作用于未来经济增长的资本品的财政支出。由于经常性支出和资本性支出对经济增长的作用机制不同，其发挥效应的时间长短也有所不同，这种状况往往令政府决策者面临两难境地。增加经常性支出以追求当下有较高经济增长率的公共决策可能影响或削弱未来经济增长的潜力。但是，增加资本性支出以弥补经济发展短板、增强经济发展后劲又必然以牺牲当下经济增长为代价，这种决策可能影响政府的选票和支持率。印度经常性支出主要包括国防、对各邦的捐款、一般服务、社会社区服务、经济服务等各项支出，其中一般服务支出又包括征税费用、债务利息支出、行政管理支出、退休金等，社会社区服务支出主要由教育、医疗、公共卫生、信息及广播、劳动就业、住房等支出构成，经济服务支出主要由一般经济服务、农业及相关部门、工业与矿业、水电开发、交通运输等支出构成。

1.3.4 发展性支出与非发展性支出

印度政府按经济分类方法把财政支出分为发展性支出（developmental expenditure）和非发展性支出（non-developmental expenditure）。发展性支出是指直接与经济发展有关的活动所产生的财政支出，又可进一步划分为社会服务支出及经济服务支出。社会服务包括社区提供基本必需品的支出，如教育、医疗、公共卫生、计划生育、工人的福利计划等支出，农村就业计划、让受过教育的失业人员获益的计划、消除贫民窟计划、农村水供应等支出都属于社会服务支出。经济服务支出包括那些直接或间接促进经济发展中生产性活动的支出，包括农业、工业、运输、通信及水利灌溉工程等在内的经济服务支出。由中央对各邦的这类活动给予的赠款及贷款也为经济服务支出。非发展性支出是指维持政府正常运转的一般基本服务所引起的财政开支，通常可进一步划分为一般服务支出和不可分支出。一般服务支出包括民政服务支出、国防费用及为国家的基本管理机构的拨款，如一般行政管理、税收、公共安全、从事对外关系、国防、减灾等都为一般服务支出。然而，控制和管理各种社会经济活动的支出却属于有关功能的会计科目，所有那些不与特殊用途有关的支出则归入“不可分支出”范围。债务利息支出、退休金、粮食补贴、中央对各邦用于这方面的法定赠款、暂付款及特殊贷款均为不可分支出。此外，对他国的援助也属于不可分支出。

由于各个国家财政统计目标和统计口径的不同，财政支出分类也不完全相同。印度在财政支出统计中主要采用功能分类法、经济分类法和预算法案等多种不同的分类方法把财政支出分为经常性支出和资本性支出、计划性支出与非计划性支出、发展性支出与非发展性支出等。本研究主要采用国际货币基金组织（IMF）的经济分类方法，将政府财政支出分为资本性支出和经常性支出两种。资本性支出形成了诸如道路、桥梁、机场、码头、港口、能源设施和通信等基础设施及基础科学研究等累积性公共产品即公共资本，它与累积性私人资本相对应，在本质上属于存量生产要素，对推动长期经济增长具有重要意义。政府提供的经常性支出最终形成的非累积性公共产品即公共服务主要包括维护公共资本正常运行的支出、维持政府日常管理工作正常运转的支出、立法与司法服务活动的支出等。这种支出在本质上是一种流量生产要素，仅作用于当期经济增长，无累积效应和长期经济增长效应。

1.4 本书结构安排

本书共分为7章。

第1章：绪论。

第2章：文献综述。本章共分3个部分。第一，对财政支出的经济增长效应理论及相关实证研究进行述评，主要包括凯恩斯主义的乘数理论、新古典经济增长理论关于财政支出的短期增长效应的研究，以及内生增长理论关于财政支出的长期增长效应，特别是对新增长理论中关于各类补贴和各类财政支出的长期经济增长效应的理论研究进行综述；第二，对印度财政支出的经济增长效应研究相关文献进行综述；第三，本章的简要评述。

第3章：财政支出的经济增长效应数理分析。本章分别构建基于新古典增长理论和内生增长理论的模型对财政支出与经济增长的关系进行数理分析，即构建人均产出增长、财政支出规模和财政支出结构等变量在内的生产方程、约束方程或效用函数，分别求解出稳态均衡增长率和均衡路径上的经济增长率，再分别用支出规模、支出结构对稳态均衡增长率或均衡增长路径上的经济增长率求一阶条件，分析财政支出规模和财政支出变动状况同稳态经济增长率或均衡经济增长率之间的关系，以便为后文印度财政支出与经济增长之间关系的经验分析提供理论基础。

第4章：独立以来印度财政制度和财政政策变迁。本章旨在从宏观上对印度财政制度和财政政策的形成与变迁进行总体把握和认识。主要从联邦分税制形成与变迁、预算制度的演进、税收制度的变迁与现状、支出制度的变迁及现状、财政监察制度与赤字管理制度的形成与演变、印度财政政策的演变等几个方面对印度财政制度和政策的变迁历程及其特征进行梳理和分析，目的在于为下文进一步研究印度财政支出的经济增长效应提供制度背景和政策背景。

第5章：印度财政支出的经济增长效应描述性分析。首先，分4个阶段对印度自独立以来的经济增长情况进行概述与特征分析；其次，介绍同期印度财政支出水平、结构演变情况；最后，进行描述统计分析，初步揭示印度财政支出与经济增长的关系及其演变规律。

第6章：印度财政支出的经济增长效应实证检验。本章基于前文的理论研究和经验分析，先采用滚动向量自回归（VAR）计量检验方法对印度人均GDP、印度财政支出总量、实际利率、资本形成等变量进行动态检验，并运用格兰杰因果分析方法检验各个变量之间的结构关系。最后继续采用VAR方法对印度人均GDP、资本形成、经常性支出、资本性支出、财政补贴、债务利息支出、国防支出、政府管理费用支出、教育服务支出、经济服务支出、医疗服务支出等进行实证检验，考察印度财政支出结构变化与经济增长之间的关系。

第7章：结论与启示。首先，对前文理论和实证研究的主要结论进行概括和总结；其次，针对当前中国经济新常态和供给侧改革背景，结合前文的相关研究结论，就中国如何改革财政体制、如何提高财政支出的产出效应等问题给出启示与建议。

1.5 创新与不足

本研究可能的创新之处主要包括以下几个方面。

首先，本研究把“财政支出的产出弹性可变”作为研究前提，将财政支出的配置效率与管理效率一并纳入分析系统分析其产出效应，其研究思路丰富和完善了公共财政支出理论。本研究分别以新古典经济增长理论和内生增长理论为基础构建数理模型对财政支出的经济增长效应进行了一般性研究。理论模型分析表明，影响财政支出产出效应的因素不仅有财政支出规模和财政支出结构，还有财政支出的产出弹性。现有研究文献均把“财政支出的产出弹性不变”作为前提条件来探讨该问题，即仅从财政支出的配置效率视角研究财政支出的产出效应，忽视了动态的财政支出产出弹性即财政支出的管理效率或使用效率对财政支出产出效应的重要影响，这一假定与经济现实不吻合。事实上，财政制度或财政政策不仅通过规模或结构调整影响财政支出的产出效应，还通过财政资金的绩效管理影响财政支出产出效应。

其次，采用历史分析和制度分析方法对财政支出产出效应的变化原因进行探讨，这是对财政支出产出效应仅进行数理分析和实证检验的传统研究思路和方法的补充和完善。本研究对印度财政制度与财政政策的变迁历程进行梳理，从制度背景和政策背景角度对印度财政支出的产出效应的影响因素进行了分析。研究认为，印度财政支出产出效应的变化不仅与印度财政支出规模和结构调整有关，也是印度政府加强财政支出绩效管理的结果。运用历史分析和制度分析方法分析财政支出的产出效应，不仅可以深入探讨一国财政支出规模和结构变化的制度和政策原因，而且也有助于弄清楚一国财政支出使用效率变化的制度和政策原因，从而克服了以往将财政支出产出效应变化仅仅视为配置效率的变化而忽视使用效率变化的局限性。

再次，采用滚动VAR计量方法对财政支出的产出效应进行实证检验，在一定程度上规避了以往静态分析方法的局限性。本研究将印度1951—2015年65个样本按30年周期对印度财政支出的经济增长效应分段进行检验，动态考察各个跨期印度经济增长对印度财政支出的脉冲响应值变化趋势。这种方法较为准确地考察了引起印度财政支出产出效应变化的具体因素，从而有效规避了以往静态分析方法的局限性，保障了研究结论的科学性和可靠性。从研究的实际情况来看，印度经济增长对财政支出规模的脉冲响应值出现前后两个悬殊较大的峰值，表明20世纪90年代以前印度财政支出规模对其经济增长影响较大，90年代以后印度财政支出的结构调整和财政资金绩效管理对其经济增长影响较大。

最后，本研究个别研究结论有一定创新。①关于提升财政支出经济增长效应的途径方面，传统观点认为“主要在于合理确定财政支出规模、优化配置财政支出结构”，本研究认为“不仅需要优化配置财政支出的规模和结构以提升其配置效率，更要加强财政资金的绩效管理以提升其使用效率”。②关于行政管理支出的认知上，传统观点认为行政管理支出与经济增长之间是负相关关系，但本研究却认为，二者之间的关系存在长期和短期的区别，短期效应为正，长期效应为负，这一结论在一定程度上佐证了关于腐败既是经济增长的“润滑剂”又是经济前行的“沙子”的观点。③传统观点认为均衡增长路径上存在较稳定的最优支出规模与最优支出结构，本研究却认为，财政资金管理效率的动态性决定了最优支出规模与最优支出结构在实践中是不存在的。

本研究的不足之处主要有：一是未能将财政资金的使用效率作为内生变量纳入分析模型，进一步深入探讨财政支出经济增长效应的影响因素；二是有待于寻求更好的实证检验方法对财政支出的配置效率和管理效率进行经验分析。

2 文献综述

经济学是研究资源优化配置的学问，经济增长是经济学探讨的永恒主题。对财政支出的经济增长效应进行研究，首先对财政支出与经济增长关系的理论研究文献进行梳理，了解其研究动态、研究进展、研究思路、研究方法及存在的主要问题和不足；其次对财政支出与经济增长关系的经验研究文献进行回顾，了解其主要研究方法、研究结论及存在的主要问题和不足；最后对印度财政支出与经济增长关系的研究文献进行梳理和回顾，了解其研究动态、进展、思路、方法、结论及存在的主要问题和不足。本章的文献综述旨在为本书研究找寻切入点和突破口。

2.1 财政支出的经济增长效应理论研究

经济学家认为，财政支出作用经济系统的时间有长短之别，而在长期和短期内，财政支出作用经济系统的机制不同、效应也不一样。下面分别从财政支出与短期经济增长、财政支出与长期经济增长方面进行综述。

2.1.1 财政支出与短期经济增长

（1）乘数理论

乘数理论包括凯恩斯的投资乘数理论和新古典综合派的政府购买乘数理论。乘数思想最早出现于凯恩斯（John M. Keynes）的学生 Kaln 的作品《国内投资与失业的关系》一文中，指的是净投资额和总就业量之间保持一定数学上的倍数关系，后来凯恩斯在《就业、利息和货币通论》中继承并发展了这一思想。凯恩斯认为，在边际消费倾向递减、资本边际效应递减、流动性偏好三大规模的作用下，经济社会的有效需求是不足的，这是经济危机和经济波动产生的根本原因。不过，在短时间内，边际消费倾向具有相对稳定性，因此政府可以通过增加公共投资的办法来实现数倍于公共投资的国民产出的增加，从而推动就业量增加和经济增长。投资乘数原理可以表示为：$k_i = \Delta Y/\Delta I = 1/MPS = 1/(1-MPC)$，其中，$k_i$，$\Delta Y$，$\Delta I$，$MPS$，$MPC$ 分别代表投资乘数、产出增量、投资增量、边际储蓄倾向和边际消费倾向。由于认为 $0<MPS<1$，所以投资

乘数 $k_i>1$，也说明投资量的变动小于由它引起的国民收入的变动幅度。汉森（Alvin Hansen）和萨缪尔森（Paul A. Samuelson）师徒俩把包括政府在内的三部门经济引入凯恩斯的投资乘数分析框架，继承并发展了投资乘数理论，构建了政府财政支出乘数模型。财政支出乘数可以表示为：$k_g=\Delta Y/\Delta G=1/MPS=1/(1-MPC)$，其中，$k_g$ 表示财政支出乘数，ΔY 为产出增量，ΔG 为政府支出增量，其余与投资乘数原理相同。

（2）新古典增长理论

新古典增长理论是 Solow① 和 Swan② 在哈罗德-多玛模型基础之上建立起来的一个经济增长分析框架，它几乎成为后来所有经济增长理论研究的逻辑起点。经济学家在研究增长问题时，总习惯使用这一模型，即使他们所建立的经济增长模型已完全偏离了新古典经济增长理论的思想，但他们仍然喜欢把它同索洛模型进行比较，旨在对其模型做出更好的解释和理解。

新古典增长理论在经济体的技术进步中性、人口增长率为 0、仅生产一种产品、储蓄率外生且储蓄-投资全部转化、生产要素相互替代且边际生产递减、函数的规模报酬递增等前提假定下，认为可以通过市场机制的调节作用自动实现经济系统趋向稳态均衡点的稳态经济增长，长期经济稳态增长率即平衡增长率只由外生的劳动增长率与技术进步率决定，与资本积累即储蓄率和投入-产出比无关。基本模型表示如下：$\dot{k}=k_{t+1}-k_t=sf(k_t)-\delta k_t$，其中，$\dot{k}$ 为人均资本增量，即资本深化；k_{t+1} 为本期人均资本存量；k_t 为上期人均资本存量；s 为储蓄率；$f(k_t)$ 为人均资本产出；δ 为折旧率；δk_t 为资本广化。

当初期人均投资高于人均资本折旧［$sf(k_t)>\delta k_t$］或者低于人均资本折旧［$sf(k_t)<\delta k_t$］，生产的规模报酬递增，则人均资本的产出会不断增加，但资本边际收益递减，则人均资本产出以减速度增加；然而，人均资本折旧却以不变速度 δ 递增，所以，在市场机制作用下，即任何偏离稳态的经济都只是暂时的，经济逐渐向稳态靠近，最终收敛于稳态，人均资本增量即资本深化 $\dot{k}=0$，从而总产出和人均资本存量均处于稳定状态，资本积累即储蓄不能起到促进长期经济增长的作用。在政府参与其中的条件下，公共资本的增加或减少也只能在一个短时期内起到加速或延缓从一个稳态到另一个稳态的过度，无法增加稳态的总产出和人均资本存量，财政支出政策对长期经济增长无效，推动长期经济增长的因素只能是外生的人口增长和技术进步。

2.1.2 财政支出与长期经济增长

在关于财政支出的长期经济增长效应问题的研究方面真正取得实质性进展的还是

① SOLOW R M. A contribution to the theory of economic growth [J]. The quarterly journal of economics, 1956, 70 (1) 65-94.

② SWAN T W. Economic growth and capital accumulation [J]. Economic record, 1956, 32: 334-361.

内生增长理论，即以 Arrow、Barro 和 Lucas 等为代表的理性预期学派。他们以内生增长理论为基础，构建了大量刻画各类财政支出的经济增长效应的分析框架或模型。

2.1.2.1 补贴与长期经济增长

（1）广义资本投资与补贴

按财政支出的功能分类方法，补贴是其中一项重要内容。一般而言，补贴通过改变相对价格进而改变经济中的激励机制，从而引致行为人决策的价值取向和分散均衡路径的变化，最终影响经济增长的绩效。如果分散均衡路径与社会最优路径不一致，补贴可以起到矫正分散均衡的市场扭曲从而实现资源的最优配置，如果分散均衡路径本身就是社会最优路径，补贴只会降低经济运行效率从而造成社会福利的损失。

Arrow① 是较早研究资本外溢性和“干中学（learning by doing）”问题的经济学家，他指出资本累积型企业可通过从“干中学”中获得生产经验从而提高企业的生产效率。Romer② 在此基础之上构造了一个代表性企业的内生增长模型：$y=f(k, K)$，其中，k 表示代表性企业的资本存量；K 表示经济体系中的资本总量，且 $K=Nk$，N 为代表性企业数量。Romer 假定经济体系中的企业等于消费者人数，同时社会总资本的边际产出 $f_K'>0$。代表性消费者一生的效用函数为：$U=\int_0^{\infty}\frac{c^{1-\theta}-1}{1-\theta}e^{-\rho t}dt$，其中，$c$ 代表人均消费；$\rho>0$ 为时间偏好；$\theta>0$，表示不变的相对风险规避系数；$1/\theta$ 表示跨期替代弹性；t 代表未来任一时刻。据此可以得到分散决策均衡时的消费增长率为：$\gamma^p=\dot{c}/c=(r^p-\rho)/\theta$，$r^p$ 为资本的私人收益率，在总资本存量不变的前提下，$r^p=f_K'$。社会最优增长率为：$\gamma^s=\dot{c}/c=(r^s-\rho)/\theta$，其中，$r^s$ 代表资本社会收益率，因为知识具有外部性和溢出效应，$\gamma^s=f_K'+Nf_K'$。现在判断 r^s 与 r^p 的大小，如果资本的边际收益大于零，也就是 $f_K'>0$，则有 $\gamma^s>\gamma^p$，即社会收益大于私人收益，这表明分散化决策下的经济增长率要小于社会最优经济增长率，即市场化分散决策没有达到最优决策的目的，而是存在扭曲现象，需要通过政府以补贴的方式对扭曲进行矫正。其补贴标准为：$s=Nf_K'/f_k'$，如果生产方程是 C-D 函数：$y=Ak^{1-\alpha}K^{\alpha}$，则 $s=\alpha/(1-\alpha)$。其他学者还据此将资本分为有正外部性和没有正外部性两种，主张对具有外部性的资本采取私人提供政府补贴的方式。

（2）人力资本和教育投资与补贴

Lucas③ 认为，拥有较高人力资本的人们之间可通过相互学习获得知识、信息和能力从而提高周围人群的生产效率，因此只有人力资本而非物质资本才具有溢出效应。卢卡斯根据这一思想在 Uzawa④ 基础上构建了含有人力资本的生产函数 $y=f(k, (1-u)h,$

① ARROW K J. The economic implications of learning by doing [J]. Review of economic studies, 1962, 29: 155-173.

② ROMER P M. Increasing returns and long-run growth [J]. Journal of political economy, 1986, 94: 1002-1037.

③ LUCAS R E. On the mechanics of economic development [J]. Journal of monetary economics, 1988, 22 (1): 3-42.

④ UZAWA H. Optimum technical change in an aggregative model of economic growth [J]. International economic review,1965, 6 (1): 18-31.

$\bar{h}$）和人力资本累积函数 $\dot{h}=\varphi uh$，其中，h 为人力资本水平，u 为人力资本投资时间，$1-u$ 为生产最终产品的时间耗费，$\bar{h}$ 为人力资本平均存量，$\varphi>0$ 为转换系数，如果 $f_{\bar{h}}>0$，则表明在最终产品生产过程中产生了人力资本外部效应或溢出效应，这种经济环境下的分散决策均衡必然存在扭曲，需要政府给予补贴。

Lucas① 又根据溢出效应不产生于最终产品的生产过程而产生于人力资本自身积累过程，构建了新的生产函数和积累函数：$y=f(k,(1-u)h)$ 和 $\dot{h}=\varphi(1-u)h^{1-\gamma}\bar{h}^{\gamma}$，其中 $0<\gamma<1$。

Zhang②③ 借助 Becker 等④⑤的分析框架即王朝效用函数对人力资本的溢出效应进行了分析，认为由于人力资本具有正外部性，具有利他性的父母对子女进行人力资本投资一般都不足，因此政府给予一定最优教育补贴是必要的。另外，Krueger 等⑥、Glomm 等⑦⑧、Blankenau 等⑨和 Agénor 等⑩⑪所进行的大量经验研究也表明，良好的教育有助于推动一国经济增长，因此，政府对教育的投入除了上面所谈到的教育补贴之外，政府还应该加大公共财政的教育服务支出力度。

（3）R&D 与补贴

Romer⑫ 把技术进步视为资本积累的副产品，而不是竞争性企业分散化决策的结果，这与经济中竞争性私人企业进行大量 R&D 投资的现实不符。为了规避这一缺陷，

---

① LUCAS R E. Making a miracle [J]. Econometrica, 1993, 61 (2): 251-272.

② ZHANG J. Optimal public investments in education and endogenous growth [J]. Scandinavian journal of economiscs, 1996, 98 (3): 387-404.

③ ZHANG J. Optimal debt, endogenous fertility, and human capital exeernalities in a model with altruistic bequests [J]. Journal of public economics, 2003, 87 (7-8): 1825-1835.

④ BECKER G S, BARRO R J. A reformulation of the economic theory of fertility [J]. The quarterly journal of economics, 1988, 103 (1): 1-25.

⑤ BECKER G S, MURPHY K, TAMURA R. Human capital, fertility, and economics growth [J]. Journal of political economy, 1990, 98 (5): S12-S37.

⑥ KRUEGER A B , LINDAHL M. Education for growth: why and whom? [J]. Journal of economic literature, 2001, 39 (4): 1101-1136.

⑦ GLOMM G, RAVIKUMAR B. Public versus private investment in human capital endogenous growth and income inequality [J]. Journal of political economy, 1992, 100 (4): 813-834.

⑧ GLOMM G, RAVIKUMAR B. Productive government expenditures and long-run growth [J]. Journal of economic dynamics and control, 1997, 21 (1): 183-204.

⑨ BLANKENAU W F, SIMPSON N B. Public education expenditures and growth [J]. Journal of development economics, 2004, 73 (2): 583-605.

⑩ AGÉNOR P R. Fiscal policy and endogenous growth with public infrastructure [J]. Oxford economic papers, 2008, 60 (1): 57-87.

⑪ AGÉNOR P R. Schooling and public capital in a model of endogenous growth [J]. Economica, 2011, 78 (309): 108-132.

⑫ ROMER P M. Increasing returns and long-run growth [J]. Journal of political economy, 1986, 94 (5): 1002-1037.

Romer[1] 运用 Dixit 等[2]的分析方法建立了一个基于垄断竞争的内生经济增长模型。该分析框架假定经济系统存在 R&D、中间产品生产和最终产品生产等 3 个部门，并且，投入有形资本 $x(i)$、非熟练劳动 L、人力资本 H 和技术水平 A 等 4 种生产要素。其中，非熟练劳动力 L 供给无弹性，技术水平 A 具有非竞争性，人力资本 H 具有竞争性，且 $H=H_1+H_2$，H_1 用于最终品的生产，H_2 用于新知识的生产。最终产品的生产函数为：$Y(H_1, L, x)= H_1^{\alpha}L^{\beta}\int_0^A x(i)^{1-\alpha-\beta}\mathrm{d}i$，研究部门不断推动中间产品技术水平 A 的边界扩展，表现为：$\dot{A}=f(H_2, A)= \varphi H_2 A$，求解模型均衡经济增长率 g 和用于研发部门的人力资本 H_2：$g = (\varphi H - \nu\rho)/(\nu\sigma + 1)$，$H_2 = (H - \rho^{\frac{A}{\varphi}})/(\nu\sigma + 1)$，其中，$\nu = \alpha/(1-\alpha-\beta)(\alpha+\beta)$。

观察可知，一国经济增长与用于研发部门的人力资本 H_2 密切相关，规模经济并不是经济增长的根本原因。因此，为促进一国经济增长，政府通过财政支出或税收政策加大教育投资力度和对 R&D 活动的补贴力度是明智之举。

在 Romer[1]的推动下，大量文献对 R&D 活动的溢出效应及政府的 R&D 投资与补贴进行深入研究，如 Grossman 等[3]和 Jones[4] 对 R&D 外部性正与负的研究，Devarajan 等[5]对 R&D 创新补贴与模仿补贴效应的研究，Romer[6] 对 R&D 补贴需求与供给的研究，以及 Park[7] 和 Morales[8] 对政府研发活动的研究。

（4）垄断与补贴

Romer[1]借用 Dixit 等[2]的方法构建了垄断竞争模型分析了不完全市场存在的扭曲。他认为生产资本品的部门投入资本及来自研发部门不断推出的研发新成果等生产要素，不断生产出资本品即中间产品，但由于生产中间产品的固定成本和边际成本不变，为获取规模经济，每种资本品的生产只能由一个企业生产，这样垄断竞争便成为中间品部门的显著特征。同时生产中间品的企业在利润最大化目标的驱动下，如果没有政府的干预，其定价必然采取边际成本加成定价法，这势必降低了中间产品的市场需求，从而影响整个社会的经济福利。因此，为克服因垄断而形成的扭曲，需要政府一方面对资本品生产的企业采取价格管制，引导其实行边际成本定价，以保障资本品市场的

① ROMER P M. Endogenous technological change [J]. Journal of political economy, 1990, 98 (5): S71-S102.

② DIXIT A K, STIGLITZ J E. Monopolistic composition and optimum product diversity [J]. American economic review, 1977, 63 (3): 297-308.

③ GROSSMAN G M, HELPMAN E. Innovation and growth in the global economy [M]. Cambridge: MIT Press, 1991.

④ JONES C I. R&D-based models of economic growth [J]. Journal of political economy, 1995, 103 (4): 759-784.

⑤ DEVARAJAN S, XIE D, ZOU H. Should public capital be subsidized or provided? [J]. Journal of monetary economics, 1998, 41 (2): 319-331.

⑥ ROMER P M. Should the government subsidize supply or demand in the market for scientists and engineers? [Z]. NAEK Working Paper, 2000.

⑦ PARK W G. A theoretical model of government research and growth [J]. Journal of economic behavior and organization, 1998, 34 (1): 69-85.

⑧ MORALES M. Growth and welfare effects of public research [Z]. University of murcia Working Paper, 2011.

正常需求；另一方面也要防止企业因利润减少而退出中间品市场，需要政府对垄断者进行补贴，从而促进全社会经济增长。循着 Romer① 的这一研究思路，Rivera-Batiz 等②、Barro 等③、Young④⑤⑥、Howitt⑦、Jones 等⑧也对垄断竞争市场条件下政府补贴进行了大量研究。

2.1.2.2 生产性财政支出（流量）与长期经济增长

Barro⑨ 以生产性财政支出向社会提供非排他性、非拥挤性和可分性的公共基础设施将其引入固定比重生产函数：$y=f(k, g_i)$，且 $f'>0$，$f''<0$，其中，g_i 是政府提供给企业的生产性财政支出，剔除人口因子后进入生产函数。如果 $f'_g>0$ 则表示政府生产性公共资本存在正的边际生产效率，且还能够证明，当 $f'_g=1$ 时经济增长最快。假设生产函数为 C-D 函数：$y=Ak^{1-\alpha}g^{\alpha}$，政府以收入税为支出融资，边际税率为 τ，实行平衡预算，则有，当 $f_g'=1$ 就意味着政府最优的生产性财政支出规模为 α，即 $g/y=\alpha=\tau$，即政府支出占国民生产总值的比重等于把公共服务视为竞争性生产投入所获得收入时经济增长快。

此外，资本的私人边际收益率为 $r_p=(1-\tau)f_k=A(1-\tau)(1-\alpha)(g/k)^{\alpha}$，资本的社会边际收益为 $r_s=A(1-\alpha)(g/k)^{\alpha}$，比较 r_s 和 r_p，只要 $\tau>0$，则有 $r_s>r_p$，这就说明市场分散化决策存在扭曲，政府可以通过税收和财政支出安排以矫正这一扭曲。从以上理论推导可以看出，Barro⑨建立了一个关于财政支出与经济研究关系的标准分析框架，从而成功解答了政府财政支出规模的增长效应问题，这一开创性研究意义重大，为后来学者们对财政支出的经济增长效应研究开辟了广阔前景。但这一分析框架也存在缺陷，即没有把消费性财政支出纳入分析框架，无法回答财政支出的结构效应问题。

尔后，学者们循着 Barro 的分析框架，对财政支出的结构性效应进行了深入探讨。

---

① ROMER P M. Endogenous technological change [J]. Journal of political economy, 1990, 98 (5): S71-S102.

② RIVERA-BATIZ L A, Romer P M. International trade with edogenous technological change [J]. European economic review, 1991, 35 (4): 971-1001.

③ BARRO R J, SALA-I-MARTIN X. Public finance in models of economic growth [J]. Review of economic studies, 1992, 59 (4): 645-662.

④ YOUNG A. Learning by doing and the dynamic effects of international trade [J]. Quarterly journal of economics, 1991, 106 (2): 369-405.

⑤ YOUNG A. Invention and bounded learning by doing [J]. Journal of political economy, 1993, 101 (3): 443-472.

⑥ YOUNG A. Endogenous growth without scale effects [J]. American economic review, 1998, 88 (5): 1290-1310.

⑦ HOWITT P. Steady endogenous growth with population and R&D inputs growing [J]. Journal of political economy, 1999, 107 (4): 715-730.

⑧ JONES C I, WILLIAMS J C. Too much of a good thing? The economics of investment in R&D [J]. Journal of economic growth, 2000, 5 (1): 65-85.

⑨ BARRO R J. Government spending in a simple model of endogenous growth [J]. Journal of political economy, 1990, 98 (5): S103-S125.

主要文献有 Barro 等[①]、Lee[②]、Baxter 等[③]、Lau[④]、Turnovsky 等[⑤]、Chang[⑥]、Turnovsky[⑦⑧⑨] 等。上述文献把生产性公共服务和消费性公共服务均以流量形式同时引入生产函数 $y=f(k,g)$ 和代表性消费者的效用函数模型 $U=\int_0^\infty u(c,g_c)e^{-\rho t}dt$，其中 g_c 表示政府的消费性财政支出。设政府消费性财政支出的边际效用和私人消费的边际效用分别为 u_c 和 u_g，当 $u_g>0$，则政府消费性财政支出可以增进消费效用；同时可以证明，当 $u_g=u_c$ 时，可以实现社会福利最大化。但是 Barro 同时又认为，由于社会福利最大化与经济增长最大化的矛盾性，增加公共消费性支出虽然可能增进社会福利，但是以牺牲经济增长率为代价的，因此，经济增长率最大化时的公共消费性支出应该为 0。

2.1.2.3 生产性财政支出（存量）与长期经济增长

这之前的模型大多把生产性财政支出以流量形式引入生产函数，但现实生活中的财政支出所提供的基础设施均以生产性公共资本即存量的形式而存在，这一思想早就反应在 Arrow 等[⑩]的模型中。Futagami 等[⑪]、Landau[⑫]、Greiner 等[⑬]、Turnovsky[⑨]、

① BARRO R J, SALA-I-MARTIN X. Public finance in models of economic growth [J]. Review of economic studies, 1992, 59 (4): 645-662.

② LEE J. Optimal size and composition of government spending [J]. Journal of the Japanese and international economics, 1992, 6 (4): 423-439.

③ BAXTER M , KING R G. Fiscal policy in general equilibrium [J]. American economic review, 1993, 78 (3): 315-334.

④ LAU S P. Welfare - maximizing vs. growth - maximizing shares of government investment and consumption [J]. Economics letters, 1995, 47 (3): 351-359.

⑤ TURNOVSKY S J, FISHER W H. The composition of government expenditure and its consequences for macro economic performance [J]. Journal of economic dynamics and control, 1995, 19 (4): 747-786.

⑥ CHANG W. Government spending, endogenous labor, and capital accumulation [J]. Journal of economic dynamics and control, 1999, 23 (8): 1225-1242.

⑦ TURNOVSKY S J. Fiscal policy, elastic labor supply, and endogenous growth [J]. Journal of monetary economics, 2000, 45 (1): 185-210.

⑧ TURNOVSKY S J. Old and new growth theories: a unifying structure? [C] //SALVADORI N. Old and new growth theories: an assessment. Cheltenham: Edward Elgar, 2003: 1-43.

⑨ TURNOVSKY S J. The transitional dynamics of fiscal policy: long-run capital accumulation and growth [J]. Journal of money, credit, and banking, 2004, 36 (5): 883-910.

⑩ ARROW K J, KRUZ M. Public investment, the rate of return, and optimal fiscal policy [M]. London: Routledge, 2013.

⑪ FUTAGAMI K, MORITA Y, SHIBATA A. Dynamic analysis of an endogenous growth model with public capital [J]. The scandinavian journal of economics, 1993, 95 (4): 607-625.

⑫ LANDAU D. Government and economic growth in the less developed countries: an empirical study for 1960-1980 [J]. Economic development and cultural change, 1986, 35 (1): 35-75.

⑬ GREINER A, HANUSCH H. Growth and welfare effects of fiscal policy in an endogenous growth model with public investment [J]. International tax and public finance, 1998, 5: 249-261.

Gómez[①] 等学者建立了公共资本积累的内生经济增长模型。$y=f(k, K_G)$，其中，K_G 表示生产性公共资本，如果不考虑折旧，其积累方程为 $\dot{K}_G=G_i$。带有公共资本的模型主要有两个方面的改进：一是由于存在两种存量资本从而导致经济增长出现转移动态，即经济稳态并不是立即出现，相反它是在某一条转移路径上以一个速度向稳态收敛，正因为如此，当生产性财政支出以存量的形式影响经济产出的时候，经济增长率最大化时的生产性财政支出的最优规模大于福利最大化时的生产性财政支出最优支出规模，这不同于 Barro 的结论；二是存量公共资本的存在也导致资本损耗问题，政府支出在考虑新投资的同时，还必须考虑维修投入问题，最优维修支出取决于新投资的规模，而最优新投资水平将小于没有维修支出时的投入水平。

2.1.2.4 公共服务支出与长期经济增长

政府提供给公众的公共品在理论上具有不可分割性。但在 Barro[②]、Turnovsky 等[③]、Judd[④] 等构建的模型中却是以可分的经济品纳入函数中的，这与经济现实不太吻合。根据 Samuelson[⑤] 的经典论文，政府财政支出的根本目的在于提供公共品以满足社会的公共需求，而公共品的显著特征就是不可分性。Barro 等[⑥]、Turnovsky[⑦] 讨论了不可分的纯公共品，因此，财政支出将以总量形式而非人均形式纳入代表性厂商的生产函数和代表性家族的效用函数：$y=f(k, G_i)$，$U=\int_0^{\infty}u(c, G_c)e^{-\rho t}dt$，其中，$G_i$ 代表公共生产性支出，G_c 代表公共消费性支出，根据上述假定我们可以证明，当 $Nf_{G_i}=1$（N 代表人口数量）时，生产性财政支出处于最优支出水平。如果生产函数为科布-道格拉斯函数，即 $y=Ak^{1-\alpha}G_i^{\alpha}$，则 $G/Y=\alpha$。同理可证，当 $Nu_G=u_c$ 时，消费性财政支出处于最优支出水平。

2.1.2.5 拥挤性公共品支出与长期经济增长

如果考虑到财政支出所提供的公共品不完全是纯公共品时，必须承认具有一定程

① GÓMEZ M A. Optimal fiscal policy in a growing economy with public capital [J]. Macroeconomic dynamics, 2004, 8 (4): 419-435.

② BARRO R J. Government spending in a simple model of endogeneous growth [J]. Journal of political economy, 1990, 98 (5): S103-S125.

③ TURNOVSKY S J, FISHER W H. The composition of eovernment expenditure and its consequences for macroeconomic performance [J]. Journal of economic dynamics and control, 1995, 19 (4): 747-786.

④ JUDD K L. On the performance of patents [J]. Econometrica: journal of the econometric society, 1985, 53 (3): 567-586.

⑤ SAMUELSON P A. The pure theory of public expenditure [J]. The review of economics and statistics, 1954, 36: 387-389.

⑥ BARRO R J, SALA-I-MARTIN X. Public finance in models of economic growth [J]. The review of economic studies, 1992, 59 (4): 645-661.

⑦ TURNOVSKY S J. The transitional dynamics of fiscal policy: long-run capital accumulation and growth [J]. Journal of money, credit, and banking, 2004, 36 (5): 883-910.

度拥挤性的准公共品的存在。Barro 等①在 Barro② 模型基础之上引入公共服务的拥挤性特征，构建了如下生产函数：$y=Ak\ (G_i/K)^{\alpha}$，其中，$K=Nk$ 是总资本，对私人来说资本边际产出为 y/k，对社会而言资本边际产出为（$1-\alpha$）y/k，从而，私人决定的资本数量将超过社会最优数量，即拥挤效应。Barro②进一步证明，在上述情况下，如果政府通过收入税融资就可矫正分散均衡的扭曲现象，但如果政府征收总额税融资，扭曲效应能否矫正要视情况而定了。

Turnovsky③、Fisher 等④构造的模型更直观地刻画出公共品的拥挤性：$y=Ak^{1-\alpha}G_s^{\alpha}$，其中，$G_s$ 表示代表性企业以获得的公共基础设施服务。$G_s=G_i\ (k/K)^{1-\xi}$，当 $\xi=1$，$G_s=G_i$，公共服务为纯公共品，不存在拥挤效应；当 $\xi=0$ 时，$G_s=G_i/N=g_i$，公共服务近似于私人经济品，存在完全竞争性；如果 $0<\xi<1$，表明公共服务具有一定拥挤性，ξ 越小，拥挤程度越高。当政府采用收入税方式融资时，最优的税率为 $\tau=\alpha(1-\xi)/(1-\alpha\xi)$，容易证明 τ 与 ξ 成反比，也即拥挤程度越高，收入税率就越高。

2.1.2.6 弹性劳动条件下财政支出与长期经济增长

Barro②模型还有一个重要假定：劳动供给弹性为 0，即消费者没有消费和闲暇的偏好。放开这一假定，如果劳动供给是有弹性的，就需要对代表性消费者的效用函数进行重新构建。Turnovsky⑤ 和 Tamai⑥ 将劳动弹性系数引入巴罗的 AK 模型从而建立了新的消费者效用函数 $U=\int_0^{\infty}u(c,\ l,\ g_c)e^{-\rho t}dt$ 和厂商生产函数 $y=Al^{\beta}k^{1-\alpha}g_i^{\alpha}$，此处，$l$ 代表劳动投入，$\alpha>0$，$\beta<1$。劳动的边际效用 $u_l<0$，表明劳动带给家庭以负效用。依据上述方程和假定可以证明，该模型中最优的公共生产支出规模为 $\tau=g_i/y=\alpha$，并且还可证明，在满足一定约束条件下，该模型还存在唯一的稳态路径。如果政府针对消费者征收消费税，家庭的消费决策将会被扭曲，在这种情况下，就需要政府给予劳动投入以一定程度的财政补贴。

---

① BARRO R J, SALA-I-MARTIN X. Public finance in models of economic growth [J]. The review of economic studies, 1992, 59 (4): 645-661.

② BARRO R J. Government spending in a simple model of endogeneous growth [J]. Journal of political economy, 1990, 98 (5): S103-S125.

③ TURNOVSKY S J. Old and new growth theories: a unifying structure? [C] //SALVRDORI N. Old and new growth theories: an assessment. Cheltenham: Edward Elgar, 2003: 1-43.

④ FISHER W H, TURNOVSKY S J. Public investment, congestion, and private capital accumulation [J]. The economic journal, 1998, 108 (447): 399-413.

⑤ TURNOVSKY S J. Fiscal policy, elastic labor supply, and endogenous growth [J]. Journal of monetary economics, 2000, 45 (1): 185-210.

⑥ TAMAI T. Optimal fiscal policy in an endogenous growth model with public capital: a note [J]. Journal of economics, 2008, 93 (1): 81-93.

2.1.2.7 不同决策机制条件下财政支出与长期经济增长

关于财政支出规模和结构的决策机制问题，现有文献共有3种决策机制。一是外生于分散均衡路径的决策机制，如Baxter等①、Devereux等②和Fisher等③；二是仁慈的万能政府根据经济系统的需求实施的决策机制，通常都是在考察分散均衡路径的基础之上给出最优的财政支出规模和结构的决策，如Barro、Lee④、Turnovsky⑤⑥⑦⑧⑨和Tamai⑩；三是引入公共选择分析框架的由某种政治程序决定的财政支出决策机制，如Glomm等⑪、Kaas⑫、Park等⑬、Holtz-Eakin等⑭和Battaglini等⑮。

Barro模型假定各总量变量增长率为常数，人均变量增长率为0，不存在转移动态。但这一特征与现实世界并不相符。大量经验表明，经济体系的经济增长变量通常处在

① BAXTER M, KING R G. Fiscal policy in general equilibrium [J]. The American economic review, 1993, 78 (3): 315-334.

② DEVEREUX M B, LOVE D R F. The dynamic effects of government spending policies in a two-sector endogenous growth model [J]. Journal of money, credit and banking, 1995, 27: 232-256.

③ FISHER W H, TURNOVSKY S J. Public investment, congestion, and private capital accumulation [J]. The economic journal, 1998, 108 (447): 399-413.

④ LEE J. Optimal size and composition of government spending [J]. Journal of the Japanese and international economies, 1992, 6 (4): 423-439.

⑤ TURNOVSKY S J. Optimal tax, debt, and expenditure policies in a growing economy [J]. Journal of public economics, 1996, 60 (1): 21-44.

⑥ TURNOVSKY S J. Fiscal policy, adjustment costs, and endogenous growth [J]. Oxford economic papers, 1996, 48 (3): 361-381.

⑦ TURNOVSKY S J. Public and private capital in an endogenously growing open economy [J]. Macroeconomic dynamics, 2010, 35 (1): 615-639.

⑧ TURNOVSKY S J. Fiscal policy, elastic labor supply, and endogenous growth [J]. Journal of monetary economics, 2000, 45 (1): 185-210.

⑨ TURNOVSKY S J. The transitional dynamics of fiscal policy: long-run capital accumulation and growth [J]. Journal of money, credit, and banking, 2004, 36 (5): 883-910.

⑩ TAMAI T. Optimal fiscal policy in an endogenous growth model with public capital: a note [J]. Journal of economics, 2008, 93 (1): 81-93.

⑪ GLOMM G, RAVIKUMAR B. Productive government expenditures and long-run growth [J]. Journal of economic dynamics and control, 1997, 21 (1): 183-204.

⑫ KAAS L. Productive government spending, growth, and sequential voting [J]. European journal of political economy, 2003, 19 (2): 227-246.

⑬ PARK H, PHILIPPOPOULOS A. On the dynamics of growth and fiscal policy with redistributive transfers [J]. Journal of public economics, 2003, 87 (3): 515-538.

⑭ HOLTZ-EAKIN D, LOVELY M E, TOSUN M S. Generational conflict, fiscal policy, and economic growth [J]. Journal of macroeconomics, 2004, 26 (1): 1-23.

⑮ BATTAGLINI M, COATE S. A dynamic theory of public spending, taxation, and debt [Z]. NBER Working Paper, 2006.

某一转移动态路径上，以某一速度沿着动态增长路径收敛。例如 Futagami 等①和 Turnovsky② 等认为，当存在公共资本和私人资本相互作用时，往往会引起变量沿着均衡鞍点路径的转移动态。Turnovsky③④ 构建了代表性企业的非规模效应增长模型：$y=Al^{\beta}k^{1-\beta}\cdot K_G^{\alpha}$。他指出，当 $l=1$，$\beta=\alpha$，上述函数转化为 AK 函数；如果 $\alpha=0$，上述函数又转化为古典生产函数；如果 $\alpha>0$，上述函数就变成一个非规模效应的生产函数；如果$\alpha>0$,即政府公共资本对于经济增长有促进作用，则经济增长率将大于人均增长率 n。在上述模型中，虽然财政政策对经济体系长期经济增长没有作用，但公共资本和私人资本相互作用影响了转移路径的变化速率。

2.1.2.8 财政支出波动与经济增长

龚六堂等⑤构造模型从财政政策波动状况的视角对财政支出的经济增长效应进行了考察。代表消费者的效用函数：$U=\int_0^{\infty}u(c, g_1, g_2)e^{-\rho t}dt$，其中，$u(c, g_1, g_2)=(c^{1-\theta}-1)/(1-\theta)g_1^{-\lambda_1}g_2^{-\lambda_2}$。

代表性生产者的函数为 AK 函数：$\dot{Y}=Ak(\dot{t}+\dot{y})$，其中，$A$ 为正常数，$\dot{y}$ 为布朗运动 y 的增量，服从均值为0，方差为 $\sigma_y^2\dot{t}$ 的正态分布。方程中$Ak\dot{t}$是确定性部分，$Ak\dot{y}$是不确定性部分。假设两类财政支出 g_1，g_2 服从几何布朗运动，政府的收入源于税收和发行债券，政府的支出由两种财政支出和债务利息支出构成，且实行平衡预算，而消费者的预算约束指消费者的税后收入，由消费和投资两个部分构成。在上述给定条件下，消费者分散化决策是选择自己消费路径、财富积累路径及持有私人资本和国债份额来使其效用最大化。模型分析结论认为：消费者跨期替代弹性较小时，政府财政支出的波动与经济增长率正相关；反之，消费者跨期替代弹性较大时，政府财政支出的波动与经济增长率负相关。

现代内生增长理论对财政支出的经济增长效应进行了大量非常深入而有益的探讨。无论是对各类政府补贴的经济增长效应的研究，还是对其他各种不同类型的财政支出的长期经济增长效应的研究，共同点在于：财政支出可以矫正市场外部性从而改变了古典主义和新古典主义生产要素边际报酬递减的前提条件，因此，政府财政支出与经济增长之间存在密切的关系。不同之处表现在：不同的财政支出有不同的性质和特征，其前提条件和发挥作用的机制也很不相同，因此，学者们所构建的理论模型也存在较

① FUTAGAMI K, MORITA Y, SHIBATA A. Dynamic analysis of an endogenous growth model with public capital [J]. The scandinavian journal of economics, 1993, 95 (4): 607-625.

② TURNOVSKY S J. Public and private capital in an endogenously growing economy [J]. Macroeconomic dynamics, 1997, 1 (3): 615-639.

③ TURNOVSKY S J. Fiscal policy, elastic labor supply, and endogenous growth [J]. Journal of monetary economics, 2000, 45 (1): 185-210.

④ TURNOVSKY S J. The transitional dynamics of fiscal policy: long-run capital accumulation and growth [J]. Journal of money, credit, and banking, 2004, 36 (5): 883-910.

⑤ 龚六堂，邹恒甫．政府公共开支的增长和波动对经济增长的影响 [J]. 经济学动态，2001 (9): 58-63.

大差异，其结论也必然不完全一致。

2.2 财政支出的经济增长效应经验研究

2.2.1 财政支出的经济增长效应经验研究方法

对财政支出与经济增长的经验研究可追溯至20世纪70年代，Smith[①]采用双变量简单回归方法开创了这一研究的先河。从80年代中期开始，计量经济方法在这一研究领域得到广泛运用，至今已涌现出大量经验研究成果。

从研究方法来看，学者们本着“研究无定法”的原则在变量设计、样本选择、数据规划、模型构造和检验方法等方面进行了富有成效的创新。按不同的分类标准或研究目的对财政支出进行科学分类是经验研究财政支出与经济增长关系的前提。一些成果按职能不同把财政支出分为国防支出、行政管理支出、经济发展支出、社会发展支出等，另一些研究成果按支出经济性质不同把财政支出分成财政购买性支出和财政转移支付，有些成果按支出是否促成资本形成把财政支出分为公共服务支出和公共资本支出等。在样本选择上，既有发达国家，也有发展中国家；既有单一国家研究，也有跨国研究。在数据规划上，既有截面数据，如Landau[②③]、Kormendi等[④]、Romer[⑤]和Barro[⑥]，也有时序数据，如Ram[⑦]、Aschauer[⑧]、Sturm等[⑨]和Chen等[⑩]，还有面板数据，

---

① SMITH D. Public consumption and economic performance [J]. National westminster bank quarterly review, 1975 (11): 17-30.

② LANDAU D. Government expenditure and economic growth: a cross-country study [J]. Southern economic journal, 1983, 49 (3): 789-792.

③ LANDAU D. Government expenditure and economic growth in the less developed countries: an empirical study for 1960-1980 [J]. Economic development and culture change, 1986, 35 (1): 35-75.

④ KORMENDI R C, MEGUIRE P G. Macroeconomic determinants of growth: cross-country evidence [J]. Journal of monetary economics, 1985, 16 (2): 141-163.

⑤ ROMER P M. Human capital and growth: theory and evidence [Z]. NBER Working Paper, 1989.

⑥ BARRO R J. Economic growth in a cross section of countries [J]. The quarterly journal of economics, 1991, 106 (2): 407-443.

⑦ RAM R. Government size and economic growth: a new framework and some evidence from cross-section and time-series date: comment [J]. American economic review, 1986, 76 (1): 191-203.

⑧ ASCHAUER D. Is public expenditure productive? [J] Journal of monetary economics, 1989, 23 (2): 177-220.

⑨ STURM J E, DE HAAN J. Is public expenditure really productive? New evidence for the USA and the Netherlands [J]. Economic modeling, 1995, 12 (1): 60-72.

⑩ CHEN S, LEE C. Government size and economic growth in Taiwan: a threshold regression approach [J]. Journal of policy modeling, 2005, 27 (9): 1051-1066.

如 Grier 等[1]、Cashin[2]、Devarajan 等[3]和 Henderson 等[4]。在模型构造上，有的运用简单的 C-D 生产函数，如 Aschauer[5] 和 Folster 等[6]，也有的运用 CES 生产函数，还有的运用公共与私人两部门模型，如 Ram[6] 和 Rao[7]，还有的运用向量自回归（VAR），如 Yuk[8]。在选择估计和检方法时，大多数采用普通最小二乘法（OLS），如 Kormendi 等[9]和 Barro[10]，此外，加权最小二乘法（WLS）、广义最小二乘法（GLS）、格兰杰（Granger）因果检验法、非参数因果检验法等也是常用的方式，如 Bose 等[11]、Conte 等[12]和 Holmes 等[13]。

2.2.2 财政支出的经济增长效应经验研究内容

一是财政支出规模与经济增长的关系。大量文献研究结果表明，不同国家、同一国家不同时期、不同研究方法等财政支出与经济增长之间没有确定的线性关系。学者们的检验结论也不尽相同。例如，Conte 等[2]选择 1960—1984 年 OECD 国家的时间序列数据，运用 Granger 因果检验法检验，结果表明 3 个国家存在正效应，2 个国家存在负效应，其他国家财政支出对经济增长没有明显影响。Agell 等[14][15][16]以 23 个 OECD 国家的

---

① GRIER K B, TULLOCK G. An empirical analysis of cross-national economic growth, 1951-1980 [J]. Journal of monetary economics, 1989, 24 (2): 259-276.

② CASHIN P. Government spending, taxes, and economic growth [J]. IMF staff papers, 1995, 42 (2): 237-269.

③ DEVARAJAN S, SWAROOP V, ZOU H. The composition of public expenditure and economic growth [J]. Journal of monetary economics, 1996, 37 (2): 313-344.

④ HENDERSON D J, KUMBHAKAR S C. Public and private capital productivity puzzle: a nonparametric approach [J]. Southern economic journal, 2006, 73 (1): 219-232.

⑤ ASCHAUER D. Is public expenditure productive? [J] Journal of monetary economics, 1989, 23 (2): 177-220.

⑥ FOLSTER S, HENREKSON M. Growth and the public sector: a critique of the critics [J]. European journal of political economy, 1999, 15 (2): 337-358.

⑦ RAO V B. Government size and economic growth: a new framework and some evidence from cross-section and time-series data: comment [J]. American economic review, 1989, 79 (1): 272-280.

⑧ YUK W. Government size and economic growth: time-series evidence for the United Kingdom, 1830-1993 [Z]. Department of Economics, University of Victoria, Econometrics Working Paper EWP 0501, 2005.

⑨ KORMENDI R C, MEGUIRE P G. Macroeconomic determinants of growth: cross-country evidence [J]. Journal of monetary economics, 1985, 16 (2): 141-163.

⑩ BARRO R J. Economic growth in a cross section of countries [J]. The quarterly journal of economics, 1991, 106 (2): 407-443.

⑪ BOSE N, HAQUE M E, OSBORN D R. Public expenditure and growth in developing countries: education is the key [Z]. Centre for Growth and Business Cycle Research Discussion Paper Series, 2003.

⑫ CONTE M A, DARRAT A. F. Economic growth and the expanding public sector: a reexamination [J]. Review of economics and statistics, 1988, 70 (2): 322-330.

⑬ HOLMES J M, HUTTON P A. On the causal relationship between government expenditures and national income [J]. Review of economics and statistics, 1990, 72 (1): 87-95.

⑭ AGELL J, LINDH T, OHLSSON H. Growth and the public sector: a critical review essay [J]. European journal of political economy, 1997, 13 (1): 33-52.

⑮ AGELL J, LINDH T, OHLSSON H. Growth and the public sector: a reply [J]. European journal of political economy, 1999, 15 (2): 359-366.

⑯ AGELL J, OHLSSON H, THOURSIE P S. Growth effects of government expenditure and taxation in rich countries a comment [J]. European economic review, 2006, 50 (1): 211-218.

截面数据为基础对财政支出规模与经济增长的关系进行了研究，其结论大致相同，因此他们认为研究结论往往跟选取的计量方法和解释变量存在密切关系。在对财政支出规模与经济增长关系的研究上，值得一提的是 Barro① 提出的 Barro Law，即一国财政支出存在最优水平，在没有达到最优支出水平之前，扩大财政支出规模有利于促进经济增长，一旦达到最优支出水平，继续扩大支出规模将对经济增长产生不利影响。

有些国别研究结果还认为，财政支出水平对经济增长具有正向促进作用，如 Holmes 等②对印度 1950—1981 年时间序列数据的分析，Perotti③ 对美国 1960—1997 年时间序列数据的分析，Yuk④ 对英国 1830—1993 年时间序列数据的分析，Cheng 等⑤对韩国 1954—1994 年时序数据的分析，得出了一致的正向促进效应结论。

二是消费性支出与经济增长的关系。多数文献结论认为，国防、教育、行政管理等政府消费性财政支出对经济增长具有负向影响。例如，Landau⑥ 通过对 104 个国家或地区 1961—1976 年截面数据的检验，Engen 等⑦通过对 107 个国家或地区截面数据的检验，Barro⑧⑨ 的研究结果也表明国防、教育、行政管理等消费性支出对经济产出的效应为负。Landau⑩ 通过对 65 个发展中国家的检验发现除国防和教育外，其他消费性支出的经济增长效应为负。

但是，另有一些经验研究结果表明，政治消费性支出的经济增长效应为正。例如，Ram⑪ 以 115 个国家 1960—1980 年截面数据和时序数据为基础，对这些国家的经济产出分别进行检验，结果表明消费性支出的产出效应是正向效应。也有研究成果认为公

---

① BARRO R J. Government spending in a simple model of endogenous growth [J]. Journal of political economy, 1990, 98 (5): S103-S126.

② HOLMES J M, HUTTON P A. On the causal relationship between government expenditures and national income [J]. Review of economics and statistics, 1990, 72 (1): 87-95.

③ PEROTTI R. Fiscal policy in good times and bad [J]. The quarterly journal of economics, 1999, 114 (4): 1399-1436.

④ YUK W. Government size and economic growth: time-series evidence for the United Kingdom, 1830-1993 [Z]. Department of Economics, University of Victoria, Econometrics Working Paper EWP 0501, 2005.

⑤ CHENG B S, LAI T W. Government expenditures and economic growth in South Korea: a VAR approach [J]. Journal of economic development, 1997, 22 (1): 11-24.

⑥ LANDAU D. Government expenditure and economic growth: a cross-country study [J]. Southern economic journal, 1983, 49 (3): 789-792.

⑦ ENGEN E M, SKINNER J. Fiscal policy and economic growth [Z]. NBER working paper, 1992.

⑧ BARRO R J. Economic growth in a cross section of countries [J]. The quarterly journal of economics, 1991, 106 (2): 407-443.

⑨ BARRO R J. Determinants of economic growth: a cross-country empirical study [R]. National Bureau of Economic Research, 1996.

⑩ LANDAU D. Government and economic growth in the less developed countries: an empirical study for 1960-1980 [J]. Economic development and cultural change, 1986, 35 (1): 35-75.

⑪ RAM, R. Government size and economic growth: a new framework and some evidence from cross-section and time-series date: comment [J]. American economic review, 1986, 76 (1): 191-203.

共消费性支出与经济增长之间没有相关关系。例如，Kormendi 等[①]、Kneller[②] 和 Bleaney 等[③]都得出了大致相同的结论。

三是政府投资与经济增长。大多数关于政府投资的经济增长效应文献结论表明，公共投资支出能促进一国经济增长。例如，Aschauer[④] 对美国 1949—1985 年时序数据的经验分析表明政府投资可以有效促进经济增长，他还估算了美国公共投资的产出弹性为 0.39，而同期私人资本的产出效率才 0.36。Kocherlakota 等 [⑤]采用美国 1917—1988 年的时序数据、Munnell[⑥] 采用美国 1948—1987 年的时序数据分别进行回归分析后得出了跟 Aschauer[⑦] 相同的结论。此外，Aschauer[①]、Munnell[⑧]、Finn[⑨]、Easterly 等[⑩] 和 Haque 等[⑪]通过研究发现，高速路、电力、通信等核心基础设施的投资具有非常显著的经济增长效应。

但是，也有一些经济学家对公共投资与经济增长的关系研究得出了相反或者正向效应不显著的结论。例如，Hulten 等 [⑫]、Sturm 等[⑬]、Holtz-Eakin[⑭]、Landau[⑮] 和 Barro[⑯] 等，他们采用地区或国别或跨国的时序数据或面板数据，研究结果表明公共投资的经

---

① KORMENDI R C, MEGUIRE P G. Macroeconomic determinants of growth: cross-country evidence [J]. Journal of monetary economics, 1985, 16 (2): 141-163.

② KNELLER R, Bleaney M F, Gemmell N. Fiscal policy and growth: evidence from OECD countries [J]. Journal of public economics, 1999, 74 (2): 171-190.

③ BLEANEY M F, GEMMELL N, KNELLER R. Testing the endogenous growth model: public expenditure, taxation and growth over the long run [J]. Canadian journal of economics, 2001, 34 (1): 36-57.

④ ASCHAUER D. Is public expenditure productive? [J]. Journal of monetary economics, 1989, 23 (2): 177-220.

⑤ KOCHERLAKOTA N R, YI K. A simple time series test of endogenous vs. exogenous growth models: an application to the United States [J]. Review of economics and statistics, 1996, 78 (1): 126-134.

⑥ MUNNELL A H. Why has productivity growth declined? Productivity and public investment [J]. New England economic review, 1990 (1/2): 3-22.

⑦ ASCHAUER D. Is public expenditure productive? [J]. Journal of monetary economics, 1989, 23 (2): 177-220.

⑧ MUNNELL A H. How does public infrastructure affect regional economic performance? [J]. New england economic review, 1990 (9/10): 11-33.

⑨ FINN M. Capital productive? [J]. Federal reserve bank of richmond economic quarterly, 1993, 79 (4): 53.

⑩ EASTERLY W, REBELO S. Fiscal policy and economic growth [J]. Journal of monetary economics, 1993, 32 (3): 417-458.

⑪ HAQUE M E, KIM D H. Public investment in transportation and communication and growth: a dynamic panel approach [Z]. The University of Manchester, The School of Economics Discussion Paper Series 324, 2003.

⑫ HULTEN C R, SCHWAB R M. Public capital formation and the growth of regional manufacturing industries [J]. National tax journal, 1991, 44 (4): 121-134.

⑬ STURM J E, DE HAAN J. Is public expenditure really productive? New evidence for the USA and the netherlands [J]. Economic modeling, 1995, 12 (1): 60-72.

⑭ HOLTZ-EAKIN D. Public sector capital and the productivity puzzle [Z]. NBER Working Paper, 1992.

⑮ LANDAU D. Government and economic growth in the less developed countries: an empirical study for 1960-1980 [J]. Economic development and cultural change, 1986, 35 (1): 35-75.

⑯ BARRO R J. Economic growth in a cross section of countries [J]. The Quarterly journal of economics, 1991, 106 (2): 407-443.

济增长效应是不显著的，或者正向效应是不稳健的，甚而至于个别学者的研究结果发现，政府投资的产出效应显著为负。例如，Devarajan 等①对 43 个发展中国家的研究，不过，他们对 21 个 OECD 国家样本数据的研究却得出正效应的结论，由此，他们判断，发展中国家存在公共资本过度投资的问题。

四是教育服务支出、国防支出与经济增长。较多的研究文献表明公共教育服务支出对经济增长具有正向促进作用，如 Barro 等②通过对 97 个国家或地区截面数据的分析，Hansson 等③对 OECD 国家截面数据的分析，Evans 等④对美国 48 个州的面板数据的分析，Bleaney 等⑤对 OECD 国家面板数据的分析，Bose 等⑥对 30 个发展中国家的面板数据的分析等，都得出了教育服务支出具有正向经济增长效应的结论。不过，部分学者对这一正向效应结论仍然持怀疑态度，如 Landau⑦ 和 Easterly 等⑧。多数文献支持国防支出具有负向经济增长效应或不稳健相关关系的结论，如 Landau⑦、Barro 等② 和 Levine 等⑨。对于医疗服务支出的经济增长效应，Devarajan 等① 和 Bleaney 等⑤通过研究发现，具有显著的正向效应。

五是转移支出与经济增长的关系。Alesina 等⑩采用 70 个国家的截面数据、Person 等⑪采用 13 个 OECD 国家的截面数据进行研究，结果表明贫富悬殊过大不利于经济增长，从而暗示旨在调节收入差距的转移支付支出具有正向经济增长效应。Sala-i-Martin⑫ 和 Auteri 等⑬采用意大利 20 个地区的面板数据进行分析，均表明转移财政支出

① DEVARAJAN S, SWAROOP V, ZOU H. The composition of public expenditure and economic growth [J]. Journal of monetary economics, 1996, 37 (2-3): 313-344.

② BARRO R J, MANKIW N G, SALA-I-MARTIN X. Capital mobility in neoclassical models of growth [J]. American economic review, 1995, 85 (1) 103-115.

③ HANSSON P, HENREKSON M. A new framework for testing the effect of government spending on growth and productivity [J]. Public choice, 1994, 81 (3-4): 381-401.

④ EVANS P, Karras G. Are government activities productive? Evidence from a panel of U.S. States [J]. Review of economics and statistics, 1994, 76 (1): 1-11.

⑤ BLEANEY M F, GEMMELL, N, KNELLER R. Testing the endogenous growth model: public expenditure, taxation and growth over the long run [J]. Canadian journal of economics, 2001, 34 (1): 36-57.

⑥ BOSE N M, HAQUE E, OSBORN D R. Public expenditure and growth in developing countries: education is the key [Z]. University of Manchester CGBCR Discussion Paper, 2003.

⑦ LANDAU D. Government expenditure and economic growth in the less developed countries: an empirical study for 1960-1980 [J]. Economic development and culture change, 1986, 35 (1): 35-75.

⑧ EASTERLY W, REBELO S. Fiscal policy and economic growth [J]. Journal of monetary economics, 1993, 32 (3): 417-458.

⑨ LEVINE R, RENELT D. A sensitivity analysis of cross-country growth regressions [J]. American economic review, 1992, 82 (4): 942-963.

⑩ ALESINA A, RODRIK D. Distributive politics and economic growth [J]. The quarterly journal of economics, 1994, 109 (2): 465-490.

⑪ PERSON T, TABELLINI G. Is inequality harmful for growth? [J]. American economic review, 1994, 84 (3): 600-621.

⑫ SALA-I-MARTIN X. Transfers [Z]. NBER Working Paper, 1992.

⑬ AUTERI M, CONSTANTINI M. Fiscal policy and economic growth: the case of the Italian regions [J]. The review of regional studies, 2004, 34 (1): 72.

对经济增长具有显著的经济增长效应。不过，Landau[①]、Person 等[②]和 Hansson 等[③]的研究却得出了相反的结论。

从财政支出的经济增长效应的经验研究来看，在财政支出规模的经济增长效应的检验方面，有中性论、正向效应论和负向效应论 3 种；而且财政支出结构的经济增长效应的实证分析方面，一样没有达成共识，不同的样本数据检验结论不同，即使针对同一样本数据采用不同的检验方法，其结论也可能不一致。

2.3 印度财政支出与经济增长效应研究

21 世纪以前，研究印度财政支出的经济增长效应的文献相对较少，现有相关研究成果集中出现在最近的 5~10 年，而且总体来说，关于对印度自独立以来财政支出的经济增长效应研究的文献较少。以下就现有相关成果进行综述。

2.3.1 印度财政支出规模与经济增长效应研究

Singh 等[④]以印度 1950—1981 年的数据为基础，运用 Granger 因果检验法对印度财政支出和国民收入之间的因果性进行了检验，他们认为：印度财政支出与经济增长之间的是典型的多维关系；在总体水平上，国民经济增长同财政支出之间存在互反馈因果机制，印证了瓦格纳法则和凯恩斯的基本观点，不过这种相互因果关系仅是一种弱互反馈关系，因此不能轻易否认或支持瓦格纳法则，也不能夸大财政支出作为促进经济增长的政策工具的有效性。Holmes 等采用印度 1950—1981 年的时序数据进行研究后得出结论认为，印度财政支出对经济增长具有一定促进作用，但印度经济增长对财政支出增长并没有正向促进作用，不支持瓦格纳法则。

Khundrakpam[⑤]采用印度 1960—1961 至 1996—1997 财年的宏观数据为基础分别构建了双变量和三变量模型研究了印度财政支出的经济增长效应，结果表明印度财政支出与经济增长之间具有长期稳定的协整关系，同时，财政支出是经济增长的格兰杰因；但是如果财政支出一旦超出临界值又将给国民收入增长产生负向影响，即样本区间内

① LANDAU D. Government expenditure and economic growth in the less developed countries: an empirical study for 1960-1980 [J]. Economic development and culture change, 1986, 35 (1): 35-75.

② PERSON T, TABELLINI G. Is inequality harmful for growth? [J]. American economic review, 1994, 84 (3): 600-621.

③ HANSSON P, HENREKSON M. A new framework for testing the effect of government spending on growth and productivity [J]. Public choice, 1994, 81 (3-4): 381-401.

④ SINGH B, SAHNI B S. Causality between public expenditure and national income [J]. the review of economics and statistics, 1984, 66 (4): 630-644.

⑤ KHUNDRAKPAM J K. Public sector spending and economic growth in India [J]. RBI occasional paper, 2001, 22 (1): 2.

印度财政支出规模已接近最优临界值。从短期来看，尽管推动国民收入增长的主要因素是投资需求，不过经济资源配置仍然需在私人投资和财政支出之间维持适当的平衡关系方可保持整个经济的持续增长。

Gangal 等[①]以印度 1998—2012 年的时序数据为基础，对印度财政支出与经济增长的关系进行了经验分析，其结论认为：印度财政支出与经济增长之间存在长期平稳关系，公共财政支出对经济增长具有促进作用；但反过来，经济增长并不是财政支出增加的原因，不支持瓦格纳法则。Srinivasan[②] 利用印度 1973—2012 年的财政支出与经济增长数据建立误差修正模型（ECM）对印度财政支出的经济增长效应进行了经验研究。他还认为，印度财政支出同其经济增长之间具有稳定的均衡关系，但是，财政支出对经济增长并没有正向促进作用，反过来，经济增长却推动了印度财政支出的增加，支持瓦格纳法则。

Ranjan 等[③]对印度 1980—1981 至 2012—2013 财年的相关数据采用单位根与协整检验后发现，从长期来看，印度经济增长同财政支出之间存在平稳均衡关系，经济增长是财政支出的格兰杰因，支持瓦格纳法则，但无法证明财政支出对经济增长的促进作用，因此，把财政支出作为推动长期经济增长的政策工具在经验上不能获得支持。

2.3.2 印度财政支出结构与经济增长效应研究

Sakthivel 等[④]对印度 1980—1981 至 2005—2006 财年的财政支出和国内生产总值的关系研究表明，国民收入和财政支出均呈增长趋势，财政支出规模、经济服务支出与经济增长之间互为格兰杰因，但国防支出和社会服务与经济增长之间无相关性，而债务利息支出与经济增长之间仅存单向负相关。并且他还认为，英殖民主义者统治时期，一方面实行财政支出最小化政策，另一方面又不断加大剥削力度，从而导致印度贫穷落后；刚独立不久的印度显然无法仅仅依靠市场力量来推动国民经济的恢复和发展，因此印度选择了社会主义发展模式，实行公私共存的混合经济制度，赋予公共部门在国民经济发展过程中的战略性作用。Ramakumar[⑤] 分别从中央政府和地方各邦政府分析了自 1950—1951 至 2004—2005 财年，特别是 20 世纪 90 年代至 21 世纪初，印度财政支出中教育、养老、医疗、社会保障、住房、就业、扶贫等社会性支出和农业、工业、

① GANGAL V L N, GUPTA H. Public expenditure and economic growth a case study of India [J]. Global journal of management and business studies, 2013, 3 (2): 191-196.

② SRINIVASAN P. Causality between public expenditure and economic growth: the Indian case [J]. Journal of economics and management, 2013, 7 (2): 335-347.

③ RANJAN K D, SHARMA C. Government expenditure and economic growth: evidence from India [J]. The ICFAI university journal of public finance, 2008, 6 (3): 60-69.

④ SAKTHIVEL P, YADAV I S. Causality between public expenditure and national income in India: a reexamination [J]. The IUP journal of public finance, 2007 (4): 36-51.

⑤ RAMAKUMAR R. Levels and composition of public social and economic expenditures in India, 1950-51 to 2005-06 [J]. Social scientist, 2008, 36 (9): 48-94.

交通运输与通信等经济性支出的变化趋势及特点，分析了变化趋势及其特点产生的原因，指出了印度政府财政政策变迁的弊端和危害。

Maind[①] 以印度 1990—1991 至 2013—2014 财年数据为基础采用最小二乘法进行经验分析，发现印度财政教育服务支出和医疗服务支出对 GDP 具有显著正向效应，而国防、债务利息支出和财政补贴支出无任何影响。Jain 等[②]通过构建 SVAR 模型对印度财政支出的收益增值率进行了估计，结果表明：财政支出收益增值率因支出类型不同而不同；经常性支出的收益增值率仅在短期内有效，并且低于财政支出的总收益增值率；另外，资本性支出的产出效应同经常性支出相比，不仅持续时间长，而且效率更高；地方政府财政支出的收益增值率高于中央政府的财政支出收益增值率。该研究结论的政策意义在于：一是减少经常性支出而增加资本性支出；二是减少中央支出而增加地方支出。

Mohapatra 等[③]以 1980—2013 年印度宏观经济数据为基础，采用 ARDL 方法检验了印度长期和短期内财政支出与经济增长的关系，通过构建 VECM 模型并做 Granger 因果检验，结果表明：印度经济增长与发展性支出、财政赤字、总私人投资之间存在长期协整关系，发展性支出对长期经济增长具有正向效应；非发展性支出和经常性支出对长期经济产出效应不显著；无论短期还是长期，发展性支出和财政赤字对经济增长呈单边因果关系，均是印度经济增长重要的推动力量。

2.3.3 印度财政支出的经济增长效应研究小结

正如前文所言，印度是新兴发展中工业化国家，由于经济、社会、历史、制度等多方面的原因，其经济发展水平与发达国家相比还存在较大的差距，如何在发挥市场机制的同时又能充分利用政府公共资源以迅速推动经济增长和实现国家富强目标是摆在印度政府面前的最大难题，因此，从财政支出角度研究印度经济增长具有重要意义。由于种种原因，学者们对印度财政支出的经济增长效应问题研究起步较晚，只是近 10 年以来，特别是自金融危机以来，这一研究进展才有所提速。不过，从现有文献来看，无论总量研究还是结构探索都获得了大量有益的研究成果。例如，大多数研究都肯定了财政支出对印度经济增长的重要意义，印度财政支出与其经济增长长期存在稳定均衡关系，各项财政支出并非均衡作用于经济增长，资本性支出或发展性支出更有利于促进印度经济增长等。这些研究结论无疑为印度政府在进行重大经济政策抉择时提供了重要的经验依据和理论支持。但由于研究时间相对短暂，现有研究成果也暴露出一

---

① MAIND S. India's government spending composition and economic growth [J]. English-Marathi, quarterly, 2015, 4 (3): 9-16.

② JAIN R, KUMAR P. Size of government expenditure multipliers in India: a structural VAR analysis [Z]. Reserve Bank of India Working Paper Series, 2013.

③ MOHAPATRA G, GIRI A K. The composition of public expenditure and economic growth in India: evidence from auto regressive distributed lag approach [J]. Journal of economic research, 2016, 21 (2): 205-230.

些不足之处，主要表现在以下方面。

第一，现有文献主要从总量上对印度经济增长同财政支出的关系进行了研究，基于结构视角的研究成果还相对较少，特别是对印度极其重要的财政支出项目如国防、债务利息、财政补贴、教育与科研、行政管理、经济服务等支出的研究比较欠缺。

第二，现有全部研究均以经验分析为主，其数据样本选择大多集中在20世纪80年代至2007年全球金融危机爆发，而以印度独立以来至今为样本区间的全覆盖时间跨度数据为基础的研究还非常少。虽然印度一直奉行的是“混合经济”发展模式，但经济制度和政策在改革前后甚至各个不同发展阶段却有很大不同，因此，任何间断性时间跨度数据均不能很好反映印度经济发展的全貌，以此为基础的财政支出效应研究不免存在很大局限性。

第三，现有大多数相关研究均以计量模型对印度财政支出规模或财政支出结构的产出效率进行静态分析，以此考察印度财政支出与经济增长之间是否存在相关关系。这种“黑箱”研究方法试图仅从静态视角揭示印度经济增长变动背后的真实原因，人为割裂了财政资金配置效率与管理效率之间的内在联系。然而，经济资源的效率是由相对稳定的配置效率与非常不稳定的动态使用效率共同构成的复合效率。因此，如果不从财税体制演变、财政支出政策变迁及财政资金的管理等角度去深入挖掘财政支出的管理效率或使用效率，也就不能很好把握财政支出与经济增长之间的真正联系。就印度而言，独立至今其经济运行体制、财政制度和财政政策都发生了不同程度的变化，财政支出的产出弹性也随之发生一定变化。因此，只有将印度财政支出置于各个不同历史发展阶段的具体背景之下，把财政支出与不同时期的经济体制、经济发展战略、财政制度和财政政策等因素结合起来，动态分析财政支出的经济增长效应，才能客观分析和正确评价印度财政支出对经济增长产生的作用和影响。

第四，由于样本选择区间不同，或所采用的计量分析方法不同，现有研究结论不乏自相矛盾之处。例如，个别学者认为印度财政支出短期无法促进经济增长与凯恩斯思想相悖，但也有学者却又得出了与此相反的结论；又如，在印度经济增长是否助推了财政支出增加的问题上，即在是否遵循瓦格纳法则的问题上也恰恰得出了完全相反的结论；此外，在教育服务支出、财政补贴、医疗服务支出、养老服务支出、经济服务支出等与经济增长的关系上，不同学者的结论也并不完全一致，等等。这种研究状况非常不利于研究结论在印度的推广和应用，大大降低了理论研究对印度公共政策的指导意义和价值，同时也无法为新兴工业化国家的公共政策决策提供思想营养。

2.4 本章评述

以上文献梳理表明，作为当前经济增长理论关注的焦点问题之一的财政支出的经济增长效应研究，无论是理论探讨还是实证分析，都与经济增长理论的演进路径和发展逻辑相吻合。其中，理论研究为实证分析奠定了坚实基础，而实证分析又为理论研究提供了佐证和支撑。

理论上，财政支出经济增长效应研究主要沿着经济增长理论的演进路径前行，古典增长理论、新古典增长理论、凯恩斯主义和新增长理论分别为其研究提供了分析框架。当前，新增长理论即内生增长理论是经济增长理论的主流思想，自然它也是财政支出经济增长效应研究的首要分析范式。在内生增长理论的分析范式下，财政支出的经济增长效应主要围绕教育与人力资本等各类财政补贴与经济增长、公共服务与经济增长、公共资本与经济增长、拥挤性财政支出与经济增长、财政支出波动与经济增长、财政决策机制与经济增长等问题进行研究和探讨。

萨缪尔森等①认为："公共品是指这样一类商品：将该商品的效用扩展于他人的成本为零，无法排除他人参与共享。"依据萨氏定义，按是否存在竞争性和排他性的标准，可将公共品分为"纯公共品""俱乐部产品""公共池塘产品"。不同类型的公共品外溢性不同，加之不同政府公共品提供机制的区别，财政支出作用经济增长的机制也就有所不同，从而财政支出被纳入理论模型的方式也不能完全一样。Romer② 从 Arrow③"干中学"思想获得启发，将广义资本引入模型，Lucas④ 以 Uzawa⑤ 为基础将人力资本引入分析框架，Romer⑥ 以 Dixit 等⑦的模型为基础构建了含有 R&D 变量的分析框架，Barro⑧ 把财政支出提供的公共服务（流量）视为可平均分配给每个私人的经

① 保罗·萨缪尔森，威廉·诺德豪斯．经济学［M］．18 版．肖琛，等译．北京：人民邮电出版社，2008：32.

② ROMER P M. Increasing returns and long-run growth［J］. Journal of political economy，1986，94（5）：1002-1037.

③ ARROW K J. The economic implication of learning by doing［J］. Review of economic studies，1962，29（3）：155-173.

④ LUCAS R E. On the mechanics of economic development［J］. Journal of monetary economics，1988，22（1）：3-42.

⑤ UZAWA H. Optimum technical change in an aggregative model of economic growth［J］. International economic review，1965，6（1）：18-31.

⑥ ROMER P M. Endogenous technological change［J］. Journal of political economy，1990，98（5）：S71-S702.

⑦ DIXIT A K，STIGLITZ J E. Monopolistic competition and optimum product diversity［J］. The American economic review，1977，67（3）：297-308.

⑧ BARRO R J. Government spending in a simple model of endogenous growth［J］. Journal of political economy，1990，98（5）：S103-S126.

济品，据此建立了分析模型，Futagami 等①、Greiner 等②、Turnovsky③、Gómez④⑤ 等建立了包括基础设施等公共资本积累（存量）在内的内生经济增长模型，Barro 等⑥构建了具有一定程度拥挤性的准公共品在内的分析框架，Fisher 等⑦把财政支出决策机制纳入分析模型建立了函数，龚六堂等⑧构造模型考察了财政支出波动与经济增长之间的关系等。本研究按照 Barro⑨、Futagami 等①、Greiner 等②、Turnovsky③和 Gómez④⑤等的分析范式，以公共服务（流量）和公共资本（存量）方式把财政支出引入理论模型对财政支出的经济增长效应进行分析，理论模型暂不考虑财政补贴、财政支出波动状况及拥挤状况经济增长的影响。

当然，财政支出的经济增长效应理论研究也存在一些不足之处。一是模型构建思路单一。几乎所有依照内生增长理论范式建立的财政支出经济增长效应分析模型均以 Ramesy⑩-Cass⑪-Koopmans⑫ 的“王朝效用”（Dynastic Utility）模型为基础，即假设消费和储蓄（投资）率路径完全由互动于完全竞争市场的代表性消费者和代表性厂商决定，生命永恒的代表性消费者则在跨期预算约束条件下对消费行为和储蓄（投资）行为进行抉择，以最大化代表性消费者的效用。各类模型的主要区别仅在于引入瞬时效用函数的变量不同、预算约束条件的改变或者选择的生产函数不同而已。

二是现有理论模型在对财政支出结构与经济增长的关系进行分析时，均把财政支出看作外生变量，即政府给出财政支出结构是既定的，是消费者进行最优决策的前提条件，无须考察政府的决策行动和利益诉求。但是，如果政府决策者意识到财政支出结构的不同安排将导致代表性消费者产生不同的消费效用和福利水平并做出适当结构

---

① FUTAGAMI K, MORITA Y, SHIBATA A. Dynamic analysis of an endogenous growth model with public capital [J]. The scandinavian journal of economics, 1993, 95 (4): 607-625.

② GREINER A, HANUSCH H. Growth and welfare effects of fiscal policy in an endogenous growth model with public investment [J]. International tax and public finance, 1998 (5): 249-261.

③ TURNOVSKY S J. The transitional dynamics of fiscal policy: long-run capital accumulation and growth [J]. Journal of money, credit, and banking, 2004, 36 (5): 883-910.

④ GÓMEZ M A. Optimal fiscal policy in a growing economy with public capital [J]. Macroeconomic dynamics, 2004, 8 (4): 419-435.

⑤ GÓMEZ M A. Fiscal policy, congestion, and endogenous growth [J]. Journal of public economic theory, 2008, 10 (4): 595-622.

⑥ BARRO R J, SALA-I-MARTIN X. Public finance in models of economic growth [J]. Review of economic studies, 1992, 59 (4): 645-662.

⑦ FISHER W H, TURNOVSKY S J. Public investment, congestion, and private capital accumulation [J]. The economic journal, 1998, 108 (447): 399-413.

⑧ 龚六堂，邹恒甫．政府公共开支的增长和波动对经济增长的影响 [J]．经济学动态，2001 (9): 58-63.

⑨ BARRO R J. Government spending in a simple model of endogenous growth [J]. Journal of political economy, 1990, 98 (5): S103-S126.

⑩ RAMESY F. A mathematical theory of saving [J]. Economic journal, 1928 (38): 543-559.

⑪ CASS D. Optimum growth in an aggregative model of capital accumulation [J]. Review of economic studies, 1965, 32: 233-240.

⑫ KOOPMANS T C. On the concept of optimal economic growth [C] //The econometric approach to development planning. Amsterdam: North-Holland, 1965.

安排时，财政支出结构就已经由外生变量转变为内生变量了。事实上，今天没有哪个国家政府在安排本国财政支出结构时不考虑到本国的经济增长和消费者福利变化。

三是现有模型中主要投入要素的参数变量均被视为外生变量，这与现实的经济发展状况不吻合。大量事实证明，受制度安排或绩效管理水平的影响，大多数生产要素的使用效率（模型中投入要素的产出弹性）是动态变化的，并对最终的产出效应产生重要作用，甚至是最关键的作用。

四是现有研究文献均把“财政支出的产出弹性不变”作为前提条件来探讨财政支出的产出效应问题，即仅从财政支出的配置效率视角研究财政支出的产出效应，忽视了财政支出产出弹性即财政支出的管理效率或使用效率对财政支出产出效应的重要影响，这一假定与经济现实不吻合。事实上，财政制度或财政政策不仅通过规模或结构调整影响财政支出的产出效应，还通过财政资金的绩效管理影响财政支出产出效应。

再从实证研究情况来看，财政支出的经济增长效应研究从检验思路、检验方法、样本选择、数据规划到研究内容均涌现出大量研究成果，大大丰富和支撑了理论研究结论。但到目前为止，实证研究也还存在需要完善的地方。

第一，不同国家或同一国家不同时段的财政支出的经济增长效应实证检验结论分歧较大。这种大量存在于早期研究文献中的矛盾虽然今天大部分已通过理论研究获得了解释，但仍然也有仅通过实证分析或理论研究本身无法得到答复的个别问题，需要对这些问题做进一步分析。

第二，一些静态实证检验结论脱离了样本国家具体的历史背景，没有从样本国家的经济发展战略、方针和政策的演变角度去寻找和探索财政支出经济增长效应变化的原因，特别是不能很好地把研究结论同样本国家的财政制度和财政政策变迁结合起来对财政支出的产出效应进行动态分析。

第三，早期财政支出结构的经济增长效应研究仅限于对某些财政支出项目（如教育、国防、行政管理、补贴、医疗、研发等支出）做简单的单方程回归分析，没有把所有财政支出项目同时纳入分析模型进行结构分析，这算不上是真正的结构分析。当前实证研究虽然已经克服了这一缺陷，但财政支出结构变量在计量方程中仍然被视为外生变量，无法保障结论的可靠性。

第四，就印度财政支出的经济增长效应实证研究来看，正如前文所言，主要不足之处在于：基于结构视角的研究成果相对较少；跨越从独立至当前整个样本区间的实证研究成果较少；不能很好反映印度财政支出的经济增长效应的动态变化；没能将研究问题融入印度财政制度和财政政策变迁的历史背景下进行深入研究；等等。这些不足之处，有的属于财政支出的经济增长效应研究所具有的一般性问题，有的属于印度财政支出的特殊性问题。

3 财政支出的经济增长效应数理分析

当前关于财政支出经济增长效应的理论分析主要有新古典增长理论和新增长理论两大分析框架。新古典增长理论认为，从长期来看，一个经济体所有人均经济变量将趋于稳态值，经济最终也就趋于稳态，影响和决定一国经济增长的因素仅是外生的劳动增长和技术进步，政府财政支出政策无助于长期经济增长，因此，政府干预经济既无必要也不可行。不过，当经济偏离稳态后，即从一个稳态向另一个稳态过渡的期间，政府财政支出将对稳态过渡期的经济增长产生重要影响。新增长理论认为，财政支出是影响长期经济增长的重要因素，在唯一均衡增长路径上，最优支出规模和最优支出结构是实现最优经济增长的必要条件，但财政支出规模和支出结构与经济增长之间又不是简单的线性关系。本章分别在新古典经济增长理论和内生增长理论的框架下构建理论模型分析财政支出与经济增长的关系，以期得到关于财政支出与经济增长之间关系的一般性结论。

3.1 基于新古典理论的财政支出的经济增长效应分析

3.1.1 基本模型构建及求解

在一个三部门经济中，假定经济体投入的生产要素包括劳动、私人资本和公共资本3个部分，技术状况外生且不变，政府只依靠税收融资，固定税率为τ（$0<\tau<1$），所有税收全部用于政府资本性的支出，政府经常性支出为零，且实行平衡预算。构建C-D函数及其约束条件：

$$Y=(K_{G1}^{\alpha}K_{G2}^{1-\alpha})^{\beta}K_p^{\gamma}L^{1-\beta-\gamma}; \tag{3.1}$$

$$G=\tau Y=K_{G1}+K_{G2}; \tag{3.2}$$

$$K_{G1}=\varphi G,\ K_{G2}=(1-\varphi)G。 \tag{3.3}$$

其中，Y为国民收入；K_p为私人资本；L为生产劳动；K_{G1}和K_{G2}代表生产效率不同的两种公共资本；G为政府财政支出总量；τ为税率，在平衡财政条件约束下，表示政府财政支出规模；α，β，γ为生产要素的产出弹性；φ（$0<\varphi<1$）表示公共资本支出K_{G1}占财政总支出G的比重，$1-\varphi$为公共资本支出K_{G2}占财政总支出G的比重，因此，

φ（$0<\varphi<1$）的变化可以直接表示政府财政支出结构的变化与调整。

在式（3.1）两边同时除以 L，可得到集约生产函数，即人均产出函数为：

$$y=(k_{G1}^{\alpha}k_{G2}^{1-\alpha})^{\beta}k_{p}^{\gamma}。\tag{3.4}$$

其中，y 为人均国民收入（产出），k_P，k_{G1}，k_{G2}分别表示投入生产的人均私人资本投入量和两种公共资本即财政支出的人均占有量。

假设两种公共资本及私人资本的折旧率均为 δ，个人储蓄为 s，则两种公共资本及私人资本的净资本形成方程即累积方程分别为：

$$\dot{K}_{G1}=\varphi G-\delta K_{G1}=\varphi\tau Y-\delta K_{G1};\tag{3.5}$$

$$\dot{K}_{G2}=\varphi G-\delta K_{G2}=\varphi\tau Y-\delta K_{G2};\tag{3.6}$$

$$\dot{k}_{p}=s(1-\tau)y-\delta k_{p}。\tag{3.7}$$

假设劳动增长率为 n，式（3.5）、式（3.6）和式（3.7）等紧凑型资本深化方程可改写为：

$$\dot{k}_{G1}=\varphi\tau y-(\delta+n)k_{G1};\tag{3.8}$$

$$\dot{k}_{G2}=(1-\varphi)\tau y-(\delta+n)k_{G2};\tag{3.9}$$

$$\dot{k}_{p}=s(1-\tau)y-(\delta+n)k_{p}。\tag{3.10}$$

根据新古典经济增长理论的假定：$f(0)=0$，$f'(k_{G1},k_{G2},k_P)>0$，$f''(k_{G1},k_{G2},k_P)<0$，即函数f为凸函数，n 和 δ 为劳动增长率和资本折旧率，且以不变速率增长，k_{G1}，k_{G2}，k_P 等所有生产要素的边际报酬递减，我们可以知道经济最终达到稳态，即公共资本和私人资本深化 $\dot{k}_{G1}$，$\dot{k}_{G2}$和 $\dot{k}_P$ 均为0。据此令式（3.8）、式（3.9）和式（3.10）3个密集形式资本深化方程等于0，推导出经济达到稳定状态时私人资本和两种公共资本的人均值分别为 k_p^*，k_{G1}^*和 k_{G2}^*，再将生产要素稳态值 k_p^*，k_{G1}^*和 k_{G2}^*代入密集形式生产函数［式（3.4）］求解出人均稳态产出 y^*，即：

$$k_p^*=\left[\frac{\varphi^{\alpha\beta}(1-\varphi)^{(1-\alpha)\beta}\tau^{\beta}[s(1-\tau)]^{1-\beta}}{\delta+n}\right]^{\frac{1}{1-\beta-\gamma}};\tag{3.11}$$

$$k_{G1}^*=\left[\frac{\varphi^{1-\beta-\gamma+\alpha\beta}(1-\varphi)^{(1-\alpha)\beta}\tau^{1-\gamma}[s(1-\tau)]^{\gamma}}{\delta+n}\right]^{\frac{1}{1-\beta-\gamma}};\tag{3.12}$$

$$k_{G2}^*=\left[\frac{\varphi^{\alpha\beta}(1-\varphi)^{1-\beta-\gamma+(1-\alpha)\beta}\tau^{1-\gamma}[s(1-\tau)]^{\gamma}}{\delta+n}\right]^{\frac{1}{1-\beta-\gamma}};\tag{3.13}$$

$$y^*=\left[\frac{\varphi^{\alpha\beta}(1-\varphi)^{(1-\alpha)\beta}\tau^{\beta}[s(1-\tau)]^{\gamma}}{\delta+n}\right]^{\frac{1}{1-\beta-\gamma}}。\tag{3.14}$$

3.1.2　财政支出与稳态人均产出水平

为研究财政支出的产出效应，需对稳态人均产出方程进行深入分析。观察式（3.14）我们可以知道，依照新古典增长理论分析框架所得到的稳态方程既包含外生变量私人储蓄率 s、折旧率 δ 及劳动增长率 n 等，还包括政府支出规模 τ 和支出结构 φ（或 $1-\varphi$）等变量，还有私人资本产出系数 α、公共资本产出系数 β 和劳动产出系数 γ 等3个影响因子。同时还发现，在约束条件下，稳态人均产出是私人储蓄率 s 的单调增函数，是折旧率 δ 和劳动增长率 n 的单调减函数，即提高私人储蓄水平可以提高稳态产出水平，而提高折旧率和劳动增长率却降低了稳态产出水平。不过，我们还无法直观判断政府支出规模 τ 和政府支出结构 φ（或 $1-\varphi$）对稳态人均产出的效应是正还是负，因此需做进一步分析。

先分析政府财政支出规模即税率 τ 对稳态人均产出的影响。用税率 τ 对稳态人均产出函数求一阶导数，可以得到税率 τ 即政府支出规模的产出效应方程：

$$\frac{\partial y^*}{\partial \tau}=\frac{1}{1-\beta-\gamma}\left[\frac{\varphi^{\alpha\beta}\ (1-\varphi)^{(1-\alpha)\beta}\tau^{\beta}\ [s(1-\tau)]^{\gamma}}{\delta+n}\right]^{\frac{1}{1-\beta-\gamma}}[\beta\tau^{-1}-\gamma(1-\tau)^{-1}]。\tag{3.15}$$

分析财政支出规模效应函数［式（3.15）］可知，当私人储蓄率 s、折旧率 δ 和劳动增长率 n 及公共资本产出弹性 α 和 β、私人资本产出弹性 γ 不变时，在财政支出结构 φ（或 $1-\varphi$）给定的前提下，稳态人均产出水平跟财政支出规模 τ 的取值范围有直接关系。当 $\tau<\beta/(\beta+\gamma)$ 时，$\partial y^*/\partial\tau>0$，稳态人均产出是财政支出规模 τ 的单调增函数，扩大政府支出规模可以提高稳态人均产出水平；当 $\tau>\beta/(\beta+\gamma)$ 时，$\partial y^*/\partial\tau<0$，稳态人均产出是财政支出规模 τ 的单调减函数，扩大政府支出规模则会降低稳态人均产出水平；只有当 $\tau=\beta/(\beta+\gamma)$ 时，$\partial y^*/\partial\tau=0$，稳态人均产出才达到最高水平。如果我们进一步把"$\beta+\gamma$"定义为总资本（公共资本与资本之和）的产出贡献度，并且假定人均产出只是总资本的函数，则公共资本和私人资本的产出贡献度之和为1，即 $\beta+\gamma=1$，因此就有：当 $\tau<\beta$ 时，稳态人均产出跟财政支出规模正相关，扩大支出规模可以提高稳态人均产出水平；当 $\tau>\beta$ 时，稳态人均产出跟财政支出规模负相关，缩小支出规模可以提高稳态人均产出水平；当 $\tau=\beta$ 时，稳态人均产出水平最高。

下面再分析政府财政支出结构即两种公共资本分别占财政总支出比重 φ（或 $1-\varphi$）对稳态人均产出的影响。用财政支出结构 φ（或 $1-\varphi$）对稳态人均产出函数求一阶导数得到如下方程：

$$\frac{\partial y^*}{\partial \varphi}=\frac{1}{1-\beta-\gamma}\left[\frac{\varphi^{\alpha\beta}\ (1-\varphi)^{(1-\alpha)\beta}\tau^{\beta}\ [s(1-\tau)]^{\gamma}}{\delta+n}\right]^{\frac{1}{1-\beta-\gamma}}\cdot [\alpha\beta\varphi^{-1}-(1-\alpha)\beta(1-\varphi)^{-1}]。\tag{3.16}$$

分析式（3.16）可知，当私人储蓄率 s、折旧率 δ 和劳动增长率 n 及公共资本产出弹性 α 和 β、私人资本产出弹性 γ 不变时，在财政支出规模 τ 给定的前提下，稳态人均产出水平跟财政支出结构 φ（或 $1-\varphi$）的取值范围有直接关系。当 $\varphi<\alpha$ 时，$\partial y^*/\partial\varphi>0$，稳态人均产出是财政支出规模 φ 的增函数，即提高公共资本支出 k_{G1} 在财政总支出中的比重可以提高稳态人均产出水平；当 $\varphi>\alpha$ 时，$\partial y^*/\partial\varphi<0$，稳态人均产出是财政支出规

模 φ（或 $1-\varphi$）的减函数，即减少公共资本支出 k_{G1} 在财政总支出中的比重可以提高稳态人均产出水平；只有当 $\varphi=\alpha$ 时，$\partial y^*/\partial\varphi=0$，即财政支出结构 φ（或 $1-\varphi$）等于财政支出的产出弹性时，稳态的人均产出水平将达到最高水平。

3.1.3　动态过渡期财政支出与人均产出水平

新古典增长理论认为，当一国经济遭遇外部冲击时，原有的稳定均衡状态被打破，实际人均产出水平偏离稳态人均产出水平，经济进入一个动态的过渡时期，此时，各种生产要素的产出弹性、人均投入量等经济变量将自动进行调整，经济最终又恢复到新的稳定状态，各种人均变量及人均变量累积变量重新达到新的稳态值，资本有机构成不变，人均产出水平达最大值，其增长率为零；影响长期经济增长的因素只有外生变量劳动增长率和技术进步率，而政府财政支出的规模和结构等内生变量仅影响经济体稳态人均产出和上述过渡期的经济增长。但是，Barro 等学者却认为，这并不意味着政府财政支出规模和结构对于经济增长来说就不重要了。相反，由于经济从原有稳态被打破过渡到新稳态的形成需要相当长时间，在一个相对较长的新的稳态形成过程中，政府财政支出状况也将对一国经济增长产生重要影响。

新古典增长理论认为，稳态经济的人均产出水平最高但其增长率为 0。不过，在从原有稳态被打破到新稳态形成的动态过渡期内，人均产出增长率处于动态变化之中，不为 0。根据 Barro 等①的研究可知，新旧稳态转换的动态过渡期人均产出水平可以表示为：

$$\frac{\dot{y}}{y}=\frac{\mathrm{d}y}{\mathrm{d}t}/y=\mathrm{d}(\ln y)/\mathrm{d}t\cong\prod{}^{*}[\ln y^{*}-\ln(t)]。\tag{3.17}$$

其中，$\Pi^*=(\delta+n)/(1-\beta-\gamma)$，表示当经济趋近于稳定状态时的趋同速度，即临界趋同速度。而从原稳态向新稳态过渡的动态期间内，任一时点的实际趋同速度均要大于临界趋同速度，但随着实际人均产出水平向稳态人均产出水平趋近，实际趋同速度又将持续下降，最终实际趋同速度趋近于临界趋同速度 Π^*。$y(t)$ 是过渡期任何时点上的人均产出水平，$y(0)$ 是 $t=0$ 时刻的人均产出水平。将稳态人均产出方程［式(3.14)］代入式(3.17)得到过渡时期人均产出增长率函数：

$$\frac{\dot{y}}{y}\cong\prod{}^{*}\Big[\frac{\alpha\beta}{1-\beta-\gamma}\ln\varphi+\frac{(1-\alpha)\beta}{1-\beta-\gamma}\ln(1-\varphi)+\frac{\beta}{1-\beta-\gamma}\ln\tau+\frac{\gamma}{1-\beta-\gamma}\ln s+$$
$$\frac{\gamma}{1-\beta-\gamma}\ln(1-\tau)-\frac{1}{1-\beta-\gamma}\ln(\delta+n)-\ln y(t)\Big]。\tag{3.18}$$

观察式(3.18)可知，影响过渡时期经济增长的因素除资本与劳动的产出弹性 α，β 和 γ 外，还包括私人储蓄率 s、折旧率 δ 和劳动增长率 n 等外生变量，以及财政支出规模 τ 和财政支出结构 φ（或 $1-\varphi$）等内生变量。假设经济遭遇外部冲击后，从原有稳

① BARRO R J, SALA-I-MARTIN X. Economic growth [M]. New York: McGraw-Hill, 1995.

态被打破到新稳态形成经历 T 年时间，而且 T 年内的每一年人均产出增长水平相同，则过渡时期人均产出增长率函数［式（3.18）］可以改写成：

$$g \cong \lambda\left[\frac{\alpha\beta}{1-\beta-\gamma}\ln\varphi + \frac{(1-\alpha)\beta}{1-\beta-\gamma}\ln(1-\varphi) + \frac{\beta}{1-\beta-\gamma}\ln\tau + \frac{\gamma}{1-\beta-\gamma}\ln s + \frac{\gamma}{1-\beta-\gamma}\ln(1-\tau) - \frac{1}{1-\beta-\gamma}\ln(\delta+n) - \ln y(0)\right]。\tag{3.19}$$

其中，$\lambda = \frac{1-e^{-\Pi^{*}T}}{T}$。

分析过渡时期人均产出增长率函数［式（3.19）］可知，财政支出规模 τ 和支出结构 φ（或 $1-\varphi$）均可以影响过渡时期人均产出增长率。仅从 $\ln\tau$ 和 $\ln\varphi$ 两项来看，过渡时期人均产出增长率与财政支出规模 τ 和财政支出结构 φ（或 $1-\varphi$）呈正相关关系；仅从 $\ln(1-\tau)$ 和 $\ln(1-\varphi)$ 两项来看，动态过渡时期人均产出增长率却与财政支出规模 τ 和财政支出结构 φ（或 $1-\varphi$）呈负相关关系。出现这种矛盾的根本原因在于：一方面，财政支出作为生产性公共投资，可以加速固定资本形成和社会总资本存量提高，从而促进经济增长；另一方面，财政支出的增加也意味着私人可支配收入的减少，当私人储蓄率 s 外生不变时，私人投资水平必然下降，从而限制和约束经济增长；此外，增加一种公共投资也意味着另一种公共投资的减少，从而导致两种公共投资的影响效应此消彼长。由此可见，在动态过渡时期财政支出的人均经济增长效应是不确定的。

为进一步研究动态过渡时期财政支出规模和支出结构的产出效应，分别用财政支出规模即税率 τ 和财政支出结构 φ（或 $1-\varphi$）对过渡时期人均产出增长率函数［式（3.19）］求一阶导数，并分别令一阶导函数为0，从而得到动态过渡期产出增长率最大化的最优财政支出规模即税率 τ_{opt} 和最优财政支出结构 φ_{opt}（或 $1-\varphi_{opt}$）：

$$\frac{\partial(\dot{y}/y)}{\partial\tau} = 0，从而可以得到：\tau_{opt} = \frac{\beta}{\beta+\gamma}。\tag{3.20}$$

$$\frac{\partial(\dot{y}/y)}{\partial\varphi} = 0，从而可以得到：\varphi_{opt} = \alpha。\tag{3.21}$$

观察式（3.20）不难发现，当财政支出结构一定时，财政支出规模 τ 对动态过渡期人均产出增长率 g 和稳态人均产出水平 y^{*} 的影响相同。当 $\tau<\beta/(\beta+\gamma)$ 时，财政支出规模与动态过渡期人均产出增长率呈正相关关系，扩大支出规模有助于促进经济增长；当 $\tau>\beta/(\beta+\gamma)$ 时，财政支出规模与动态过渡期人均产出增长率呈负相关关系，减少财政支出规模有利于过渡期人均产出增长率提高；只有当 $\tau=\beta/(\beta+\gamma)$ 时，动态过渡期人均产出增长率水平最高。同理可知，当财政支出规模一定时，支出结构 φ（或 $1-\varphi$）对过渡期人均产出增长率 g 和稳态人均产出水平 y^{*} 的影响是相同的。当 $\varphi<\alpha$ 时，财政支出结构与动态过渡期人均产出增长率呈正相关关系，扩大公共资本 k_{G1} 投资可以提高动态过渡期人均产出增长率；相反，当 $\varphi>\alpha$ 时，扩大公共资本 k_{G2} 投资支出可以提高人均产出增长率，而增加公共资本 k_{G1} 投资则会降低动态过渡期人均产出增长率；当

$\varphi=\alpha$ 时，动态过渡期人均产出水平最高。

3.1.4 财政支出的产出效应基于新古典理论分析的政策意义

对财政支出的产出效应模型进行的研究表明，虽然政府财政支出无法影响长期经济增长，但在约束条件下，财政支出规模和财政支出结构却可以影响稳态人均产出增长率和动态过渡期人均产出增长率；并且，财政支出规模 τ 和财政支出结构 φ（或 $1-\varphi$）同稳态人均产出和动态过渡期人均产出之间均呈倒“U”形关系。

在财政支出结构一定的前提下，当 $\tau<\beta/(\beta+\gamma)$ 时，公共资本的边际产出大于私人资本的边际产出，此时，增加财政支出（提高税率）带来的产出增加大于减少私人投资导致的产出减少，净产出增加，从而促进稳态人均产出或动态过渡期人均产出增长；相反，当 $\tau>\beta/(\beta+\gamma)$ 时，则表明公共资本的边际产出小于私人资本的边际产出，此时，扩大财政支出规模带来的产出增加小于减少私人投资规模导致的产出减少，净产出降低，从而阻碍稳态人均产出或动态过渡期人均产出增长；只有当 $\tau=\beta/(\beta+\gamma)$ 时，公共资本的边际产出恰恰等于私人资本的边际产出，此时稳态人均产出或动态过渡期人均产出增长率达到最大值，财政支出规模 τ 就是最优财政支出水平。

同理，在财政支出规模一定的前提下，当 $\varphi<\alpha$ 时，公共资本 k_{G1} 的边际产出大于公共资本 k_{G2} 的边际产出，增加公共资本 k_{G1} 支出所带来的产出增加大于因减少公共资本 k_{G2} 所带来的产出减少，净产出增加，从而促进稳态人均产出或动态过渡期人均产出增长；相反，如果 $\varphi>\alpha$，表明公共资本 k_{G1} 的边际产出小于公共资本 k_{G2} 的边际产出，因此，增加公共资本 k_{G1} 支出所带来的产出增加将小于因减少公共资本 k_{G2} 所带来的产出减少，净产出减少，从而抑制稳态人均产出或动态过渡期人均产出增长；只有当 $\varphi=\alpha$ 时，即两种财政支出 k_{G1} 和 k_{G2} 的边际产出相等时，稳态人均增长率才达到最大值。

由此可见，最优财政支出规模是由公共资本对总产出的贡献度即产出弹性 β 决定的，而最优财政支出结构是由公共资本 k_{G1} 对总产出的贡献度即产出弹性 α 决定的。只要两种财政支出的产出弹性即产出效率 α 和 β 发生变化，最优规模和最优结构才会随之发生变化。由于处于不同发展水平的国家或同一国家不同的经济发展阶段，受制度安排或绩效管理水平的影响，某类财政支出对经济总产出的贡献度是不同的，从而也决定这些财政支出的最优水平的不同。这也正是大量学者针对大量不同样本国家或同一国家不同样本区间的实证研究所得到的结论不同的重要原因。

上述理论研究具有重要的政策指导意义。在一国财政支出结构给定的前提下，政府可以通过提高或降低该国税收水平即调整财政支出规模的大小，合理配置生产资源在公、私两大部门之间的比重关系，从而实现稳态人均产出和动态过渡期人均产出最大化。同理，在一国财政支出规模给定的前提下，政府还可以通过调整财政支出各个项目间的比重关系，实现稳态人均产出和动态过渡期人均产出最大化。此外，由于生产资源的配置水平主要取决于产出弹性的大小即对总经济产出的贡献度的大小，因此，一旦经济资源的管理水平或制度环境发生变化引起了经济资源的产出弹性即生产效率发生了变化，经济资源在公共部门和私人部门之间及财政支出的各个项目之间的配置关系也将随之发生变化，以保障产出最大化目标的实现。

当然，基于新古典增长理论构建的财政支出产出效应模型也存在一些不足。一是经济体劳动增长率与人口增长率相同（失业率为0）的前提假设与任何经济体的经济运行实际不吻合；二是研究结论认为一国财政支出规模和结构不影响长期经济增长，仅跟稳态人均产出和动态过渡期人均产出增长存在相关关系，唯有外生的劳动增长率和技术进步率才是影响经济增长的根本原因。随着经济增长理论的进一步演进和发展，内生增长理论日益成为主流的经济增长理论，其分析框架成为研究财政支出产出效应的重要技术路线。下面将以内生增长理论为基础构建分析框架对财政支出与经济增长的关系进行研究。

3.2 基于内生增长理论的分析：经常性支出与经济增长

这一部分主要借助 Barro①、Futagami 等②、Greiner 等③、Turnovsky④、Gómez⑤⑥、Barro 等⑦、Devarajan 等⑧文献的分析方法构建模型，即以流量方式把财政支出纳入理论框架分析财政支出与经济增长的关系。通常，根据经济性质的不同将政府财政支出分为经常性支出和资本性支出，二者对经济增长的作用机制不同产出效应也不相同，前者属于消耗性支出，通常对短期经济增长产生影响，后者属于生产性支出，主要作用于长期经济增长。为了方便研究，本节先构建仅包含公共服务（流量）的世代跨期模型对财政支出的经济增长效应进行研究。

---

① BARRO R J. Government spending in a simple model of endogenous growth [J]. Journal of political economy, 1990, 98 (5): S103-S126.

② FUTAGAMI K, MORITA Y, SHIBATA A. Dynamic analysis of an endogenous growth model with public capital [J]. The scandinavian journal of economics, 1993, 95 (4): 607-625.

③ GREINER A, HANUSCH H. Growth and welfare effects of fiscal policy in an endogenous growth model with public investment [J]. International tax and public finance, 1998, 5 (3): 249-261.

④ TURNOVSKY S J. The transitional dynamics of fiscal policy: long-run capital accumulation and growth [J]. Journal of money, redit, and banking, 2004, 36 (5): 883-910.

⑤ GÓMEZ M A. Optimal fiscal policy in a growing economy with public capital [J]. Macroeconomic dynamics, 2004, 8 (4): 419-435.

⑥ GÓMEZ M A. Fiscal policy, congestion, and endogenous growth [J]. Journal of public economic theory, 2008, 10 (4): 595-622.

⑦ BARRO R J, SALA-I-MARTIN X. Economic growth [M]. New York: McGraw-Hill, 1995.

⑧ DEVARAJAN S, SWAROOP V, ZOU H. The composition of public expenditure and economic growth [J]. Journal of monetary economics, 1996, 37 (3): 313-344.

3.2.1 模型假定、构建与推导

假定：由代表性消费者、代表性厂商和政府组成的三部门经济中，代表性厂商租赁资本、雇佣劳动来进行生产并出售一种最终产品 y，并且既可以用于家庭消费也可以用于私人投资和政府公共服务支出，所赚取的最大化利润最终全部归于家庭；代表性消费者生命永恒，向代表性企业提供劳动，持有资本仅用于消费和储蓄；政府征收不变比例税为社会提供生产效率不同的两种公共服务，且实行既无赤字也无盈余的平衡预算；不考虑市场所有不完美性和家庭的异质性；资本折旧率和企业利润留存均为 0。为研究方便，本模型设人口总数 $N=1$，不考虑人口增长和技术进步对各个变量的影响。

①代表性消费者。在一个连续无限期界的跨期模型中，代表性消费者将各个时点的收入仅用作消费和储蓄配置，其目的是实现终身效用最大化（又称王朝效用，dynastic utility），由于不考虑人口增长和技术进步因素的影响，所以代表性消费者效用函数就等同于社会总效用函数，其表示形式如下：

$$U = \int_0^{\infty} u(c(t))\mathrm{e}^{-\rho t}\mathrm{d}t。\tag{3.22}$$

其中，$c(t)$ 为每个代表性消费者 t 时刻的人均消费函数，$u()$ 为代表性消费者的瞬时效用函数，为消除人口因子影响，设不变的人口总数 $N=1$，则所有人均变量均等于总量变量；ρ 为折现率，又称时间偏好系数，且 $\rho>0$，ρ 值越大，则家庭就越看重当期消费而不是未来消费。式（3.22）中的瞬时效用函数的形式为：

$$u(c) = \frac{c^{1-\theta} - 1}{1 - \theta}。\tag{3.23}$$

其中，θ 为相对风险规避系数，其值大于 0，因此式（3.23）又称作相对风险厌恶不变函数。θ 值越小，即消费变化所引起的边际效用变化越小，则实际利率和折现率的变化所导致的消费变化就越大。

假设资本的运动方程即代表性消费者必须满足的预算约束方程为：

$$\dot{k}(t) = (1 - \tau)y(t) - c(t)。\tag{3.24}$$

其中，k 表示代表性消费者人均私人资本（存量），$k(0)$ 为代表性消费者初始时间 $t=0$ 时的人均私人资本，$k(t)$ 为代表性消费者任意时刻 t 时的人均私人资本；$\dot{k}$ 表示代表性消费者人均私人资本的变化量；τ 代表政府按比例形式征收的不变收入税率。代表性消费者的目标是在满足非蓬齐条件[①]下实现终身效用最大化，即满足终身消费的现值小于或等于终身财富的现值。

②代表性厂商。根据前文假设，劳动和技术两种影响因子被剔除，不被纳入生产函数。此处假设政府提供的两种公共服务支出均能促进经济增长，且其中一种公共服

① 指不能通过借债滚动还贷的方式进行消费，如果没有这一约束条件，消费者终身消费的现值可以超过其终身财富的现值，从而得到无限大的终生效用，此时，终生效用最大化问题就不可能存在有定义的解。

务支出 g_1 的生产效率高于另一种公共服务支出 g_2，则生产函数包含私人资本 k、公共服务支出 g_1 和公共服务支出 g_2 3 种生产要素。又假设以上被纳入模型的两种公共服务支出为纯公共品，具有纯粹的非竞争性和非排他性，仅由政府无偿提供，不产生任何拥挤效应，则私人可获得和使用的公共服务总量同政府提供的公共服务总量相等。再假设政府提供的两种公共服务 g_1 和 g_2 与私人资本 k 均无替代关系，即上述 3 种生产要素的边际收益递减，但生产函数 y 总体表现为线性函数。依据上述假设构造替代弹性不变的生产函数（CES）为：

$$y = f(k,\ g_1,\ g_2) = (\alpha k^{-\xi} + \beta g_1^{-\xi} + \gamma g_2^{-\xi})^{-\frac{1}{\xi}}。\tag{3.25}$$

其中，y 为人均产出，α，β 和 γ 分别代表 k，g_1 和 g_2 3 种生产要素的产出弹性，$0<\alpha<1$，$0<\beta<1$，$0<\gamma<1$，且 $\alpha+\beta+\gamma=1$，ξ 是替代参数，$-1<\xi<1$，$1/(1+\xi)$ 是固定不变的替代弹性。

③政府。根据 Barro① 的假定，政府以不变比例的收入税为其全部财政支出融资，且始终保持平均预算，即每个财政年度既无财政盈余也无财政赤字或国债；再设不变比例税税率为 τ，财政总支出 g 由生产效率较高的公共服务支出 g_1 和生产效率较低的公共服务支出 g_2 组成，其中，公共服务 g_1 支出占财政总支出的比重为 φ（$0\leqslant\varphi\leqslant1$），公共服务支出 g_2 占财政总支出的比重为 $1-\varphi$，则政府财政支出的规模和结构就可以分别用不变税率 τ 和两种公共服务支出占总支出的比重 φ（或 $1-\varphi$）来刻画和表示。按以上描述可将政府公共预算的约束方程表示为：

$$g = T = \tau y = g_1 + g_2;\tag{3.26}$$

$$g_1 = \varphi g = \varphi\tau y,\ g_2 = (1-\varphi)g = (1-\varphi)\tau y。\tag{3.27}$$

④消费者行为。通过前面分析可知，代表性消费者所面临的问题就是在预算约束［式（3.24）］下选择对 c（t）的路径来最大化其终生效用［式（3.22）］，即当初始私人资本存量 k（0）给定时，代表性消费者在预算约束条件下将无限期界内每个时点的收入在消费和储蓄（或投资）之间进行配置以实现终生效用最大化。据此可通过对目标函数［式（3.22）］和约束函数［式（3.24）］构建哈密顿（Hamilton）方程［式（3.28）］来求解上述最优化问题：

$$H = (c\,(t)^{1-\theta} - 1)/(1-\theta) + \mu[(1-\tau)y(t) - c(t)]。\tag{3.28}$$

其中，μ 表示私人资本 k 的影子价格，即累积资本的边际效用。由哈密顿（Hamilton）方程［式（3.28）］可以分别得到相关变量的一阶条件及非蓬齐横截面条件如下：

$$\frac{\partial H}{\partial c} = c\,(t)^{-\theta} - \mu = 0;\tag{3.29}$$

$$-\dot{\mu} = \frac{\partial H}{\partial k(t)} - \rho\mu = \mu(1-\tau)\frac{\partial y}{\partial k(t)} - \rho\mu;\tag{3.30}$$

$$\lim_{t\to\infty}\mu k e^{-\rho t} = 0。\tag{3.31}$$

① BARRO R J. Government spending in a simple model of endogenous growth［J］. Journal of political economy, 1990, 98（5）: S103-S126.

根据变量对数的时间导数等于其增长率这一性质，由式（3.29）和式（3.30）分别得到：

$$\frac{\dot{\mu}}{\mu}=-\theta\frac{\dot{c}(t)}{c(t)}; \tag{3.32}$$

$$-\frac{\dot{\mu}}{\mu}=(1-\tau)\frac{\partial y(t)}{\partial k(t)}-\rho。 \tag{3.33}$$

由式（3.33）可推导出均衡增长路径上经济增长率的欧拉方程：

$$v=\frac{\dot{c}(t)}{c(t)}=\frac{1}{\theta}\left[(1-\tau)\frac{\partial y(t)}{\partial k(t)}-\rho\right]。 \tag{3.34}$$

根据规模报酬不变生产函数 y 的性质可知，此处均衡增长路径即是指在给定初始私人资本存量 k_0 的情况下，人均消费 c、私人资本 k、产出 y 及政府提供的两种公共服务支出 g_1 和 g_2 都将以相同的增长率 v 增加，即

$$v=\frac{\dot{y}}{y}=\frac{\dot{k}}{k}=\frac{\dot{c}}{c}=\frac{\dot{g}_1}{g_1}=\frac{\dot{g}_2}{g_2}。 \tag{3.35}$$

从欧拉方程［式（3.34）］可以看出，只要知道私人资本 k 的边际产出 $\partial y/\partial k$，就可以求出均衡增长路径上的经济增长率。因此先用私人资本 k 对式（3.25）的生产函数 y 求导，得到 $\partial y/\partial k$，再将 $\partial y/\partial k$ 代入欧拉方程［式（3.34）］，从而得到均衡增长路径上的经济增长率 v 的表达式：

$$\frac{\partial y}{\partial k}=\alpha\{\alpha+(g/k)^{-\xi}[\beta\varphi^{-\xi}+\gamma(1-\varphi)^{-\xi}]\}^{-\frac{1+\xi}{\xi}}; \tag{3.36}$$

$$v=\frac{\alpha(1-\tau)\{\alpha+(g/k)^{-\xi}[\beta\varphi^{-\xi}+\gamma(1-\varphi)^{-\xi}]\}^{-\frac{(1+\xi)}{\xi}}-\rho}{\theta}。 \tag{3.37}$$

从式（3.35）可知，在均衡增长路径上，由于政府支出 g 和 k 同比例变动，因此 g/k 将保持不变，从而得到政府财政支出 g 和私人资本 k 的比值及经济增长率 v 的解析式：

$$\frac{g}{k}=\left(\frac{\tau^{\xi}-\beta\varphi^{-\xi}-\gamma(1-\varphi)^{-\xi}}{\alpha}\right)^{1/\xi}; \tag{3.38}$$

$$v=\frac{\alpha(1-\tau)\{\alpha\tau^{\xi}/[\tau^{\xi}-\beta\varphi^{-\xi}-\gamma(1-\varphi)^{-\xi}]\}^{-(1+\xi)/\xi}-\rho}{\theta}。 \tag{3.39}$$

从经济增长率 v 的表达式［式（3.39）］可以看出，经济均衡增长率 v 是关于政府财政支出规模 τ、财政支出结构 φ（或 $1-\varphi$）、私人资本 k 3 种生产要素的生产效率 α，β 和 γ，贴现率 ρ 及相对风险规避系数 θ 的函数。

3.2.2 两种经常性支出与均衡经济增长率

3.2.2.1 公共服务支出规模的经济增长效应

假设政府两种公共服务支出的比重不变，即政府财政支出结构 φ（或 $1-\varphi$）不变，

用政府税率 τ 对均衡经济增长率 υ 的函数［式（3.39）］两边求一阶导数可以得到：

$$\frac{\partial \upsilon}{\partial \tau}=\frac{\tau^{1+\xi}-(1+\xi-\tau\xi)[\beta\varphi^{-\xi}+\gamma(1-\varphi)^{-\zeta}]}{\theta\alpha^{1/\xi}\tau^{2+\xi}[\tau^{\xi}-\beta\varphi^{-\xi}-\gamma(1-\varphi)^{-\zeta}]^{-1/\xi}}。\tag{3.40}$$

式（3.40）呈现了政府税率变动或财政支出规模变动与经济增长率变动的关系，进一步对式（3.40）右边进行整理后发现：

如果 $\tau^{1+\xi}/(\beta\varphi^{-\xi}+\gamma(1-\varphi)^{-\zeta})+\tau\xi<1+\xi$，则 $\partial\upsilon/\partial\tau>0$；

如果 $\tau^{1+\xi}/(\beta\varphi^{-\xi}+\gamma(1-\varphi)^{-\zeta})+\tau\xi>1+\xi$，则 $\partial\upsilon/\partial\tau<0$。

由此可见，一国政府税率（或财政支出规模）与其均衡经济增长率之间并非呈简单线性关系，因此需要对这一不确定关系做进一步分析。

再假设生产函数 y 为 C-D 函数，则上述实现条件可转化为下面等价形式：

$$如果\ \tau<\beta+\gamma，则\ \partial\upsilon/\partial\tau>0；\tag{3.41}$$

$$如果\ \tau>\beta+\gamma，则\ \partial\upsilon/\partial\tau<0。\tag{3.42}$$

从式（3.41）和式（3.42）可以看出，当政府税率小于两种财政支出的产出弹性之和时，继续提高政府财政支出规模有利于提高均衡经济增长率；相反，当政府税率水平已经较高，且超出两种财政支出的产出弹性之和时，如果继续扩大财政支出规模，非但不能促进均衡经济增长率水平的提高，反而阻碍经济增长；如果政府税率水平恰恰等于两种财政支出的产出弹性之和，则此时的政府税率就是最优税率，政府的支出规模也就是最优支出规模了。

3.2.2.2 公共服务支出结构的经济增长效应

根据前文假设，政府提供生产效率不同的两种公共服务 g_1 和 g_2，其中生产效率较高的公共服务支出 g_1 占财政总支出的比重为 φ，生产效率较低的公共服务支出 g_2 占财政总支出的比重为 $1-\varphi$。在政府税率即财政支出规模既定的前提下，用生产效率较高的公共服务支出 g_1 占财政总支出的比重 φ 对均衡经济增长率 υ 的函数［式（3.39）］求偏导数可以得到：①

$$\frac{\partial \upsilon}{\partial \varphi}=\frac{\alpha(1-\tau)(\alpha\tau^{\xi})^{-(1+\xi)/\xi}(1+\xi)[\beta\varphi^{-\xi-1}-\gamma(1-\varphi)^{-\xi-1}]}{\sigma[\tau^{\xi}-\beta\varphi^{-\xi}-\gamma(1-\varphi)^{-\xi}]^{-\frac{1}{\xi}}}。\tag{3.43}$$

观察式（3.43）可知，满足公共服务 g_1 同均衡经济增长率之间呈正相关关系，即 $\partial\upsilon/\partial\varphi>0$ 的条件为：

$$\varphi/(1-\varphi)<(\beta/\gamma)^{1/(\xi+1)}。\tag{3.44}$$

根据生产函数［式（3.25）］替代参数 $\xi>-1$ 的设定，生产要素替代弹性 $1/(1+\xi)$ 的取值范围恒为正。由式（3.43）可知，偏导数 $\partial\upsilon/\partial\varphi$ 是否大于 0，即提高公共服务 g_1 在财政总支出的比重能否进一步提高均衡经济增长率，是由公共服务支出 g_1 的产出弹性（生产效率）和这种财政支出在财政总支出中最初所占的比重 φ 两个因素共同

① 此处假设均衡经济增长率 υ 恒为正。

决定的。即使 g_1 最初所占比重 φ 较高，只要公共服务支出 g_1 的生产效率足够高，继续提高 g_1 在财政总支出中的比重 φ 依然可能促进均衡经济增长；即使 g_1 最初支出比重 φ 很低，如果公共服务支出 g_1 的生产效率足够低，继续提高 g_1 在财政总支出中的比重 φ 也可能无法推动均衡经济增长；只有当两种公共服务 g_1 与 g_2 初始比重 $\varphi/(1-\varphi)<(\beta/\gamma)^{1/(\xi+1)}$ 时，继续提高 g_1 的支出比重 φ（降低 g_2 的支出比重 $1-\varphi$）才能促进均衡经济增长；相反，如果 $\varphi/(1-\varphi)>(\beta/\gamma)^{1/(1+\xi)}$，政府应该降低公共服务 g_1 的支出比重 φ（提高 g_2 的支出比重 $1-\varphi$）才有助于均衡经济增长率的提高。

此外，观察式（3.39）还可以发现，在其他变量不变的前提下，均衡经济增长率同时间偏好系数即贴现率 ρ 和相对风险规模系数 θ 均呈负相关关系。这是因为提高贴现率，代表性消费者虽增加了当前消费但减少了储蓄或投资，净需求减少，从而导致经济产出水平下降；反之则反。提高相对风险规模系数 θ，消费变化所引起的边际效用变化就大，在边际消费倾向递减规律的作用下，减少消费支出反而有利于总效用的增加，因此，代表性消费者为增加总效用而减少消费，虽增加了投资但净需求下降，从而引致经济产出增长下降。

3.2.2.3 公共服务支出经济增长效应分析的政策意义

对包含两种公共服务支出的内生增长模型进行分析表明：第一，在初始私人资本和政府公共服务支出满足均衡经济增长的前提下，在政府平衡预算约束和家庭非蓬齐预算约束条件下，代表性消费者最大化无限跨期效用保证了经济存在唯一均衡增长路径，即存在最优经济增长率、最优财政支出规模和最优财政支出结构。第二，当税率即政府财政支出规模小于两种公共服务支出的产出弹性之和时，扩大政府支出规模有助于促进经济增长、提高均衡经济增长率；反之，当政府财政支出规模即税率超出两种财政支出的生产效率之和时，降低政府财政支出规模（减税）才有利于实现均衡经济增长。第三，只有当某种公共服务支出的产出弹性大于其他公共服务支出的产出弹性时，提高这种公共服务支出占财政总支出的比重，才能促进均衡经济增长；否则，减少该公共服务支出占财政总支出比重有利于推动均衡经济增长。

同基于新古典模型分析结论一样，政府在决策财政政策时，可以通过调整财政支出规模和结构对经济资源在公共部门和私人部门之间及公共部门内部进行合理配置，以实现均衡经济产出最大化目的；同时，由于经济资源的配置水平主要取决于经济资源产出弹性的大小即对总经济产出的贡献度的大小，而经济资源的产出弹性又非一成不变，一旦经济资源的管理水平得以提高或者作用于经济资源的制度环境发生改变，经济资源的产出弹性即生产效率必然发生变化，经济资源规模或结构的最优配置比重随之需要进行调整。

3.3 基于内生增长理论的分析：资本性支出、经常性支出与经济增长

随着经济社会的发展，现代国家被赋予的政治、经济、社会和文化职能越来越多，其财政支出所覆盖的范围也越来越广泛，不仅包括公共服务性支出，还包括大量资本性支出。3.2 节只是把以流量形式的公共服务支出纳入了生产函数对其经济增长效应进行了分析，这无法反映经济现实的全部，本节拟将存量形式的公共资本和流量形式的公共服务同时纳入模型分析财政支出与经济增长的关系。公共资本支出又称为资本性支出，主要包括政府在道路、桥梁、码头、机场、能源、科研和通信等基础设施方面的支出，通常被认为有利于一国资本的形成和长期经济的增长；公共服务性支出又称为经常性支出，主要包括政府公共管理支出，是消耗性支出，不形成资本，通常认为对一国短期经济增长有利。政府往往面临增加资本性支出以追求长期经济增长还是增加经常性支出以追求短期经济增长的两难选择。

3.3.1 基本模型构建

本小节主要研究政府如何在资本性支出和经常性支出之间做抉择以促进本国均衡经济增长。因此，所构建的分析框架中，代表性消费者的效用函数和预算约束函数分别与 3.2 节的式（3.23）和式（3.24）相同，但由于所聚焦的公共生产要素已包括资本性支出和经常性支出两种，所以需要建立新的生产函数和政府预算约束函数。新模型如下：

$$y = f(k,\ g_{ca},\ g_{cu}) = [\alpha k^{-\xi} + \beta g_{ca}^{-\xi} + \gamma g_{cu}^{-\xi}]^{-1/\xi}; \tag{3.45}$$

$$g = T = \tau y = \dot{g}_{ca} + g_{cu}; \tag{3.46}$$

$$\dot{g}_{ca} = \varphi g = \varphi \tau y,\ g_{cu} = (1-\varphi)\tau y。 \tag{3.47}$$

式（3.45）中，k 表示私人资本，为存量；g_{ca} 是政府资本性支出，也为存量，当不考虑折旧时，政府公共资本存量的变化 $\dot{g}_{ca}$ 就是公共资本的积累，等于政府提供的资本性支出；g_{cu} 为政府经常性支出，为流量，在当期被全部消耗掉。

根据政府在经济资源配置中的作用不同，可将政府财政决策分为中央计划型和非中央计划型两种，二者的主要区别在于：代表性消费者实现效用最大化的消费与储蓄（投资）配置是由中央政府来决策还是由代表性消费者自我决策。据此，下面分别从中央计划和非中央计划两种财政决策来研究财政支出的增长效应问题。

3.3.2 中央计划经济条件下的政府财政决策

在中央计划经济条件下，享有充分信息的理性政府通过政府税收水平（财政支出规模）和财政支出结构决策、选择消费者的消费和投资份额，从而实现代表性消费者

效用的最大化。假设私人投资满足 $\dot{k}\geqslant 0$，政府资本性支出满足 $\dot{g}_k<\infty$，并且私人资本和政府资本性支出存量初始值 k_0 和 g_{ca0} 均外生给定。根据代表性消费者效用函数和代表性消费者预算约束函数构建效用最大化问题的哈密顿（Hamilton）方程：

$$H=(c^{1-\theta}-1)/(1-\theta)+\mu_1[(1-\tau)y-c]+\mu_2(\tau y-g_{cu})。\tag{3.48}$$

其中，μ_1 和 μ_2 分别表示私人资本和公共资本的影子价格。根据式（3.48）得到函数各变量最优化问题的一阶条件分别为：

$$\frac{\partial H}{\partial c}=c^{-\sigma}-\mu_1=0 \quad\Rightarrow\quad \mu_1=c^{-\theta};\tag{3.49}$$

$$-\dot{\mu}_1=\frac{\partial H}{\partial k}-\rho\mu_1=\mu_1(1-\tau)\frac{\partial y}{\partial k}+\mu_2\tau\frac{\partial y}{\partial k}-\rho\mu_1;\tag{3.50}$$

$$-\dot{\mu}_2=\frac{\partial H}{\partial g_{ca}}-\rho\mu_2=\mu_1(1-\tau)\frac{\partial y}{\partial g_{ca}}+\mu_2\tau\frac{\partial y}{\partial g_{ca}}-\rho\mu_2;\tag{3.51}$$

$$\frac{\partial H}{\partial g_{cu}}=\mu_1(1-\tau)\frac{\partial y}{\partial g_{cu}}+\mu_2\tau\frac{\partial y}{\partial g_{cu}}-\mu_2=0;\tag{3.52}$$

$$\frac{\partial H}{\partial \tau}=-\mu_1 y+-\mu_2 y=0。\tag{3.53}$$

由式（3.49）可以得到：

$$\frac{\dot{\mu}_1}{\mu_1}=-\theta\frac{\dot{c}}{c}。\tag{3.54}$$

由式（3.50）可以得到：

$$\frac{\dot{\mu}_1}{\mu_1}=\frac{\partial y}{\partial k}-\rho。\tag{3.55}$$

由式（3.54）和式（3.55）得到上述最优化问题的欧拉方程［式（3.56）］，即均衡增长路径上的经济增长率也等于代表性消费者的消费增长率。

$$-\theta\frac{\dot{c}}{c}=\frac{\partial y}{\partial k}-\rho \quad\Rightarrow\quad v^e=\frac{\dot{y}}{y}=\frac{\dot{c}}{c}=\frac{1}{\theta}[\frac{\partial y}{\partial k}-\rho]。\tag{3.56}$$

由式（3.53）可以得到：

$$\mu_1=\mu_2 \quad\Rightarrow\quad \dot{\mu}_1=\dot{\mu}_2。\tag{3.57}$$

由式（3.50）、式（3.51）及式（3.57）可知：私人资本的边际产出和政府公共资本的边际产出相等，即

$$\partial y/\partial k=\partial y/\partial g_{ca}。\tag{3.58}$$

因此得到：

$$\theta\frac{\dot{c}}{c}=\frac{\partial y}{\partial k}-\rho=\frac{\partial y}{\partial g_{ca}}-\rho,$$

或者

$$v^e=\frac{\dot{c}}{c}=\frac{1}{\theta}[\partial y/\partial k-\rho]=\frac{1}{\theta}[\partial y/\partial g_{ca}-\rho]。\tag{3.59}$$

由式（3.52）可以得到：

$$\partial y/\partial g_{cu} = 1。 \tag{3.60}$$

设 $g_{ka}=k/g_{ca}$，$g_{au}=g_{ca}/g_{cu}$，由式（3.58）可以得到：

$$g_{ka} = k/g_{ca} = (\alpha/\beta)^{\frac{1}{(1+\xi)}}。 \tag{3.61}$$

由式（3.60）可以得到：

$$g_{au} = g_{ca}/g_{cu} = ((\alpha^{\frac{1}{(1+\xi)}}\beta^{\frac{\xi}{(1+\xi)}}\gamma^{\frac{-\xi}{(1+\xi)}} + \beta\gamma^{\frac{-\xi}{(1+\xi)}})/(1-\gamma^{\frac{1}{(1+\xi)}}))^{1/\xi}。 \tag{3.62}$$

因为 $\partial y/\partial k=\alpha(\alpha+\beta g_{ka}^{\xi}+\gamma g_{ka}^{\xi}g_{au}^{\xi})^{-(1+\xi)/\xi}$，所以有：

$$\upsilon^{e} = \frac{\dot{c}}{c} = \frac{1}{\theta}[\frac{\partial y}{\partial k} - \rho] = \frac{1}{\theta}[\alpha(\alpha + \beta g_{ka}^{\xi} + \gamma g_{ka}^{\xi}g_{au}^{\xi})^{-\frac{1+\xi}{\xi}} - \rho]。 \tag{3.63}$$

将式（3.61）和式（3.62）代入式（3.63），得到均衡增长路径上的经济增长率为：

$$\upsilon^{e} = \frac{1}{\theta}\{[(\alpha^{1/(1+\xi)} + \beta^{1/(1+\xi)})/(1-\gamma^{1/(1+\xi)})]^{(1+\xi)/\xi} - \rho\}。 \tag{3.64}$$

因为 $g_{cu}/y=[\alpha g_{ks}^{-\xi}g_{au}^{-\xi}+\beta g_{au}^{-\xi}+\gamma]^{\frac{1}{\xi}}$，且 $\tau y=\dot{g}_{k}+g_{f}$，所以有均衡增长路径上的最优税率为：

$$\tau^{e} = (\upsilon^{e}g_{au} + 1)[\alpha g_{ka}^{-\xi}g_{au}^{-\xi} + \beta g_{au}^{-\xi} + \gamma]^{\frac{1}{\xi}}。 \tag{3.65}$$

由于 $\varphi/(1-\varphi)=\frac{\dot{g}_{ca}}{g_{cu}}=\frac{\dot{g}_{ca}}{g_{ca}}\frac{g_{ca}}{g_{cu}}=\upsilon^{e}g_{au}$，所以均衡增长路径上即最优经济增长时的政府财政最优支出结构为：

$$\frac{\varphi}{1-\varphi} = \frac{\dot{g}_{k}}{g_{cu}} = \frac{\dot{g}_{k}}{g_{k}}\frac{g_{k}}{g_{cu}} = \upsilon^{e}g_{ka}; \tag{3.66}$$

$$\varphi^{e} = \frac{\upsilon^{e}g_{au}}{1+\upsilon^{e}g_{au}}，\text{或者 } 1-\varphi^{e} = \frac{1}{1+\upsilon^{e}g_{au}}。 \tag{3.67}$$

同理，因为 $y/k=(\alpha+\beta g_{ka}^{\xi}+\gamma g_{ka}^{\xi}g_{au}^{\xi})^{-1/\xi}$，所以均衡增长路径上即最优经济增长时的私人最优储蓄率为：

$$s^{e} = \frac{\dot{k}}{(1-\tau)y} = \frac{\upsilon^{e}}{(1-\tau^{e})(\alpha + \beta g_{ka}^{\xi} + \gamma g_{ka}^{\xi}g_{au}^{\xi})^{-1/\xi}}。 \tag{3.68}$$

3.3.3 非中央计划经济条件下的政府财政决策

在非中央计划经济条件下，中央政府已无法像计划经济条件下去直接抉择代表性消费者消费与储蓄的最优化决策，具有完全信息的中央政府与代表性消费者之间构成了一个斯德尔伯格博弈（Stackelberg game）。中央政府首先进行公共财政决策，即在财政平衡预算约束条件下，为实现某一既定的经济增长目标，选择适度的财政支出规模和财政支出结构。中央政府公共财政政策一旦形成，代表性消费者作为中央政府的跟随者便把既定的财政支出规模和财政结构视为外生条件，按非蓬齐条件配置消费与投资结构以最大化家庭效用。据此构建代表性消费者最大化王朝效用的哈密顿方程：

$$H=(c^{1-\theta}-1)/(1-\theta)+\mu[(1-\tau)y-c]。\tag{3.69}$$

由此得到代表性消费者最优化问题的一阶条件为：

$$\frac{\partial H}{\partial c}=c^{-\theta}-\mu=0;\tag{3.70}$$

$$-\dot{\mu}=\frac{\partial H}{\partial k}-\rho\mu=\mu(1-\tau)\frac{\partial y}{\partial k}-\rho\mu \quad\Rightarrow\quad -\frac{\dot{\mu}}{\mu}=(1-\tau)\frac{\partial y}{\partial k}-\rho。\tag{3.71}$$

由式（3.71）可以得到：

$$\mu=c^{-\theta}\quad\Rightarrow\quad\dot{\mu}=-\theta c^{-\theta-1}\dot{c}\quad\Rightarrow\quad\frac{\dot{\mu}}{\mu}=-\theta\frac{\dot{c}}{c}。\tag{3.72}$$

则在均衡经济增长路径上欧拉方程为：

$$\upsilon^*=\frac{\dot{c}}{c}=\frac{1}{\theta}[(1-\tau)\frac{\partial y}{\partial k}-\rho]。\tag{3.73}$$

在给定代表性消费者的最优决策的情况下，由于具有完全信息，政府通过选择税率和支出结构，以实现消费者效用的最大化。由此可以得到一阶条件：

$$\frac{\partial y}{\partial g_{cu}}=1;\tag{3.74}$$

$$\upsilon^*=\frac{\dot{c}}{c}=\frac{1}{\theta}[\frac{\partial y}{\partial g_{ca}}-\rho]。\tag{3.75}$$

所以有：

$$\frac{\dot{c}}{c}=\frac{1}{\theta}[\frac{\partial y}{\partial g_{ca}}-\rho]=\frac{1}{\theta}[(1-\tau)\frac{\partial y}{\partial k}-\rho]。\tag{3.76}$$

依然设 $g_{au}=\dfrac{g_{ca}}{g_{cu}}$，$g_{ka}=\dfrac{k}{g_{ca}}$，可以求出：

$$\frac{\partial y}{\partial g_{ca}}-\rho=(1-\tau)\frac{\partial y}{\partial k}-\rho\quad\Rightarrow\quad g_{ka}=\frac{k}{g_{ca}}=[\frac{\alpha(1-\tau)}{\beta}]^{1+\xi};\tag{3.77}$$

$$\frac{\partial y}{\partial g_{ca}}=1\quad\Rightarrow\quad g_{au}=[\frac{\alpha^{\frac{1}{1+\xi}}\beta^{\frac{\xi}{1+\xi}}\gamma^{\frac{-\xi}{1+\xi}}(1-\tau)^{\frac{-\xi}{1+\xi}}+\beta\gamma^{\frac{-\xi}{1+\xi}}}{1-\gamma^{\frac{1}{1+\xi}}}]^{1/\xi}。\tag{3.78}$$

此时，g_{au} 和 g_{ka} 的含义与中央计划经济条件下虽然相同，但其取值已经发生了变化，其差异就在于扭曲税的税率 τ 的影响。

$\partial y/\partial k=\alpha(\alpha+\beta g_{ka}^{\xi}+\gamma g_{ka}^{\xi}g_{au}^{\xi})^{-\frac{1+\xi}{\xi}}$，所以，由式（3.75）可以得到均衡增长路径上的经济增长率为：

$$\upsilon^*=\frac{1}{\theta}[(1-\tau^e)\alpha(\alpha+\beta g_{ka}^{\xi}+\gamma g_{ka}^{\xi}g_{au}^{\xi})^{\frac{1+\xi}{\xi}}-\rho]。\tag{3.79}$$

因为 $y=[\alpha g_{ka}^{-\xi}g_{au}^{-\xi}+\beta g_{au}^{-\xi}+\gamma]^{1/\xi}$，所以非中央计划经济条件下均衡增长路径上的税率为：

$$\tau^{*}=(\upsilon^{*}g_{au}+1)\left[\alpha g_{ka}^{-\xi}g_{au}^{-\xi}+\beta g_{au}^{-\xi}+\gamma\right]^{1/\xi}。\tag{3.80}$$

因为$\frac{\varphi}{1-\varphi}=\frac{\dot{g}_{ca}}{g_{cu}}=\frac{\dot{g}_{ca}g_{ca}}{g_{ca}g_{cu}}=\upsilon^{*}g_{au}$，所以非中央计划经济条件下均衡增长路径上的支出结构为：

$$\varphi^{*}=\frac{\upsilon^{*}g_{au}}{1+\upsilon^{*}g_{au}},\ 或者\ 1-\varphi^{*}=\frac{1}{1+\upsilon^{*}g_{au}}。\tag{3.81}$$

因为$y/k=(\alpha+\beta g_{ka}^{\xi}+\gamma g_{ka}^{\xi}g_{au}^{\xi})^{-1/\xi}$，所以非中央计划经济条件下最优储蓄率为：

$$S^{*}=\frac{\upsilon^{*}}{(1-\tau^{e})(\alpha+\beta g_{ka}^{\xi}+\gamma g_{ka}^{\xi}g_{au}^{\xi})^{-1/\xi}}。\tag{3.82}$$

3.3.4 中央计划与非中央计划经济条件下的财政决策及政策意义

现就以上两小节的分析结果进行比较。比较式（3.63）和式（3.79）后发现，在政府扭曲税率τ（$1>\tau>0$）的作用下，中央计划经济条件下的最优经济增长率大于非中央计划经济条件下的最优经济增长率，即

$$\upsilon^{e}>\upsilon^{*}。\tag{3.83}$$

再比较式（3.65）、式（3.80）和式（3.83）可知：

$$\tau^{e}>\tau^{*}。\tag{3.84}$$

从而有：

$$\varphi^{e}>\varphi^{*},\ 或者\ 1-\varphi^{e}<\varphi^{*}。\tag{3.85}$$

又因为$\upsilon^{e}>\upsilon^{*}$和$\tau^{e}>\tau^{*}$，所以有：

$$s^{e}>s^{*}。\tag{3.86}$$

又由于$c=1-s$(消费率和储蓄率之和等于1)，所以得到：

$$c_{0}^{e}<c_{0}^{*}。\tag{3.87}$$

对中央计划经济条件下和非中央计划经济条件下同时包含资本性支出和经常性支出的模型分析结果进行比较可得出如下3点结论。

第一，在初始私人资本和政府公共资本支出满足均衡增长的前提条件下，无论在中央计划经济条件下还是在非中央计划经济条件下，均可实现均衡经济增长，存在最优财政支出规模、最优财政支出结构和最优经济增长率。

第二，在中央计划经济条件下，均衡增长路径上的最优经济增长率、最优财政支出规模（税率水平）、最优资本性支出水平及代表性消费者的最优储蓄率均高于非中央计划经济条件下的对应指标，而中央计划经济条件下私人最优储蓄水平低于非中央计划经济条件下私人最优储蓄水平。

第三，政府较高的财政支出规模、较高的资本性支出水平、私人较低的消费水平、较高的储蓄水平、较高的投资水平是中央计划经济条件下均衡经济增长率较高的主要原因。

3.4 本章小结

本章以新古典经济增长理论和内生增长理论为基础，构建数理模型分析政府财政支出与经济增长的关系，主要结论如下。

第一，无论是财政支出规模还是财政支出结构对一国经济增长都将产生重要影响，但支撑理论不同，构建的分析框架不同，其结论也有所差异。基于新古典增长理论的数理模型分析表明，财政支出变动不能影响一国长期经济增长，仅对动态过渡期（从一个稳态向另一个新稳态的过渡）的经济增长产生影响；而基于内生增长理论的数理模型分析却认为，财政支出规模和财政支出结构将对一国长期经济增长产生重要影响。

第二，在新古典增长理论的框架下，模型分析认为：

①财政支出规模与稳态人均产出和过渡期人均产出之间呈倒“U”形关系，即在结构一定的前提下，当税率低于公共资本的产出弹性时，财政支出规模与稳态人均产出或过渡期人均产出呈正相关关系，扩大财政支出规模有助于提高稳态人均产出或过渡期人均产出；反之则反。

②财政支出结构与稳态人均产出和过渡期人均产出之间也呈倒“U”形关系，即在既定支出规模的前提下，当一种财政支出的产出弹性高于其他财政支出的产出弹性时，增加该项财政支出有助于提高稳态人均产出或过渡期人均产出水平；反之则反。

第三，在基于内生增长理论的分析框架下，仅包含流量形式的两种公共服务支出的理论模型分析表明：

①在政府平衡预算和家庭非蓬齐预算约束的双重前提下，代表性消费者最大化无限跨期效用保证了经济存在唯一均衡增长路径，存在最优经济增长率、最优财政支出规模和最优财政支出结构。

②在支出结构既定的前提下，当税率即财政支出水平小于两种公共服务支出的产出弹性之和时，扩大政府支出规模有助于促进经济增长、提高均衡经济增长率；反之则反。

③在支出规模既定的前提下，只有当某种公共服务支出的产出弹性大于其他公共服务支出的产出弹性时，提高这种公共服务支出占财政总支出的比重，才能促进均衡经济增长；反之则反。

第四，在内生增长理论的框架下，同时纳入资本性支出和经常性支出两种财政支出的模型分析认为：

①在初始私人资本和政府公共资本支出满足均衡增长的前提条件下，中央计划经济和非中央计划经济两种经济环境均存在均衡经济增长路径，均可实现均衡经济增长，而且存在最优经济增长率、最优政府财政支出规模和最优财政支出结构。

②在中央计划经济条件下，均衡增长路径上的最优经济增长率、最优财政支出规

模（税率水平）、最优资本性支出水平及代表性消费者的最优储蓄率均高于非中央计划经济条件下的对应指标，而中央计划经济条件下私人最优储蓄水平低于非中央计划经济条件下私人最优储蓄水平。

③政府较高的财政支出规模、较高的资本性支出水平、私人较低的消费水平、较高的储蓄水平、较高的投资水平是中央计划经济条件下均衡经济增长率较高的主要原因，即低消费、高储蓄、高支出和高投资对中央计划经济条件下的均衡经济增长具有非常重要的意义。

第五，基于新古典增长理论的分析框架和基于内生增长理论的分析框架一致认为，一国财政支出规模同该国稳态人均产出或均衡经济增长率之间到底是正相关关系还是负相关关系，关键取决于税率水平是高于还是低于财政支出的产出弹性；同理，一国财政支出结构同该国稳态人均产出或均衡经济增长率之间到底是正相关关系还是负相关关系，关键在于该项财政支出的支出水平是高于还是低于该项财政支出的产出弹性。可见，判断财政支出规模和支出结构是否合理的依据主要在于它们同公共资源的产出弹性即公共资源的生产效率[①]的对比关系。然而，与公共资源利用相关的制度或机制安排不同、公共部门组织架构不同、公共资源的管理水平不同及公共部门的努力程度不同等，公共资源的生产效率也会有所不同甚至存在重大差别，从而最优的财政支出规模和财政支出结构也有所不同。这也进一步告诉我们，决定财政支出产出效应大小的因素不仅只是财政支出规模和财政支出结构，还有财政支出的绩效管理水平，任何导致财政资金绩效管理水平变动的因素最终都会引起财政支出的经济增长效应发生变化。

① 本研究所使用的财政资金生产效率、管理效率或使用效率属于同一概念。

4 独立以来印度财政制度和财政政策变迁

一国财政支出状况，包括财政支出主体、来源、原则、水平、结构和效应等均与该国财政制度与财政政策密切相关，也是对该国财政制度与财政政策的集中反映，研究财政支出的经济增长效应，应当以了解该国财政制度和财政政策的形成与变迁为前提。只有将财政支出问题放在具体的财政制度和财政政策背景下，才可能厘清问题的本质及问题产生的根源，才可能进一步对财政现象或财政问题给予合理的解释，做出合理的判断，寻求合理的解决之道。

财政制度（financial system）是国家立法或行政机构为保障政府顺利依法行政而制定的关于财政收入与支出的法律、法规和规范的总称，同时也是财政收支规律的体现，主要包括与财政体制、财政支出、财政收入、财政预算和财政监督、财政支出绩效评估等相关的制度。财政政策（fiscal policy）是中央政府根据国家在某一历史发展阶段的政治、经济和社会发展战略、目标和任务而确立的财政工作指导原则和方法，通过调节财政收支影响社会总需求进而影响国民收入和就业。

本章首先从财政体制、财政支出、财政收入等角度对独立以来印度财政制度的形成与变迁进行了回顾，再从混合经济时期、经济转型时期和后危机时期 3 个阶段对印度财政政策的变迁与特征进行了梳理，旨在厘清印度财政支出经济增长效应研究的制度背景和政策背景。

4.1 独立以来印度财政制度的形成与变迁

4.1.1 中央与地方的职责划分与演变

财政不仅仅是财富再分配活动，也是优化配置经济资源、稳定经济运行环境和实现国家长治久安的重要手段和工具。通常，一国政府是由若干层级构成的，为了实现对一国财政经济活动的有效监督与管理，国家需对各层级政府的相关权限与责任进行规定和确认，从而形成一整套国家财政体制。

印度现代财政体制成型于殖民地时期英印政府财政体制，但正式建立却是印度国家独立以后的事情。依据 1950 年印度宪法的规定，印度为联邦制国家，由中央、邦

（含中央直辖区，本研究未进行特别说明，下同）和地方自治三级政府组成，财政上实行中央和地方政府分权体制，地方政府包括邦政府和地方自治政府。中央和地方政府分别享有独立的财政收支权力，承担相应的发展政治、经济、军事、社会事务和文化的职责和义务，但部分权责又相互交叉和补充。因此，1950 年印度宪法为印度现代财政体制提供了基本法律框架。现行印度宪法第 246 条第七表以 A、B、C 三分表详细列出了中央政府和各邦政府的财权和事权。① 其中，表 A 列举了联邦中央政府的主要职责权限，主要包括联邦中央政府拥有征税、信贷、发行货币、管理对外贸易和邦际贸易等十几项权力，具体负责联邦级行政、国防、外交、铁路、国道、航空、邮政、外贸、邦际商业贸易征税、金融、对邦及地方的补助、度量衡、版权与专利、社会保障等事务；表 B 列举了邦及地方政府的主要职责权限，主要包括本级行政、治安、征税、农业、渔业、供水、灌溉、公共卫生事务、酒精饮料、交通（表 A 中未述及）、土地管理、矿藏管理与矿业发展、天然气与天然气工程、邦内商业贸易、国库储备等事务；表 C 列举了联邦中央和地方政府共同承担职责，如司法、森林、经济与社会规划、教育、工会与劳资纠纷、价格控制、电力、保护野生动物、工会、社会的安全与社会保险、就业与失业、慈善等。

4.1.2 印度财政支出制度

财政支出是国家为实现其政治、经济和社会职能所做出的花费，即政府为保护公民生命财产安全、提高公民社会福利、推动社会经济发展所支付的费用。依据印度宪法对中央和地方政府职责划分规定，印度财政支出分为中央财政支出和各邦财政支出，分别包括经常性支出与资本性支出、发展性支出与非发展性支出（表 4.1）。

中央经常性支出与资本性支出。印度中央的经常性支出包括民政支出、国防支出和捐款等 3 个部分。其中，民政支出由一般服务支出（本级行政费用、债务利息、财政服务费用、退休养老费用、粮食补贴等）、社会社区服务支出（教育、医疗、公共卫生、就业、住房等）和经济服务支出（一般经济服务、农业、工矿业、肥料补贴、能源灌溉与防洪、交通运输与通信、公共工程等）3 项构成。联邦中央的资本支出主要由跟上述各项相关的资本性支出和对各邦的贷款援助支出组成。

中央财政发展性支出与非发展性支出。联邦中央的发展性支出主要包括教育、医疗、公共卫生、劳动就业、住房等社会社区服务支出，以及一般经济服务支出、农业支出、工矿业支出、肥料补贴支出、能源灌溉与防洪支出、交通运输与通信支出、公共工程支出及铁路、财政通信、社会社区服务、一般经济服务、对地方政府的贷款等相关的资本支出。联邦中央的非发展性支出主要包括本级行政管理支出、债务利息支出、粮食补贴支出、财政服务支出、养老服务支出、对各邦的赠款援助支出等一般服

① 现行印度宪法为 2015 年 9 月由议会通过的第 100 次修正案，参见 http：//www.indiacode.nic.in/coiweb/welcome.html.

务支出、国防支出和相应非发展性资本支出。

表 4.1 印度中央和各邦（或直辖区）政府财政支出范围划分

支出类型		中央政府财政支出范围	各邦（或直辖区）政府财政支出范围
经常性支出	发展性支出	社会社区服务（教育、医疗、就业、住房等）、一般经济服务、农业、工矿业、能源灌溉与防洪、交通运输与通信、公共工程、肥料补贴、对各邦政府的捐款等	社会社区服务（教育、卫生、艺术与文化、科研、住房、城市发展、社会保障与福利）、一般经济服务、农业及相关产业、工矿业、能源灌溉与防洪、交通运输与通信、公共工程等
	非发展性支出	本级行政费用、国防、粮食补贴、债务利息、财政服务费用、养老服务等	本级政府费用、债务利息、财政服务、养老与退休保障、治安与公共安全、自然灾害救济、地方政府补助、社会保障与福利等
资本性支出	发展性支出	铁路、邮政与通信、社会社区服务、一般经济服务、农业与相关产业服务、工矿业、能源灌溉与防洪、交通运输与通信、公共工程等	社会社区服务（教育、卫生、艺术与文化、科研、住房、城市发展、社会保障与福利）、一般经济服务、农业及相关产业、工矿业、能源灌溉与防洪、交通运输与通信、公共工程等
	非发展性支出	国防、边境服务、财政活动等	土地所有者补偿及其他

印度各邦政府的经常性财政支出也由发展性支出和非发展性支出组成。同中央政府相比，印度各邦政府的经常性支出除减少了肥料补贴支出、国防支出和粮食补贴支出之外，增加了治安与公共安全支出、自然灾害救济支出、社会保障与福利支出和对潘查雅特（Panchayat）的补助支出等；其他社会社区服务、经济服务和农业及相关产业、工矿业、能源灌溉与防洪、交通运输与通信、公共工程等支出与联邦中央经常性支出范围大体一致，只是二者的层次、级别和侧重点不同而已。印度各邦政府的资本性支出也由发展性支出和非发展性支出构成。同中央政府的支出相比，印度各邦政府的资本性支出不涉及铁路、邮政与通信、国防、边境服务等支出，但增加了对土地所有者补偿等项目；其与社会社区服务、一般经济服务、农业与相关产业服务、工矿业、能源灌溉与防洪、交通运输与通信、公共工程相关联的资本性支出范围大致相同，只是二者的层次、级别和侧重点不同而已。

根据 1950 年印度宪法有关事权划分规定，中央主要负责全国公民均能受益的公共品或公共服务的供给，如国防、外交、债务利息、铁路、补贴等支出，而邦和地方政府主要负责本区域内居民能够受益的公共品或公共服务的提供，主要包括区域性较强的项目和与居民日常生活密切相关的项目，如教育、卫生、艺术与文化、科研、住房、城市发展、社会保障与福利等社会社区服务支出、一般经济服务、治安与公共安全、自然灾害救济及农业及相关产业、工矿业、能源灌溉与防洪、交通运输与通信、公共工程等。历经近 70 年的发展，印度的国际环境和国内情势都发生了天翻地覆的变化，所需提供的公共品的范围、内容和数量也随之发生了巨大变化，印度宪法当初所规定的央地政府事权划分范围也因此有一定程度的调整。尽管如此，中央政府与各邦政府事权划分的基本原则却始终没有丝毫改变。

就财政支出绩效管理而言，一般由历届财政委员会制定相应指导性法规对政府的支出行为进行约束和规范。自由化改革之前，政府财政的主要目标在于转移经济剩余为历次经济计划动员和筹措资金，财政委员会的职责重点在于确定中央和地方财政资源的分配原则，涉及财政支出绩效管理的规定相对较少。自由化改革开启以后，财政委员会除了旧有职责之外，新增并强化财政支出绩效管理方面的权限。例如，依据第十三届财政委员会报告的规定，要求政府财政支出实行绩效和目标管理，倡导“结果预算”（outcome budget）和零基预算，政府需授权相关部门设计财政支出绩效管理框架，强调对财政资金使用效果进行跟踪、监管、评估和量化。这些关于财政支出绩效管理的制度化、机制化建设对提升财政资金使用效率无疑具有重要意义。

4.1.3 印度财政收入制度

财政收入是指政府为履行其政治、经济和社会职能而筹集得到的一切资金的总和，它是衡量一国政府财力的重要指标。财政收入制度则是国家为保障政府履行其职能而制定的政府通过各种方式获取财政收入的法律、法规和制度的总称，它规定了财政收入的形式、范围、规模和结构，体现了政府政策的意图和方向，同时也反映了利益各方的分配关系，是财政制度的重要组成部分。① 印度财政收入制度主要是由印度宪法中关于财政收入的相关条款、印度各类税法及相关法规构成的。1950 年印度宪法规定的分税制较为彻底，据此各级政府均享有相对独立、充分的财权，从而构建了一套完整的财政收入体系。

联邦中央的财政收入主要由经常性收入和资本性收入两类组成，前者又分为赋税收入和非税收入。其中，中央政府赋税收入主要有 3 种形式：一是所得课税，依据印度宪法规定，联邦政府所得课税包括所得税（农业除外）、公司税；二是财产课税，主要包括财产税（农用地及公司用地除外）、房地产税及继承税（田赋除外）等；三是流转课税，主要包括关税、消费税（烟酒税除外）、印花税、证券交易市场交易税、报纸及广告购销税、铁路税、陆海空客运货运税（公路或内河航运载运的货物与旅客除外）、邦际货物销售税、增值税、服务税等。中央政府非税收入主要由国营企业利润、货币发行、债务利息收入、行政服务收入构成。中央政府资本收入分为国内资本收入和国外资本收入。前者主要由市场借款、小额储蓄、中央银行借款构成，而后者主要包括国外贷款、国外赠款和特别贷款等。

在印度中央政府的经常性收入中，税收收入占比最大但呈下降趋势，从独立之初的 90%下降到当前的 70%左右；而非税收入占比较小但呈上升态势，独立之初约 10%，目前已上升到 30%左右。而在税收收入中，以所得税和财产税为代表的直接税占比较低，以流转税为代表的间接税占比较高，从印度历年相关统计数据来看，中央政府税

① 崔联会．财政收入制度演进与创新研究（上）［J］．山西财税，2004（7）：8-11.

收仍然以间接税为主、直接税占比较小，但近来这一趋势已发生变化，直接税在总税收收入中的占比越来越高，间接税所占比重在下降。

印度地方政府的财政收入也分为经常性收入和资本性收入两类。其中，经常性收入由赋税收入、非税收入和中央对各邦的财政援助组成。根据印度宪法规定，地方各邦赋税主要包括中央所得税分成、中央公司税分成、中央财产税分成、联邦消费税分成、房地产税分成、服务税分成、关税分成、邦内消费税、一般销售税、职业税、农业所得税、田赋等，上述收入也可以划分为所得课税、财产课税和流转课税，前两种为直接税，后一种为间接税。地方各邦非税收入主要包括行政服务收入、国营企业利润、中央政府对各邦的赠款等。各邦政府的资本收入：一是市场净贷款；二是从中央政府获得的净贷款；三是其他净贷款；四是各邦养老基金净增额；五是资本收益等。

自独立以来，印度各级政府财政收入一直以税收收入为主，税收是印度政府财政收入的主要来源。税收又是以间接税为主，直接税所占比重较小。印度所得税法（1961 年）是征收直接税的依据，曾一度课征的遗产税、赠予税、消费支出税、员工福利税等已被取消，但土地税和建筑物税在个别省邦还保留着；间接税主要有联邦消费税、服务税、关税、货物销售税。总之，印度各级政府之间财权相对独立，财政收入体系相对完善，基本保证了各级政府财政支出所需。但是，印度的分税制关于各邦政府和议会可对本邦管辖的商品和服务实施不同税法的规定也导致印度税收低效、分裂和碎片化格局，这是印度财政赤字高企的重要原因之一。建立一套统一、高效的税收制度体系成为历届政府努力的目标。从 20 世纪 80 年代开始，印度政府就着手间接税制改革，但由于印度地方各邦经济发展水平参差不齐，改革进展非常缓慢。1985 年，为完善消费税中央引入了有限增值税，这在一定程度上消除了重复征税；1994 年，联邦中央又引入了服务税，对流转税制进行了完善和补充；1999 年，各邦营业税的协调和简化却是一个重大进步，它直接导致 2005 年 21 个邦开始引入增值税；2000 年，开始了基于增值税原理的综合商品服务税（GST）改革，直到 2014 年 5 月莫迪上台，印度税制改革步伐得以加快，2016 年 8 月 3 日，议会通过了商品服务税（GST）宪法修正案，印度碎片化税收格局的历史结束。此外，政府还推行直接税收代码（DTC）制度，以加强直接征管力度；修订最低公司税（MAT）条款，尽可能保证税收中性和横向公平；协调直接税和间接税的关系。

4.1.4　印度中央政府对各邦政府的财政干预制度

印度中央政府财政干预各邦政府的原因：一是各邦经济发展水平参差不齐、经济实力悬殊较大。二是地方邦政府提供公共品所分享的收益与所承担的成本不对等，如水资源工程与环境治理等。三是中央政府多征收弹性好的大税种财政收入较多，印度宪法赋予的财权较大但赋予的事权相对较少；相反，地方政府征收弹性较差的小税种财政收入较少，印度宪法赋予的财权较小但赋予的事权却相对较多。由于印度地方政府无法通过各邦之间的相互协调来解决上述多重失衡问题，基于财政公平与效率双重原则，为了实现资源的公平分配与合理配置，需要中央政府对地方财政进行一定程度的干预。因此，印度宪法规定了中央政府援助地方政府的财政制度。这种援助主要有以下3种形式。

①税收分成。印度宪法第269条的规定，中央与各邦共享的税收包括所得税（公司税除外）、联邦消费税、房地产税（1985年印度宪法修正案已取消）、印花税（已取消）、铁路航空之客运的终点税（已取消）。共享税分成标准由总统任命的5年一届的财政委员会决定。例如，联邦所得税和联邦消费税在第一届财政委员会时，中央与各邦之间的分成比重分别为4.5：5.5和6：4，到第六届时调整为2：8和8：2，第十四届时进一步调整为1：9和5：5，这充分表明中央给予地方的财政权在逐渐扩大。

②财政赠款援助（grants）。按印度宪法第275条的规定，印度中央政府提供给各邦政府赠款援助以解决地方政府的资金缺口。视各邦具体情况的不同，中央政府赠予各邦不同数量财政资金或满足各邦财政赤字预算缺口之需，或改善各邦财源不平衡状况。另外，中央政府还依据印度宪法282条规定向个别邦政府提供一定数量无任何约束条件和要求的赠款援助。赠款援助主要用于解决各邦经常账户赤字，是印度中央政府干预邦政府财政的重要工具。

③中央对各邦政府的贷款（loans）。印度各邦政府不仅可以从中央政府获得赠款援助，还可以从印度储备银行获得一定数量的贷款。实践中，印度各邦从央行获取的贷款在规模上大于从中央政府获得的赠款援助。依据印度宪法规定，各邦从中央银行获取的贷款总额以5年为一个周期由印度储备银行确定。一般而言，贷款的用途与赠款援助不同，多用于发展性支出，如社区经济社会发展、水利灌溉工程、农业发展、工矿业等。由于各邦政府从央行获取的贷款数额越来越大，央行贷款是中央政府控制地方各邦政府社会经济活动的又一重要工具。

以上3种干预方式中，地方各邦政府从中央政府获得最多的财政资源还是税收分成，其次是赠款援助，最后才是贷款援助。随着印度国民经济的快速发展，地方各邦承担的社会经济事务也日益增多，因此，印度中央政府对地方各邦政府的财政援助在各邦政府的财政总收入中所占的比重也越来越高。

依据印度宪法规定，财政委员会由总统任命组成，对议会负责，其建议属于裁决性质，专司中央和各邦政府之间的财政关系。财政委员会的具体职责是确定中央与地方各邦政府共享税分成原则和赠款援助提供原则，处理中央与地方各邦政府之间其他财政关系事宜，并向总统提出建议。具体表现为所得税分配原则、其他税分配原则、赠款建议数额、贷款建议数额等。在组织程序上，通常先由财政委会员拟定好建议交给议会讨论，经议会讨论通过后生效，再交由财政部执行。印度宪法还规定，中央财政委员会（FC）每届任期5年。第一届财政委员会成立于1951年，目前为第十四届。中央财政委员会（FC）在印度的财政体制中具有非常重要的作用。

4.1.5 印度财政预算制度

财政预算，又称政府财政收支计划，是一国政府遵照宪法或相关法律的规定，按一定的原则、程序和方法将未来一定时间内的财政收入和支出列入特定的收支分类表格中的经济管理活动。它反映了政府收入与政府支出状况，体现了政府政策意图和目标，有助于人们了解政府活动的范围和方向；同时，在财政分权体制下，财政预算还反映了中央和地方的纵向财政关系。

印度宪法、拨款法及相关财政法案中关于财政预算的相关规定构成了印度财政预算制度。与中央集权、地方分权的联邦分税体制相适应，印度财政预算体制实行联邦政府预算、邦政府（中央直辖区）预算及地方自治政府预算的三级预算体制。其中，中央预算包括一般预算和铁路预算，前者预算联邦政府下设各部、局等机构的收入与支出，由财政部部长负责，后者只是预算铁道部门的收入与支出，由铁道部部长负责。各级政府的一般预算均采取经常性预算和资本性预算的复式预算法，前者主要预算各级政府经常性支出及满足这些支出所需要的经常性收入；后者又称建设预算，仅对公共工程的投资及国营企业的库存等资本投资。政府层级不同，职能不同，财权与事权划分不同，两账户的收支内容也就不同。

从技术层面来看，财政预算的实质是为一国经济增长筹集储蓄和投资资金，但上述预算账户分类无法清楚反映政府活动的经济性，因此印度政府又采纳了六账户预算分类法①。这种经济分类方法揭示了政府收入、消费支出、储蓄和资本形成的逻辑关系，较好反映了政府活动的经济性。此外，印度财政预算还沿用了传统的功能分类法，将财政支出分为国防、行政管理、教育、医疗等项，但与传统分类有所不同的是，印度将这些项目分为发展性支出和非发展性支出两个大类，前者主要指社会服务支出和经济服务支出，如教育、公共卫生、员工福利、计划生育、农业就业计划、农村饮用水计划等社会服务支出，农业、工业、运输、通信、水利灌溉工程经济服务等；后者包括一般服务性支出和不可分支出，如行政管理支出、公共安全支出、国防支出等，债务利息支出、养老服务支出、食物补贴支出及用于此类用途的赠款贷款等不可分支出。

从预算程序来看，印度预算程序包括预算准备、合法化、执行及预算过程审计与法律控制 4 个步骤。印度财政年度起于每年 4 月 1 日止于次年 3 月 31 日。①预算准备。每年 7—8 月，政府各部门主持工作的官员收到若干固定格式的表格，资金分配官或部门负责人按要求将下一年收支情况的估计数填入表格，包括经常性收入与支出和新增

① 1957—1958 财年，印度政府第一次在预算中采用基于经济分类的六账户预算法。账户 1 预算中央政府经常账户中的商品及劳务交易与各种转让；账户 2 预算中央级企业的经常账户中的商品及劳务交易与各种转让；账户 3 预算中央政府和中央企业资本账户中的商品与劳务交易；账户 4 预算中央政府和中央企业金融资产的变化情况；账户 5 预算中央政府和中央企业金融债务的变化情况；账户 6 为中央政府和中央企业的现金及资本调节账。

收入与支出；随后由部门负责人审查；当年10月，上交中央会计总监和中央行政主管审查；12月，会计总监和行政主管对其汇总并上交财政部，由财政部部长审查；次年1月，财政部部长征求总理意见，备好财政政策，并将预算报告交内阁综合考虑，待内阁批准后，于2月最后一周交议会表决。②预算批准。财政部部长提交议会的预算报告包括两部分：一是财政部部长关于经济形势和财政政策的预算发言；二是下个年度的预算估计。预算批准的步骤如下：第一，介绍货币法案。由人民院和联邦院分别对预算估计进行一般辩论，时间为1周；表决经费开支，经过一般辩论后，由人民院对经费开支进行表决。第二，通过拨款法案。上述赠款表决只有待拨款法通过后，财政部长才可以将议会通过的拨款通知中央各部，各部再交由下属机构分配。第三，通过财政法案。拨款法案通过后，再向议会提交包括征税提议和现行所有税收计划的财政法案，待财政法案通过，遂标志着财政预算完成。接下来是对账户表决、征求联邦院意见和总统最后签署。③预算的执行。包括集中收入、资金入库、资金支付、公共账户准备和完成审计报告等步骤。④预算监督（见4.1.6节）。

4.1.6 印度财政监管制度

印度的财政监管分内部监督（又称预算监督）、外部监督（又称议会控制）、会计监督和审计监督，财政监管制度比较完善。

①预算监督。印度财政预算监督是财政部的职责。财政部由经济事务司、收入司和支出司3个司组成，其中，经济事务司负责中央政府预算，支出司负责所有财政资源的分配与支出，收入司负责联邦政府有关直接税、间接税和社会保障方面的事宜。财政部及各司局对财政支出按照所授予的权限和相应的原则和规定，对财政资源进行分配和支出。

②议会控制。议会的财政功能不仅在于批准对财政支出的赠款，而且在于监督财政资源的节约高效使用，包括资金是否得到批准、用途是否正确、数额是否在限度以内。由控制及审计总监对各部委的账目进行独立审计；议会的专门委员会（如公共账户委员会、估算委员会、国营企业委员会）又对控制及审计总监的报告（中期报告预测、预算估计、国营企业经营情况等）进行审查。议会还要对专门委员会的审查进行再审查。

③会计监督。印度宪法规定，除法律制度授权外不得征税，除宪法规定的方式外不得到公共资金中支出，政府只能按立法批准的方式使用公共资金。根据1950年印度宪法，公共资金账户为3个：统一基金、公共账户、应急基金；2007年金融危机后，合并成两个账户：即统一基金和公共账户。印度政府会计账户有控制账、财产账和明细账3种。会计账的功能在于执行。会计工作程序为原始记账、账目分类、月报编制、年报编制、审计总监的报告。

④审计监督。印度审计完全独立，并且得到印度宪法保证，控制与审计总监与最

高法院院长必须为同一级别，对中央和各邦的支出、交易活动、账目进行审计，其职责在于捍卫公共资金。

4.1.7　印度财政赤字管理制度

财政赤字，即政府财政收入小于财政支出。不同国家的统计习惯不同，或同一国家出于不同的统计目的，财政赤字统计口径就不完全相同，从而导致财政赤字的内涵存在一定差别。印度财政赤字主要有以下 4 种：一是经常性财政赤字（revenue deficit），即经常性支出超出经常性收入的差额；二是预算赤字（budgetary deficit），即（经常性支出+资本性支出）-（经常性收入+资本性收入）；三是财政赤字（fiscal deficit），即预算赤字外加向央行的借款、央行发行的货币等其他负债，是预算口径最宽的赤字指标；四是基本赤字（primary deficit），也称无息赤字，即从财政赤字扣除当期全部利息支出额，使用这一赤字概念可衡量现时的经济活动。

政府为了实现一定目的在制定财政预算时有意让财政支出大于财政收入的政策被称为赤字财政政策。一般说来，只要筹措资金使用得当，而赤字又处于可控之中，赤字财政政策是可行的。因此，为保障一国社会经济平稳运行，构建财政赤字管理制度对赤字进行优化管理是必要的。印度自独立以来，历届政府急于推动印度社会经济的发展以改变贫穷落后面貌，长时期实行赤字财政政策，也取得一定成效。但是，由于印度一直没有完善的财政赤字管理制度，加之受碎片化税收体制等因素的影响，20 世纪 80 年代以后，印度政府财政状况急剧恶化，以致在 1991 年出现了严重的外债支付危机。随后印度开始了经济自由化改革，其经济也步入了高速增长阶段。但令人沮丧的是，印度政府的财政赤字和债务规模也随之扩大。在这种背景下，为预防债务危机重现，建立一套新的财政纪律约束机制是必要的。因此，2003 年国会通过了《财政责任与预算管理法案》（FRBMA），它标志着印度财政赤字管理制度的形成。该法案依据阶段性财政赤字削减路线图做出规定：政府财政赤字总体限制水平为 GDP 的 3%；每届政府财政委员要提出平衡财政收入与支出的中期目标；政府就年度经济评估、征税、支出战略及收入与支出的 3 年滚动发展目标向议会做出年同比报告，以此提升财政预算管理的透明度；中央政府须向国会做季度审查。FRBMA 生效后，政府还成立了特别小组（task force），专门负责落实 FRBMA 提出的目标。随后，大多数邦议会也陆续出台相关财政纪律立法。后危机时期，印度政府进一步加强对财政支出和赤字管理的力度。例如，根据第十三届财政委员会（2010—2015 年）发布的修正版财政统一线路图规定，把 2013—2014 财年的财政赤字目标确定为 4.8%，2015—2016 财年的目标定为 3.0%，2014—2015 财年全国未偿还债务目标为 GDP 的 68%，其中中央占 45%，地方占 23%，要求中央政府建立独立的财政审查机制，专门负责监督财政改革进程，加强对财政状况、赤字和政务水平等执行情况进行定期审查。

上述财政立法无论是对中央政府还是对各邦政府来说都产生了较好的影响。

2007—2008 财年，即全球金融危机爆发的前一年，中央政府的经常性财政赤字下降到 GDP 的 1.06%，总财政赤字下降到 GDP 的 3.33%。2006—2007 财年，邦级政府还实现了相当于 GDP 的 0.58%的经常性盈余和 1.81%的财政总支出盈余；即使是在金融危机之年，2008—2009 财年，邦政府的经济性盈余和总财政赤字盈余分别相当于 GDP 的 0.19%和 3.20%；财政纪律对其他经济变量反馈也是积极的，中央和邦政府的联合资本支付水平已从 2002—2003 财年的 11.87%提高到 2007—2008 财年的 18.59%；而且，这一时期通货膨胀温和，经济增长强劲，2006—2007 财年 GDP 增长率高达 9.60%。

4.2 独立以来印度财政政策变迁

古典和新古典经济学家一直把“小财政”奉为圭臬，反对政府用“功能财政”对经济活动进行干预。奉行市场自由主义的政府始终秉持这一理念进行经济决策和社会管理，这一局面一直持续到凯恩斯主义的诞生才发生根本性的转变。第二次世界大战后，几乎所有市场经济国家都纷纷走上了国家干预主义的发展道路，独立后的印度也不例外，财政政策对国家社会经济的发展发挥了重要作用。不过，与发达资本主义国家不同的是印度经济基础非常脆弱、市场机制发育相当滞后，其财政政策的功能、实施与效果自然也无法同发达资本主义国家相提并论。

20 世纪 90 年代以前，印度实行混合经济发展模式，其财政属于典型的计划管理型财政，财政政策的主要功能在于向国家和政府转移经济剩余、动员经济资源以解决国营企业大规模投资资金不足问题和为尽快建立国民经济基础服务。90 年代开启自由化改革后到 2007 年全球金融危机爆发是印度从混合经济向市场经济转型过渡的时期，其财政开始从计划管理型向市场公共型过渡，财政政策的功能日渐完善，逐渐从单一型向复合型过渡。2007 年世界金融危机后，即后危机时代，印度已全面建立起市场化公共财政体系，财政政策在货币政策和其他经济政策的相互配合下逐渐成为国家管理和调控宏观经济运行的重要工具和手段。

4.2.1 混合经济时期印度财政政策演变及特征

4.2.1.1 混合经济时期印度财政政策变迁

独立之初，印度经济社会极其落后，基础设施薄弱，没有像样的工业，农业凋敝，人民赤贫，教育、医疗等公共品奇缺，国家也处于分裂状态。因此，印度学者普遍认为，凯恩斯主义不适合印度社会经济发展实际，财政政策的主要目标不止于增加需求、扩大就业、维持经济稳定，更在于提高储蓄率和投资率，建立经济发展基础，建立国营经济，保障社会公平。因此，独立后直至 20 世纪 90 年代前，为实现经济增长、充分就业、自力更生、社会公平的社会经济发展目标，印度政府不断调整其财政政策，完善税收体制和举债体制，利用税收和赤字工具，动员了大量资金，并用支出手段把资金分配到各个经济活动领域，提高了资本形成率，以此促进印度经济发展和社会进步。

"一五"计划时期（1951—1956年），印巴分治，难民涌入，粮食短缺，物价飞涨，印度政府当务之急是迅速发展农业、增加粮食供应。因此，尼赫鲁政府通过提高消费税、出口关税和赤字财政解决了燃眉的资金问题。其中，国内预算资金占73%、外援占10%、财政赤字占17%，资金总支出的30%被安排到农业部门，保障了计划目标的基本实现。"二五"计划时期（1956—1961年）的目标是大力发展国营经济、重工业和基础工业以建立国民经济基础。为实现这一目标，印度政府通过开征资本所得税、费用税、财富税、馈赠税，降低个人所得税和房地产税起征点，提高消费税和公司税率等措施，加之继续发挥赤字财政和外援的作用满足了资金需求，但高达20%的财政赤字占比也带来了严重的通胀压力。"三五"计划时期（1961—1966年）的目标为优先发展农业以继续扩大国营经济，保障稳定发展和推动社会公平。为此，政府财政政策以降低赤字融资占比、增加对外援和国内预算的依赖、提高间接税率、开征间接税税种等为主。3个年度计划时期（1966—1969年），迫于通胀和衰退压力，政府实施了紧缩的货币政策和宽松的财政政策，大力争取外援，提高了赤字融资占比，降低了部分税种税率，至1968—1969财年，印度国民经济有所回升。"四五"计划时期（1969—1974年）的目标是稳定增长和自力更生。为动员充足的财政资金、增加储蓄和控制通货膨胀，政府继续提高个人所得税、财富税、资本所得税和馈赠税等税率，降低对外援的依赖，提高国内预算资金和赤字融资的重要性，计划实施的结果是国民收入增长率仅3.5%，通货膨胀大幅攀升。"五五"计划时期（1974—1979年）的目标是消除贫困和公平增长。面临空前的经济危机，政府把推动经济增长、促进合理分配、鼓励国内储蓄作为实现目标的途径。为此政府继续大幅降低外援和赤字融资的占比，空前提升国内预算资金的重要性。税收方面，为鼓励和刺激投资，实行了减税或免税政策，财政支出以向农业倾斜为主。由于人民党上台执政，该计划被迫提前停止。"六五"计划时期（1980—1985年）制定了加速经济增长、消除贫困、扩大就业的发展目标。面临严峻的内外经济形势，政府降低了对外援和赤字的依赖，把国内预算资金占比提高到82%。为此，政府大力整顿国营企业，使其扭亏为盈，提高进口税率，大面积推行减免税政策，财政支出向农业倾斜，以支持各类农村发展计划和"绿色革命"。政策实施结果表明，印度经济增长提速，物价上涨势头得到控制，国营企业亏损有所好转。"七五"计划时期（1985—1990年）制定的发展目标是经济增长、现代化、自力更生和社会公正。为此，政府降低外援和赤字融资比重分别为10%和7.8%，国内预算资金占比为82.2%。为动员更多国内预算资金，政府推行了长期财政政策，主要内容有削减出口、粮食、化肥的补贴，提高直接税收在总税收中的比重，降低直接税率，免征资本利得税，简化联邦货物税，推行变通增值税，实行从量税以反逃税、偷税、漏税等。执行结果表明，外援占比为8.3%，国内预算占比为76.4%，赤字融资占比为15.5%。

总体来说，这一时期的前五个五年计划，印度政府主要采用提高各种税收税率、增加税种等举措，压缩社会消费，增加储蓄和积累，同时还充分发挥外援和赤字财政的作用，为各个国民经济计划提供资金支持，并将募集的财政资金主要用于建立国营企业、投向重化工业和农业以建立印度国民经济基础。“六五”计划和“七五”计划时期，虽然大部分税率有所降低，纳税人的税收负担有所减轻，但庞大的资金需求迫使政府采取借贷和赤字融资的办法，这又直接导致政府负债加重、赤字规模扩大和通胀压力增加，从而加大了印度经济运行的风险和不可持续性。

4.2.1.2 混合经济时期印度财政政策的特征

财政政策的主要目标通常在于资源配置、收入调节和维护社会经济稳定，但独立后的印度急于建立完整的混合型国民经济体系、消除贫困和实现社会公平，政策目标也因此发生了严重偏离，直到20世纪90年代之前，印度国民经济始终以国营经济为基础；为大力发展重化工业体系以迅速建立印度的国民经济基础，政府实施了以“动员社会经济资源”为特点的财政政策。

第一，税收政策调整的直接目的在于转移私人经济剩余。一是中央与地方各类税收的税率高。1950—1951财年，全国总税收收入占GDP比重为6.3%，其中，联邦中央占比为4.1%（间接税为2.3%，直接税为1.8%），各邦政府占比为2.2%（间接税为1.6%，直接税为0.6%）。1987—1988财年，这一比重提高到16.1%，增幅达239%。1973—1974财年，所得税和公司税最高边际税率居高不下，收入在20万卢比以上边际税率高达97.5%；股权分散的股份公司的税率一般在45%~65%。关税虽不是印度政府主要的财政收入来源，但在印度财政政策中占有重要地位。1991年前的印度关税不仅税率高，而且关税结构跨幅大，1980—1981财年，印度进口关税加权平均税率为38%，但1989—1990财年已提高到87%，1990—1991财年，超过10%的进口商品的关税率高达120%以上，跨幅从0到400%。二是税收体系复杂，重复征税现象突出。由于实行联邦分税制，央地职能划分不同税收权力不同，各邦政府相对独立税制规定差异又大，加之税种名目繁多错综复杂（如资本利得税、赠予税、财产税和支出消费税等），因此重复征税现象非常普遍，不仅发生在中央与地方各邦之间，同样也发生在邦与邦之间。印度政府针对重复征税虽然也采取了措施（如1986年引进了修正增值税，MODVAT）予以矫正，但该税种推进缓慢、收效甚微。总之，各级政府通过高税收和重复征收以此实现经济剩余从私人转向政府和国家。

第二，财政支出政策以总量管理为主。独立之初的印度一穷二白，政府急需动员和筹集巨额资金以提供必要的国防和公共安全服务，建立完整的国民经济体系，兴建必要的基础设施，大力发展水、电、公共交通等公用事业，向人民提供教育、医疗、社会保障与福利等公共服务。为此，在整个计划经济时期，政府的重心始终落在尽一切手段为支出所需筹集资金。1950—1951财年，印度联邦和地方政府的经常性支出和资本性支出合计为90亿卢比，1970—1971财年就增加到784.3卢比，1990—1991财年更飙升到16 208.4亿卢比，40年间增长了179倍。同国内生产总值相比，1950—1951财年、1960—1961财年、1970—1971财年、1980—1981财年、1990—1991财年，印度财政总支出的占比分别为9.1%、15.3%、17.2%、25.6%、28.5%，40年间平均每年增长0.42个百分点。综观印度前七个五年计划不难发现，印度历届政府推行的都是扩张性财政政策，财政政策调整还是以调整税收政策为主，税率无论是提高还是降低，税种无论是增加还是减少，根本目的在于总量管理、以支定收、增加财政收入，充实国内预算资金，减少对国外援助和赤字财政的依赖，为政府各个五年计划的顺利实施筹措资金，以便发展国营企业、工业和农业以建立国民经济基础，兴办公用事业，消除贫困，实现社会公平与正义，从而实现政府预设的经济计划发展目标。这种政策在本质上不同于凯恩斯的需求管理思想。独立后的印度实行了一种独特的混合经济发展模式，即公私并存更重国营经济、市场与计划并存更重行政控制、内外兼蓄更重自力更生的统制经济发展模式，这种发展模式不同于欧美市场经济国家，也与苏联的社会主义计划经济有别。计划经济时代的印度财政政策正是在这种背景下制定并实施的，凯恩斯短期性财政政策调整思想在印度被转变为长期财政扩张政策。

第三，赤字财政融资模式呈不可持续发展趋势。为历次五年计划筹集充足的建设资金，印度政府充分利用了赤字财政工具。从“一五”计划时期到“七五”计划时期的执行结果来看，赤字融资占总计划资金的比重分别为17%、20.5%、13.4%、6.5%、3%、14%、15.5%。财政赤字绝对数从“一五”计划时期的33.3亿卢比增加到“七五”计划时期的2845.7亿卢比，增长了84倍。造成20世纪90年代前印度财政赤字飙升既有理论认知的问题，也有现实的原因。部分印度学者认为，通货膨胀可以刺激私人投资，赤字财政可以促进资本形成从而有利于增加储蓄，有利于增加税收，在国际收支出现逆差时不会导致通货膨胀等。从现实来看，一是独立后印度为促进经济社会发展、建立社会主义类型国家，长期坚持扩大资本投入以建立和发展国营经济部门；二是国防、利息、补贴、行政管理等非生产性支出不断增加；三是对各邦的财政援助增长迅速；四是国内动员不够充分，黑钱急剧增长，偷税漏税现象严重，国营经济业绩欠佳，吸引国外直接投资力度不够。客观来看，印度长期赤字财政为印度社会经济的发展动员了大量资金，有利于印度的资本积累，促进了印度投资规模的扩大、国民经济基础的形成、国营企业的建立，也促进了就业，保证了社会稳定，缩小了贫富差距。但是，长期赤字财政，不仅加大了印度通货膨胀压力，也带来诸多负面影响。很显然，20世纪80年代中期以后，印度外债规模和支出模式已开始迈向不可持续，这正是1991年印度外债支付危机产生的根本原因。海湾战争导致的国际油价飙升和总理拉吉夫·甘地遇刺引起政治的不确定性仅仅只是引爆危机的导火线而已。自1986年开始，印度政府在外贸领域和现代技术部门进行了局部改革，这一举措引起政府财政支出急速增加。中央经常性财政赤字（RD）占GDP比重从1980—1981财年的1.4%迅速攀升至1989—1990财年的2.44%，同期中央政府总财政赤字（GFD）占GDP比重也从

5.71%上升到7.31%，这远远超出国际警戒线。虽然同期印度外债占GDP比重从1982—1983财年的7.16%下降到1990—1991财年的5.53%，但按绝对量计算，债务规模已相当大。此外，在同一时期，中央和各邦的总负债占GDP比重已从51.43%上升到64.75%，这种状况给印度带来了极大的社会和资本支出成本，债务清偿率从1980—1981财年的30%下降至1990—1991财年的20%，而同期债务利息支出占比却从8%增至15%。

4.2.2 经济转型时期印度财政政策演变及特征

4.2.2.1 经济转型时期印度财政政策变迁

长期推行赤字财政和半封闭经济政策最终导致印度1991年出现严重的国际支付危机。在国际货币基金组织（IMF）和世界银行（WB）的帮助下，印度开启了以“自由化、私有化、市场化和全球化”为内容的改革，这标志着印度开始进入经济转型发展时期。1992—2007年，印度共实施了“八五”“九五”“十五”3个五年计划。这期间，政府把增加就业、加强基础设施建设、消除贫穷和促进科技进步作为国家主要发展目标，并通过改革混合经济体制、减少国营企业保留的经济领域、取消配额和许可证制度、废除价格管制以减少政府对经济发展的干预、鼓励对外贸易和投资等政策和举措，印度社会经济发展因此获得了巨大成功。为适应新形势的发展要求，印度财政金融制度也经历了深刻的变革，财政政策相应发生重大变化。

第一，调整税率，简化税制，拓宽税源，保障财政收入稳步增长。“八五”计划时期，税收政策主要在于简化税制，如1992—1993财年将个人所得税率由原来的5档减为20%、30%和40%3个档次；后来又把附加非免税奢侈品的消费税率由11种合并成3种；1993—1994财年，不再区分公司股权集中度实行统一的公司所得税率；1996—1997财年改革消费税，扩大修正增值税（MODVAT）抵免制度的覆盖面；从1991—1992财年开始对关税税率进行统一调整；等等。“九五”计划和“十五”计划时期，税收政策主要在于调整税率，特别是进行了大面积减税，确实减轻了纳税人负担，同时引进新的税种、拓宽或开辟税源以保障国家财政收入稳步增长。例如，1997—1998财年所得税率下降为10%、20%和30%，并保持长期不变，且多次提高个人所得税免征限额；1997—1998财年将公司所得税从原来的40%进一步降低到35%，为推动落后地区产业布局，鼓励出口和新技术开发，印度政府还实行了多项免、减、扣税收优惠政策，切实减轻企业负担；关税峰值从1997—1998财年的40%水平一路下降，2002—2003财年降为30%，2003—2004财年降为25%，2005—2006财年降到15%，上述4种税率几乎覆盖了应征进出口商品的90%；1999—2000财年把附加非免税奢侈品的税率由11种合并成3种，这类消费品税负大大减轻；此外，为了扩大税基和增加政府财政收入，1994—1995财年政府引入了服务税，这一新税种从“九五”计划时期开始得到大大推广；2000年开始了基于增值税原理的综合商品服务税（GST）改革；2004—

2005 财年印度政府引入了证券交易税（securities transaction taxes，STT），2005—2006 财年引入员工附加福利税（fringe benefit tax，FBT）和所有税收附加费。

第二，控制财政支出规模，调整财政支出结构，实行张弛有度的财政支出政策。从支出规模来看，财政支出政策经历了“先紧后松再紧”的变化过程。“八五”计划时期，印度政府压缩了财政支出的规模，财政支出占 GDP 比重从“七五”计划时期的 27.95%下降到“八五”计划时期的 24.91%，同一时期总财政赤字占 GDP 比重也从 8.82%下降到 6.95%；随后，支出规模又从 1998—1999 财年的 25.53%上升到 2002—2003 财年的 30.05%；2003 年国会通过了《财政责任与预算管理法案》（FRBMA）后，印度财政支出规模再次开始小幅下降，降为 2007—2008 财年的 27.18%。从支出结构来看。迫于前期债务利息支出、国防支出和财政补贴支出比重较大导致资本性支出减少，1991 年后印度政府财政支出策略主要集中体现在减少补贴和非资本性支出。然而庞大的债务意味着债务利息负担需要很长时间来消化。1995—1996 财年中央经常性财政支出结构为财政补贴支出占比为 9%、国防支出占比为 13%和债务利息支出占比为 36%，2000—2001 财年，国防支出和利息支出仍然维持在 13%和 36%的水平，补贴支出增加到 10%，这表明“八五”计划时期中央政府主要支出项目的结构变化还不大；但从“九五”计划开始，不仅国防、债务利息、补贴等支出大项，其他如行政管理、教育、医疗、经济服务支出等小项的结构均开始有所调整，到 2005—2006 财年时，债务利息支出和国防支出分别下降 6 个百分点和 2 个百分点，补贴支出上升 1 个百分点，其他支出项目结构发生不同程度的变化。

总体来看，经济转型时期印度政府实行了宽紧有度的财政政策。前期，无论是税收政策还是支出政策都比较审慎，财政赤字水平渐趋下降；不过从“九五”计划时期开始，税收和支出政策都有所松弛，财政赤字规模又有所抬头，但这一趋势在“十五”计划时期得到扼制。同混合经济时代相比，整个过渡时期，印度税收水平明显下降，纳税人税负有所减轻，直接税占总税收比重有所上升，而间接税占比有所下降，由于税收结构日趋合理，国家以税收为主的财政收入持续增长。同时，财政支出规模总水平也相对稳定，增减幅度不大，而财政支出结构得到一定程度调整。

4.2.2.2 经济转型时期印度财政政策的特征

第一，财政支出管理以结构调整和绩效管理为主。在这之前，印度财政支出主要为总量管理，为了动员更多的资金，政府采用税、非税收入、国内借款、国外援助甚至赤字财政等办法，筹集政府经济发展计划所需的资金，尽可能减少资金缺口。由于经济基础薄弱，经济增长缓慢，税和非税收入增加不多，加之政府长期推行计划管理型扩张性财政政策，往往无法弥补资金缺口，从而导致财政赤字越来越多，严重影响经济运行安全和稳定。因此，改革开放以后，在各项财政收入增长的空间没有多少余地的背景下，政府一改过去总量管理财政支出政策为结构管理和绩效管理的财政支出政策，试图通过压缩补贴、国防、债务利息支出、行政管理支出等政府经常性支出项目的办法和提升各项财政资金使用效率的办法，以期获得经常性账户盈余，从而为建设基础设施和发展一般社会服务和社会保障事业等提供更多资金保障。尽管政府财政赤字状况未有根本好转，但是，政府财政支出管理的价值取向却发生了质的变化，财政资金的效率问题开始得到政府的重视，“保支出”开始向“重产出”和“重效率”过渡，财政政策的“资源优化配置”目标得到体现，这无疑具有重要意义。

第二，财政公共性本质及职能逐渐得以回归。现代西方主流财政理论认为，国家财政的本质在向公众和社会提供公共产品以满足一个国家或地区整体社会经济发展的社会公共需要，这种与市场经济相适应的财政就是公共财政。独立以来的印度财政完全服从和服务于国家计划经济发展需要，财政资金被投入农业、工业、矿业、金融服务等领域，从而形成了大量国营企业从事营利性生产，政府向社会提供的产品除公共品外更有大量本应由市场和私人部门提供的私人产品。从这个意义上说，混合或计划经济时代印度政府的财政不是公共财政。自从改革开放后，“八五”计划时期政府投入工矿业的资金占开支总额的10.8%，比“七五”计划时期减少了1.5个百分点，“九五”计划时期为7.5%，比“八五”计划时期减少了3.2个百分点，“十五”计划时期，其占比进一步下调。相反，投入一般社会服务供给和基础设施建设的财政资金不断有所增加，这表明政府的经济职能有所弱化，而社会服务职能得到强化，印度财政的公共性特征日益得到体现和彰显。

第三，财政政策的职能日趋合理化和系统化。虽然财政政策的目标因国家性质不同甚至时期不同而有所不同，但一般而言，大多数市场经济国家均把维持物价相对稳定、促进经济均衡增长、实现资源合理配置、推动收入合理分配及提高社会生活质量等作为财政政策目标设定的几个维度进行组合。独立后的印度，财政政策的作用主要在于动员社会资金以满足政府计划经济发展需要，因此历次社会经济发展计划的目标也就成了财政政策的目标。从表面上看，历次五年计划都包含有上述主要维度，如经济增长、充分就业等，但是，实现这些目标的手段和方式却主要是用计划手段大力发展国营经济来实现。自改革开放后，印度政府的社会经济发展计划虽然把经济增长和促进就业作为主要发展目标，但其手段已转变为以市场机制对资源进行配置为主，政府逐渐从竞争性领域退出转向公共服务领域，财政政策的重要目标除了促进经济增长和充分就业之外还有财政可持续发展、提升资源配置效率与财政资金绩效、维持物价稳定等，财政政策逐渐成为现代政府调整和管理宏观经济健康运行的重要工具之一。

4.2.3 后危机时期印度现代财政政策演变及特征

4.2.3.1 后危机时期印度财政政策概况

第一，以宽松财政政策拯救经济衰退。2007年爆发的全球金融危机及随后发生的欧洲主权债务危机对印度经济造成严重影响。危机主要通过金融资产贬值与流失、出口和吸收外资减少、卢比贬值等3个渠道作用于印度经济。危机爆发后，全球需求减少，印度软件出口、服务外包、旅游、商业零售、纺织品出口等传统优势产业均不同程度受到冲击；流动性不足又引发股票市场大跌、金融资产急速缩水和投资机构纷纷外逃；卢比贬值一方面引起资本逃离，另一方面印度以石油进口为主的外贸格局对汇率变动缺乏弹性导致进口成本大幅提高。在各种因素的共同作用下，印度宏观经济形势从2008年开始迅速恶化。2008—2009财年，印度GDP较之上一财年的9.3%迅速回落至6.7%，工业和制造业生产停滞，农业产出剧烈波动，投资与消费需求不振，外贸急剧萎缩，外国直接投资下降；2008—2009财年和2009—2010财年，消费价格指数（CPI）高达9.1%和12.37%，总财政赤字（GFD）占GDP比重升至6%和6.5%。这已充分表明金融危机已重创印度实体经济。

当务之急政府运用经济、法律和行政手段促进经济增长和维护经济稳定。在经济方面，除货币政策和产业政策外，财政政策是最重要的调控工具。印度政府在危机发生前就开始实施农村贷款减免计划、社会保障扩展计划和中央公务员工资和补贴方案。危机爆发后，印度政府又分别于2008年12月、2009年1月和2月3次启动一揽子财政刺激方案。一是增加2000亿卢比的额外支出计划；二是为计划支出提供约3000亿卢比的政府贷款；三是为出口企业提供利息补贴并减少2%的中央消费税和服务税；四是实施大面积调低税率的税收政策。税收方面，一是大面积调低进出口关税税率，中央消费税削减到4%，中央增值税普通税率从16%下调至14%，中央营业税从3%下调至2%，提高服务税的免征额；二是提高个人所得税的免征额，废除个人所得税10%的附加费，上调最低公司税（MAT）等。毋庸置疑，应对危机的扩张性财政政策，充分调动了国内需求，迅速实现了经济复苏，这些政策为促进印度经济增长、维护印度经济稳定起到了关键作用，其效果立竿见影。2009—2010财年和2010—2011财年，印度GDP高达8.6%和8.9%，印度经济增速已基本恢复到危机前的水平。

扩张性财政政策和货币政策本身也是一把双刃剑。印度政府为化解金融危机冲击所实施的宽松财政政策，虽然有助于印度经济的复苏与稳定，但其副作用也非常突出。一是高增长伴以高通胀，2009—2010财年和2010—2011财年，印度消费价格指数（CPI）从危机前2007—2008财年的6.2%飙升到12.37%和10.45%，2010—2011财年零售价格指数（WPI）上升到9.6%；二是高增长伴以高财政赤字，2007—2008财年，总财政赤字（GFD）占GDP比重分别为2.5%，2008—2009财年和2009—2010财年GFD分别上升到6%和6.5%；同一时期，中央经常性赤字率从1.1%上升至4.5%和5.2%；三是制造业仅16%的增幅预示高增长后劲不足，落后于同生态的中国40%和东亚30%的水平。面临这种形势，印度政府又于2010—2011财年适时采取了减支、增税财政退出政策，年底实际财政收入超出预算收入，实际支出低于预算支出，实际财政赤字率下降到4.8%，低于5.5%预算目标和5.7%的第十三届财政委员会的设定目标，随后2011—2012财年、2012—2013财年和2013—2014财年的总财政赤字率分别为5.7%、4.9%、4.5%，经常性收入赤字率分别为4.4%、3.6%、3.2%，虽然都越过了

FRBMA 法定红线 3%，但金融危机以来赤字逐年扩大的态势基本上得到了控制。

第二，莫迪政府的财政政策。2014 年 5 月时任古吉拉特邦首席部长的莫迪宣誓就任印度第 18 任总理。新总理在古吉拉特邦的务实作风为印度经济未来高速发展带来前所未有的希望。莫迪政府绘制的印度经济发展蓝图是，以改革劳工法、土地制度和税收制度为突破口，创造良好的营商环境，积极吸引外资，大力发展基础设施和制造业，从而实现印度经济的长期稳定高速增长。但是，在经济危机深度调整、经济增长尚未完全复苏的背景下，印度政府实施怎样的财政政策才能克服储蓄率低、吸引外资不多、政府财力不足的弊端，从而迅速启动印度经济建设，推动基础设施、制造业快速发展？这确实是现任政府面临的一道难题。

莫迪上任不久后，制定并通过了新一届政府的财政政策。新政策以推动经济持续稳定增长、尽快实现经济复苏为落脚点和目标，把继续巩固财政基础、融合财政资源和控制财政赤字作为主要财政手段和工具。按新政策规定，从增加财政收入角度来看，主要从 5 个方面着手：一是调整税收结构，提高直接税占总税收收入的比重，降低间接税占总税收入的比重；二是拓宽税基，政府不遗余力稳步推进商品与服务税（GST），2016 年 8 月商品与服务税（GST）已得到联邦参议院通过，各邦议会通过就可以全面实施，这不仅有助于统一和简化税制，还能促进制造业发展；三是提高税收征收信息化和自动化水平，提升税收管理效率；四是启动大量休眠基金以增加非税收入[①]；五是提高不锈钢、铝矾土、钻石、部分通信产品、冶金焦炭的进口关税，提高纤维短纤、铜绕组线等产品的消费税率等。

鉴于后危机时代印度的国民收入增长缓慢，财政收入增长有限，巩固财政基础的落脚点主要还是放在财政支出管理方面，即优先调整结构，适度控制总量，优化支出结构，增强支出绩效管理，把有限的财政资源引导到经济发展的关键部门或行业中去。不过，到底是增加对社会和福利部门的投入还是资本性支出，政府必须在“增长”和“公平增长”之间进行平衡。莫迪政府采取了抑制经常性支出、增加发展性支出的财政政策。这就意味着对计划支出进行结构调整，在许可的范围内限制非发展性支出。此外，还从其他角度对财政支出的效率给予关注。例如，新政府并不是通过压缩资本性支出实现 FRBMA 的目标，从而以牺牲经济增长为代价，而是采取了诸如由国库对支出资金进行集中直接支付给地方各邦或受益人、加强对支出资金的集中监管等合理的财政资金支出机制来提升财政资金的使用效率的，同时还对经常性赤字和有效财政赤字进行考察，提升其使用效率。

4.2.3.2 后危机时代印度财政政策的特点

第一，促进经济增长是财政政策的首选目标。2007 年全球金融危机后，印度宏观经济形势迅速恶化。从 2007—2008 财年到 2013—2014 财年，印度 GDP 增长率分别为

① 印度政府有大量基金尚未得到有效利用，如国家清洁能源基金、中央道路基金、小学教育专用基金、社会与基础设施发展基金、担保赎回基金等。

6.7%、8.6%、8.9%、6.7%、4.5%和4.7%。政府面临工业和制造业生产停滞、农业产出剧烈波动、投资与消费需求不振、外贸急剧萎缩、吸引外资不力等严峻形势，从2008—2009财年的预算开始，均把恢复和发展经济、促进经济增长作为财政政策的头等目标，尽管随着宽松财政政策和货币政策的实施，从2009年开始，物价面临的压力越来越大，2009—2010财年，印度消费价格指数（CPI）高达12.37%，财政支出缺口越来越大，财政赤字（GFD）占GDP比重升至6.5%，但财政政策促进经济增长的主要目标没有丝毫变动。这主要是由世界经济仍然没有从根本上恢复到危机前的水平面临着大量不确定性及印度当前的经济发展阶段决定的。

第二，审慎管理是财政政策遵循的基本原则。印度政府通过对收入与支出的制度化管理来严格控制财政赤字和政府债务的规模与水平，改变以前用财政赤字换取经济增长的传统，实行审慎财政政策。其标志是2003年FRBMA的通过，设定印度财政赤字上限是3%，2012—2013财年又对该法案进行了修订，引入"实际经常性赤字"和"中期支出框架声明"的概念。由于印度宏观经济存在结构性问题，受全球金融危机及随后发生的欧洲主权债务危机和美国量化宽松（QE）政策退出的困扰，印度市场剧烈动荡。为应对外资流失、股市暴跌、物价飞涨的困境，印度政府不得不放松其财政政策，从而导致其财政赤字越过FRBMA设定的红线。不过，印度的财政赤字水平依然维持在一个阈值范围之内，当经济形势稍有好转，赤字水平也就随即下降，并没有偏离太远和太久。

第三，直接税取代间接税成为联邦中央最主要的税种。独立以来到2007年以前，印度中央政府税收均以间接税收入为主，其中联邦货物税是最主要的税种，2006—2007财年，印度中央税收中，直接税收入占比为46.4%，间接税收入占比为51.0%。从2007—2008财年开始，印度中央财政收入结构发生重大变化，直接税取代间接税成为中央最主要的收入来源，2007—2014连续7个财年的中央税收收入结构为：直接税收入占比分别为49.9%、54.9%、58.9%、55.3%、56.3%、52.4%和54.4%，其中以公司税为主，间接税所占比重分别为47.0%、44.8%、39.2%、43.4%、42.6%、46.8%和44.8%，联邦货物税和关税收入所占比重逐年下降，而服务税收入上升较快。这表明，印度税收结构日趋合理。

第四，财政支出水平趋势下降，结构优化难度较大。金融危机后，由于印度宏观经济增长整体放缓，联邦中央无论是经常性税收收入还是总税收入均有所下降，因此其财政支出占GDP比重也有所下降，表现为非发展性支出和发展性支出均呈下降趋势。此外，同样是经济放缓的原因，金融危机后，印度财政赤字增加，政府债务上升，从而导致债务利息支出占非发展性支出的比重从2010—2011财年的32.2%上升到2014—2015财年的38.3%，而其他如国防支出、财政补贴支出、行政管理支出等非发展性支出变化又不大，致使印度经常性赤字（RD）自2007—2008财年后持续在高位运行，经常性赤字（RD）占财政赤字（FD）的比重几乎都在70%以上，这极大压缩了发展性支出的空间，从而也限制了财政支出对经济增长的促进作用。

4.3 本章小结

本章首先从财政体制、财政预算、财政税收、财政支出、财政监管、赤字管理及中央对地方各邦财政的干预等角度对印度财政制度的形成与演变进行了回顾，再从混合经济时期、经济转型时期和后危机时期3个阶段对印度财政政策的变迁与特征进行了梳理，其主要结论如下。

（1）从财政制度的形成与演进来看

1950年印度宪法明确规定了印度实行联邦财政分税制度，中央和地方各邦政府享有独立的财政收支权力，承担相应的财政事务职责，部分财权和事权又相互交叉和补充。中央主要负责全国性公共品和公共服务的供给事务及费用支出，如中央行政、国防、外交、铁路、国道、邮政、邦际商业贸易征税、对地方的补助、社会保障等，其财政收入主要由所得税（农业除外）、公司税、房地产税、关税、消费税（烟酒税除外）、邦际货物销售税、增值税、服务税等主要税种和其他非税收入构成。邦和地方政府主要负责提供区域性公共品，如地方本级行政、教育、治安、征税、农业、渔业、供水、灌溉、公共卫生事务、邦内商业贸易等，其财政收入主要来自于中央政府的税收分成、农业所得税、邦内货物销售税等次要税种及中央提供给地方政府的赠款和贷款。中央政府通过税收分成、赠款援助和贷款等方式对地方财政进行干预，财政委员会是专门协调中央和地方政府之间财政关系的机构，其行为直接对参议院负责。随着国际、国内情势和环境的变化，印度宪法对央地政府的事权和财权划分范围也做了相应调整，但其划分的基本原则没有丝毫变更。随着中央事权的减少而地方事权的增加，央地财权与事权的矛盾也越来越突出。

在对财政支出绩效管理和财政赤字管理方面，自由化改革之前，涉及的相关制度规范较少。随着财政支出规模和财政赤字规模的节节上升，印度经济运行的风险和不确定性也越来越大，为此，印度加强了财政支出绩效管理和财政赤字管理的制度建设。2003年国会通过的《财政责任与预算管理法案》标志着印度财政赤字管理制度的形成，该法案自颁布以来，印度财政赤字管理收到显著成效。此外，财政委员会新增并强化财政支出绩效管理方面的权限，有权要求政府财政支出实行绩效和目标管理、倡导“结果预算”和“零基预算”管理，要求政府授权相关部门设计财政支出绩效管理框架，强调对财政资金使用效果进行跟踪、监管、评估和量化，这些关于财政绩效管理的制度化建设对提升财政资金的管理效率或使用效率具有重要意义。

（2）从财政政策的变迁和特征来看

在计划经济时代，财政政策主要通过提高各种税收税率、增加税种等举措压缩社会消费、增加储蓄和积累，同时还充分发挥外援和赤字财政的作用，为历次经济计划提供资金支持，财政资金主要向国营企业、农业、重化工业倾斜以期快速建立印度国民经济基础。财政政策的主要特点包括：一是税收政策调整的直接目的在于转移私人经济剩余；二是财政支出政策以总量管理为主；三是财政赤字融资模式呈不可持续性发展趋势。

经济转型时期，印度财政开始从计划管理型向公共财政型过渡，财政政策的主要目标在于优化资源配置以促进经济增长、维护市场稳定和促进充分就业。印度政府主要采取了调整税率、简化税制、拓宽税源的税收政策及张弛有度的“先紧后松再紧”的财政支出政策，财政政策的主要特点表现为：一是财政支出管理以结构调整和绩效管理为主；二是财政公共性本质及职能逐渐得以回归；三是财政政策的功能日趋合理和完善。

后危机时期，为了抵御经济危机的冲击，前期采取了“先宽松后退出”的财政政策，莫迪上台后通过调整税收结构、提高直接税降低间接税占总税收入比重、拓宽税基、税收便利化信息化等办法大力提升税收管理效率；财政支出重点向基础设施领域和社会服务领域倾斜。这一时期，财政政策的主要特点有：一是促进经济增长是政策的首选目标；二是审慎管理是财政政策遵循的基本原则；三是直接税取代间接税成为联邦中央最主要的税种；四是财政支出水平趋势下滑，结构优化难度较大，加速税制改革以增加预算收入和加强绩效管理以提升财政资金使用效率势在必行。

5 印度财政支出的经济增长效应描述性分析

英殖民主义者侵略和统治南亚次大陆长达200多年之久，导致印度饿殍遍野、贫穷落后。独立以来，印度经济虽历经曲折，但也取得较大成就。从独立后的“印度式增长”到20世纪80年代的缓慢起步、再到90年代步入快车道，2007年世界金融危机后曾经一度超越中国而发展成为全球新的“增长明星”。以2004—2005财年不变价格计算，印度GDP已经从1950—1951财年的2.88万亿卢比增长到2015—2016财年的66.48万亿卢比，增长了22倍；同期人均GDP也从7788卢比增长到53 096卢比，增长了近6倍。众所周知，推动经济增长的因素是多方面的，其中财政政策作为国家宏观调控最重要的经济手段和政策工具之一，对经济增长的促进作用是毋庸置疑的，就此而言印度也不例外。

印度经济规模扩大的过程也是其财政政策不断调整的过程。20世纪90年代以前，印度财政的主要功能在于动员和转移社会剩余资源以满足国营企业和重化工业发展的庞大资金需求，反映边际税率高、支出规模扩大和支出结构相对稳定。90年代开启自由化改革浪潮后，印度财政政策随之发生重大变化：边际税率降低和税基得以拓宽，支出规模保持相对稳定，结构调整成为支出管理常态，国防、债务利息和经济服务等各项支出有升有降。印度财政政策调整既是印度经济发展的结果，也是推动印度经济增长的重要原因。无论是计划时期的总量管理还是开启自由化改革浪潮后的结构调整，都将直接或间接影响印度经济增长绩效。尤其是21世纪以来，由于印度财政支出占GDP比重已处较高水平，瓦杰帕伊（Atal Behari Vajpayee）、辛格（Manmohan Singh）和莫迪（Narendra Modi）等几届政府均奉行“控制总量、盘活存量”的原则，把财政支出结构调整、支出监管及提升财政资金使用效率作为财政政策关注的重点，通过压缩消耗性支出、增加发展性和生产性支出，从而促进了技术进步、增加了就业、提振有效需求，为印度经济增长注入了活力。本章首先分4个阶段对印度自独立以来的经济增长情况进行了全面深入分析，归纳各个不同发展阶段印度经济增长的不同特征；其次从总量和结构两个方面对印度不同历史发展阶段的财政支出情况进行探讨；最后对印度各阶段财政支出与经济增长的相关关系进行描述性分析。

5.1 独立以来的印度经济增长

5.1.1 独立后近30年“印度教徒式增长”（1951—1979年）

这一时期开始于印度独立，直至20世纪70年代末，即第五个五年计划时期完成。受国际、国内及国家领导人的理念等多重因素的影响，独立之初的印度选择了既不同于市场经济也不同于计划经济的混合经济发展模型。首任总理尼赫鲁（Jawaharlal Nehru）说：“在印度，我们有这么多的事要做，而且要迅速热情地做。因此，寻找一条合适的道路以实现某一目标的问题就变得重要起来。”① 这种经济发展模型以公共财政为依托建立国营企业、以计划控制为手段推行五年计划但同时又允许私营经济和市场经济在一定范围内存在和发挥作用，以自力更生为主同时保持与世界经济的局部联系，大力发展重化工业、基础工业及农业，促进经济公平增长，尽快建立和形成印度国民经济体系。

这一时期共执行5个五年计划和一个为期3年的年度计划。“一五”计划时期，为迅速医治殖民和印巴分治的创伤，农业成为主要发展部门。为了迅速建立国民经济基础，“二五”计划和“三五”计划时期又借鉴苏联经验制定并实施大举发展重化工业和基础工业的战略。这些战略促进了印度工业体系的形成、工业结构的变化和工业较快发展，但也带来国民经济发展比重严重失调、国际收支恶化、粮食危机加深和大量人口失业等问题。② 鉴于此，1966—1969年英迪拉·甘地（Indira Gandhi）放弃原拟定的“四五”计划，转而实施了更加灵活的3个年度计划。她强调：“要使经济继续发展，一定要有比较稳定的条件。在印度目前的条件下，农业商品特别是粮食供应和粮食价格对达到稳定起着决定性的作用。”③ 这样，包括“四五”计划和“五五”计划在内，印度经济发展战略再次回归农业，政府实施了农业信贷、支持价格、财政补贴、外资援助等系列支农措施。“五五”计划时期，印度粮食产量超出计划指标达到1.26亿吨，从而结束了印度吃粮靠进口的历史。但受经济体制约束，无法很好地动员私人资本参与印度经济建设，当政府公共财力严重不足时，资本成为工业发展的主要瓶颈。“四五”计划和“五五”计划时期，印度工业生产年平均增长率均远低于计划指标。

观察表5.1可以发现，在1951—1979年的近30年时间里，印度国内生产总值的年均增长率仅为3.81%，表明混合经济时期印度社会总产品和服务增加不多，经济增长

① 鲁达尔·达特，桑达拉姆K P M. 印度经济［M］. 雷启淮，李德昌，等译. 成都：四川大学出版社，1994：231。

② 雷启维. 当代印度［M］. 成都：四川人民出版社，2000：183。

③ 参见《印度储备银行公报》，1971年1月，第121页。

缓慢；年人均 GDP 增长率为 1.35%，不及全国 GDP 年均增长率 3.81%的一半，这充分表明在消除人口因素后印度人均生活水平提高非常有限。我们进一步分析发现，“一五”计划时期全国 GDP 年均增长率为 3.61%，人均 GDP 年增长率为 2.34%。“二五”计划时期全国 GDP 年均增长率 4.27%高于“一五”计划时期的 3.61%，但人均 GDP 增长率进一步下降到 1.66%。“三五”计划时期经济形势急剧恶化，全国 GDP 年均增长率下降到 2.84%，仅仅能够抵消人口增长，而人均 GDP 增长率进一步跌到 0.22%，这既与 1965—1966 财年发生的严重自然灾害有关，也是大力发展重化工业战略导致的结果。3 个年度计划时期经济形势有所回升，但好景不长。“四五”计划时期，20 世纪 70 年代初爆发的世界经济危机引发了印度国内物价恶性上涨导致经济形势再度恶化，全国 GDP 年均增长率和人均 GDP 年增长率分别下降到 3.35%和-0.02%。“五五”计划时期是独立后 30 年印度经济形势最好的时期，全国 GDP 年均增长率上升到 4.88%，但 1.29%的人均 GDP 增长率依然低于这一阶段 1.35%的平均水平。

表 5.1 印度“一五”计划时期至“五五”计划时期 GDP、人均 GDP 及其增长率

财年	计划期	全国 GDP/亿卢比	全国 GDP 增长率/%	计划期 GDP 增长率/%	人均 GDP/卢比	财年人均 GDP 增长率/%	计划期人均 GDP 增长率/%
1951—1952	“一五”计划时期	28 614.7	2.33	3.61	7909.9	0.90	2.34
1952—1953		29 426.7	2.84		8237.0	4.14	
1953—1954		31 217.7	6.09		8430.8	2.35	
1954—1955		32 543.1	4.25		8492.9	0.74	
1955—1956		33 376.6	2.56		8797.1	3.58	
1956—1957	“二五”计划时期	35 276.6	5.69	4.27	8520.9	-3.14	1.66
1957—1958		34 850.0	-1.21		8969.7	5.27	
1958—1959		37 494.8	7.59		8994.0	0.27	
1959—1960		38 315.3	2.19		9454.0	5.11	
1960—1961		41 027.9	7.08		9527.4	0.78	
1961—1962	“三五”计划时期	42 301.1	3.10	2.84	9514.2	-0.14	0.22
1962—1963		43 196.0	2.12		9780.5	2.80	
1963—1964		45 382.9	5.06		10 300.4	5.32	
1964—1965		48 824.7	7.58		9698.9	-5.84	
1965—1966		47 040.2	-3.65		9600.2	-1.02	
1966—1967	3 个年度计划时期	47 519.0	1.02	3.92	10 154.9	5.78	3.44
1967—1968		51 386.0	8.14		10 178.7	0.23	
1968—1969		52 727.0	2.61		10 616.5	4.30	

续表

财年	计划期	全国 GDP /亿卢比	全国 GDP 增长率/%	计划期 GDP 增长率/%	人均 GDP /卢比	财年人均 GDP 增长率/%	计划期人均 GDP 增长率/%
1969—1970	“四五”计划时期	56 163.0	6.52	3.35	10 901.8	2.69	-0.02
1970—1971		58 978.7	5.01		10 753.3	-1.36	
1971—1972		59 574.1	1.01		10 473.2	-2.60	
1972—1973		59 384.3	-0.32		10 704.7	2.21	
1973—1974		62 087.2	4.55		10 591.2	-1.06	
1974—1975	“五五”计划时期	62 807.9	1.16	4.88	11 279.1	6.50	1.29
1975—1976		68 463.4	9.00		11 180.6	-0.87	
1976—1977		69 319.1	1.25		11 750.0	5.09	
1977—1978		74 497.2	7.47		12 129.0	3.23	
1978—1979		78 596.5	5.50		11 221.2	-7.48	
增长率均值/%	—	—	3.81	—	—	1.35	—

数据来源：*Government of India*：*Economic Survey* 相关年份，GDP 和人均 GDP 均以生产要素成本价统计而成，其数值以 2004—2005 财年为基年消除了价格因素。

从国民收入产业分布情况来看，三次产业结构获得一定程度优化。从“一五”计划时期到“五五”计划时期，第一产业产值占 GDP 比重从 56.1%下降到 40.3%。第二产业包括建造业、建筑业和水电气供应，其产值比重从 15.7%上升到 24.5%，其中制造业和建筑业增长最快；第三产业包括贸易、交通运输、储蓄、通信、金融保险、房地产及社会服务等，其产值占比从 28.3%上升到 35.5%，其中，交通运输与通信和贸易及公共服务与国防所占份额增长幅度较大。此外，公共服务与国防部门从“一五”计划时期的 2.2%增长到“五五”计划时期的 4.4%，增幅较大（表 5.2）。

表 5.2 印度“一五”计划时期至“五五”计划时期国内生产总值构成

单位：%

项目	“一五”计划时期		“二五”计划时期		“三五”计划时期		3 个年度计划时期		“四五”计划时期		“五五”计划时期	
农业	54.9	56.1	51.9	53.1	46.6	48.0	43.8	45.3	42.0	43.4	38.8	40.3
采矿业	1.2		1.2		1.4		1.5		1.4		1.5	
制造业	11.9	15.7	13.5	17.9	15.8	21.2	16.2	22.6	17.0	23.0	18.0	24.5
水电气供应	0.4		0.5		0.8		1.1		1.3		1.6	
建筑业	3.4		3.9		4.6		5.3		4.7		4.9	
贸易餐饮旅馆	8.6	28.3	9.4	29.1	10.5	30.9	10.8	32.1	11.1	33.7	11.9	35.2
交通仓储通信	2.5		2.8		3.2		3.5		3.9		4.4	
金融	8.9		8.6		8.3		8.2		8.5		8.8	
公共服务与国防	2.2		2.5		3.1		3.6		4.2		4.4	

续表

项目	“一五”计划时期		“二五”计划时期		“三五”计划时期		3个年度计划时期		“四五”计划时期		“五五”计划时期	
其他	6.1		5.8		5.8		6.0		6.0		5.7	
合计	100	100	100	100	100	100	100	100	100	100	100	100

数据来源：*Government of India*：*Economic Survey*，*2013-14*，附录表1.3A。

总体来说，印度独立后30年的混合经济时期，经济增长呈现出以下特征：第一，无论是国内生产总值还是人均国内生产总值，其增长均较为缓慢，因此被外界笑为“印度教徒式增长”；第二，增长波动频繁、起伏较大，个别年份呈负增长，若剔除人口因素，较多年份增长为负；第三，经济增长带来了产业结构向高级化方向发展，农业产值占比不断下降，第二产业和第三产业产值有上升趋势；第四，政府行政服务扩大、国防活动的增加及国营企业经济活动的扩展直接导致公共部门产值在国内生产总值中的比重急剧上升。

5.1.2 自由化改革初期印度经济增长开始发力（1980—1991年）

尽管印度经济政策重大调整开始于20世纪70年代末的人民党执政[①]，但由于人民党执政时间不长，其施政纲领尚未付诸实施，一般认为印度自由化改革始于20世纪80年代初英迪拉·甘地重新执政。因此，1980年英迪拉·甘地再次执政是第二阶段的起点，90年代初纳拉辛哈·拉奥（P. V. Narasimha Rao）政府全面铺开自由化改革是第二阶段的终点，所跨10年是印度自由化改革的初期，其间共执行“六五”和“七五”两个五年经济计划。

1980年英迪拉·甘地再次上台后，开始重新制定并实施“六五”计划。她因循人民党的执政路线，继续推动“绿色革命”以促进农业发展，强调中小企业以促进工业发展。同时，英迪拉·甘地政府还允许私营部门扩大经营范围，放松对私营经济的限制；国营部门实行经理负责制，下放给国营企业一些自主权；调整了对外经济贸易发展战略，允许企业自动扩大出口生产能力。英迪拉·甘地政府的这些调整取得了一定成效，但国营企业效率低下、资金短缺、基础设施发展滞后等诸多问题依然存在。1984年拉吉夫·甘地担任印度总理，掀起了印度历史上更大规模的“自由化、市场化、私有化和全球化”改革浪潮。主要措施有：一是免除部分许可证制度，扩大私营企业的生产领域，减轻私营企业的税赋，放松对私营企业的限制，鼓励私营经济发展；二是改善国营企业的管理，扩大国营企业自主经营权利，提高国营企业经营的积极性和主动性；三是减少指令性计划，调整计划管理功能，增强市场调节作用；四是发展对

① 人民党于1977年1月11日由印度民众党、人民同盟、国大党（组织派）、社会党和国大党（少壮派）组成，并于同年3月在选举中获胜，由穆拉尔克·德赛任总理，钱德拉·谢尔任党主席。该党的政治纲领是以甘地主义为理论基础，在印度建立一个民主、世俗和社会主义国家，反对经济权力集中，主张发展农业、小型企业和乡村工业。

外经济联系，扩大对外开放。

表5.3是印度“六五”计划至“七五”计划时期GDP、人均GDP及其增长率统计表。观察表中数据可知，自由化改革初期印度经济获得了较快增长。全国GDP增长率提升至5.56%的水平，高于混合经济时期3.81%的平均水平，而人均GDP增长率也上升到2.85%，比前一阶段人均GDP 1.64%的平均增长水平高出1倍还多，这充分表明印度自由化改革初期，全国社会总产品和服务大大增加了，而人民生活水平也应当有一定程度提升。进一步分析发现，这一阶段全国GDP年均增长率低于均值5.56%水平的一共有5个财年，其中，“六五”计划时期有3个，“七五”计划时期有2个，这些财年大都与农业歉收有关。此外，还有2个财年全国GDP增长率超过7.00%，其中，年均增长最快的是1988—1989财年，高达10.16%。另外，这一时期，人均GDP增长率低于均值和高于均值的财年分别都是6个和5个，1990—1991财年增长最慢为-0.59%，1987—1988财年增长最快为7.84%，极差值高达8.43%。

表5.3 印度“六五”计划时期至“七五”计划时期GDP、人均GDP及其增长率

财年	计划期	全国GDP/亿卢比	全国GDP增长率/%	计划期GDP增长率/%	人均GDP/卢比	财年人均GDP增长率/%	计划期人均GDP增长率/%
1980—1981	“六五”计划时期	79 850.6	7.17	5.51	12 188.5	3.65	2.71
1981—1982		84 342.6	5.63		12 260.7	0.59	
1982—1983		86 809.2	2.92		12 949.7	5.62	
1983—1984		93 627.0	7.85		13 171.1	1.71	
1984—1985		97 335.7	3.96		13 429.1	1.96	
1985—1986	“七五”计划时期	101 386.6	4.16	5.66	13 717.9	2.15	3.68
1986—1987		105 761.2	4.31		13 895.8	1.30	
1987—1988		109 499.3	3.53		14 984.6	7.84	
1988—1989		120 624.3	10.16		15 574.5	3.94	
1989—1990		128 022.8	6.13		16 065.9	3.15	
1990—1991	3个年度计划时期	134 788.9	5.29	5.29	15 971.1	-0.59	-0.59
增长率均值/%	—	—	5.56	—	—	2.85	—

数据来源：*Government of India*：*Economic Survey* 相关年份，GDP和人均GDP均以生产要素成本价统计而成，其数值以2004—2005财年为基年消除了价格因素。

20世纪80年代是印度自由化改革初期的10年，印度的产业结构得到进一步调整和优化。农业在国民生产总值中的比重由1980—1981财年的41.2%下降到1989—1990财年的35.2%；同一时期，工业和制造业在国内生产总值中的占比进一步上升，分别为23.0%和25.5%，而服务业上升更快，分别为35.8%和39.3%。服务业中，贸易交通运输与通信上升最快，这与印度在“七五”计划时期大力发展计算机产业有关。

印度自由化改革初期经济增长的主要特点有：第一，同前一阶段相比，经济增长速度明显加快，总量均值和人均值分别高出前一阶段1.75和1.50个百分点；第二，增长波动依然较大，但同前一阶段相比，波动幅度有所放缓；第三，产业结构继续升级和优化，但第三产业同第二产业相比，增幅更大、增速更快，这与“七五”计划时期拉吉夫·甘地政府大力发展信息产业有关。

5.1.3 经济转型时期印度经济加速增长（1992—2007年）

第三阶段始于20世纪90年代初拉奥政府开启的以“自由化、市场化、私有化和全球化”为标志的改革，止于2007年全球金融危机爆发。这一时期是印度自由化改革全面铺开的时期，也是印度经济体制全面转型时期。整个转型阶段持续了15年，其间历经3个五年计划时期，即“八五”计划时期（1992—1997年）、“九五”计划时期（1997—2002年）和“十五”计划时期（2002—2007年）。其中，“八五”计划时期主要是在拉奥政府时期（1992—1996年）完成。“九五”计划时期和“十五”计划时期前两个年度由瓦杰帕伊政府制定并实施，而“十五”计划时期的后三个年度由辛格政府完成。

印度20世纪90年代初深化经济体制改革有其深刻的历史背景。一是“六五”计划和“七五”计划时期积累的巨额财政赤字引发了严重的通货膨胀危机及国际收支恶化和卢比大幅贬值；二是国大党丢失一党独大的领导地位从而导致印度政治形势复杂多变，变中求生存成为各派政治力量的共识；三是东欧剧变引发印度领导人对计划经济的忧虑和反思；四是亚洲四小龙和中国改革开放政策的成功给印度以启示；五是世界新自由主义改革浪潮对印度造成一定冲击。受多重因素的影响，在IMF和世界银行的帮助下，拉奥政府于1992年制定并实施了第八个五年计划。随后，印度连续几届政府以英迪拉·甘地和拉吉夫·甘地政府的改革成就为基础，掀起了印度历史上更大规模的“自由化、私有化、市场化和全球化”改革浪潮，[①][②] 从此之后，印度经济开始真正从混合经济体制向市场经济体制转型和过渡。

“八五”计划目标集中在缓解国际收支危机、促进经济持续高速增长和实现社会公平等3个方面。拉奥政府的主要措施包括：一是大幅降低国营企业在国民经济中的比重，取消国营企业的特殊待遇，放开私人企业经营领域，允许私营企业同国营企业同台参与竞争，全面促经济体制朝以私有经济为主体的混合经济转变；二是废除许可证制度，削减财政赤字，改革税制和金融制度，放开价格管制，全面减少政府对经济活动的干预，促进经济朝市场调节为主导的宏观管理机制转变；三是取消对国外投资的大部分限制，大幅降低进口关税，建立卢比对外汇的浮动汇率机制即实现卢比自由兑换制度，大力发展外向型经济，推动经济全球化。[③]

---

① 参见 *Government of India: Economic Survey, 1998-1999*。

② 参见 *Reserve Bank of India, Annual Report, 1998-1999*。

③ 张淑兰. 印度拉奥政府经济改革研究［M］. 北京：新华出版社，2003：229.

阿约提亚寺庙之争①、曼达尔报告（The Mandal Commission Report）②、国大党内部分裂及社会经济改革的时间差等因素共同作用导致拉奥于1996年下台。拉奥政府虽然没能实现“八五”计划的全部目标，但其大部分目标已经实现。同时，拉奥政府锐意改革的精神对印度后来政府影响深远，随后的德韦·高达（Deve Gowda）联合阵线政府和库马尔·古杰拉尔（Inder Kumar Gujral）政府又继续执行拉奥政府制定的政策。1997年，印度第八个五年计划按时完成，多项宏观经济指标超过预定目标，社会经济获得较快发展。这次以“自由化、私有化、市场化和全球化”为标志的改革，又称拉奥-曼莫汉改革，它是英迪拉·甘地和拉吉夫·甘地两届政府改革的加强版，是对自20世纪80年代以来印度自由化改革的继续、深化和扩大，标志着印度真正实现从中央计划经济向市场经济的过渡，在印度现代经济发展史上具有里程碑意义。

1998年，瓦杰帕伊代表印度人民党建立了印度新的历史时期又一个联合政府。瓦杰帕伊政府继续加速改革的原因是多方面的。第一，拉奥政府改革的成就显著、影响深远，以至于任何后继政府都无法轻易放弃甚至偏离前任政府开辟的改革理念和改革路径；第二，印度人民党联合政府的性质也要求负责组阁的政党必须以改革的空间换取执政的时间；第三，1998年印度核试爆导致多国以联合国名义对其进行经济制裁，新政府急于消除国际社会经济制裁带给印度的深重影响；第四，抵御1997—1998年东南亚金融危机对印度产生的巨大冲击；第五，印度刚刚加入世界贸易组织（WTO）不久，需要改革国内许多经济运行规则以便同国际惯例接轨；等等。正是在上述因素的共同作用下，瓦杰帕伊政府继续加速改革。③

“八五”计划的成功为印度“九五”（1997—2002年）和“十五”（2002—2007年）两个五年计划的顺利实施打下了基础。印度政府通过深入分析国内外经济发展形势，总结“八五”计划的经验和教训，制定了“九五”计划和后来的“十五”计划，“九五”和“十五”两个五年计划的主要发展目标包括：一是优先发展农业和农村以促进就业和消除贫穷；二是促进宏观经济又快又好增长；三是保障全社会特别是弱势群体的粮食供给和食品安全；四是大力推动安全饮用水、基本医疗卫生设施、普及小学教育、环境可持续发展等社会事业发展。为此，瓦杰帕伊政府采取了以下主要举措：成立国家信息产业部，把信息产业作为优先发展的支柱产业；向私营经济出让非战略性产业和公共资产，继续推行国营企业改革；进一步取消对商品的价格管制、放松对

① 阿约提亚为印度北方邦的一个宗教圣地，相传印度教徒曾在此建有罗摩庙以纪念印度教大神罗摩，1528年被穆斯林统治者拆毁后建起了巴布里清真寺，从此两大教派结下宿怨至今达500多年。1992年12月6日，因印度教徒准备在此修建神庙而引发了一场大规模骚乱，此次骚乱引起1150人丧生，4085人受伤，给印度政局造成很大影响。

② 1977年人民党为保护印度表列种姓、表列部落及落后种姓的利益成立了印度历史上第二个落后阶级委员会——曼达尔委员会（The Mandal Commission），该委员会提出的一个报告规定：在中央政府和国营企业为落后种姓保留27%的职位，期限为20年。该报告刚刚提出人民党就下台，随后上台的英迪拉·甘地和拉吉夫·甘地并没有执行。1990年8月7日，辛格政府宣布实施曼达尔委员会报告，引发了一场支持保留政策与反对保留政策的种姓斗争，随后发展成为种姓、种族和教派的暴力事件，并酿成重大伤亡。

③ 王月清．印度瓦杰帕伊政府时期的经济［D］．西安：西北大学，2008：14-18.

进口商品的限制以推动市场化进程；除银行、交通、旅游、通信等领域外，开始较大幅度向外资开放；实行宽松的货币政策；财政方面，增加新的税种，调整税收结构，颁布财政与赤字管理法案；允许私营企业经营农业，允许农产品自由交换，鼓励向农业投资；增加对教育、医疗的预算支出，推行就业保障计划，适当调整印度劳工法；等等。

通过对表 5.4 的数据进行分析可知，经济转型时期印度经济增长已全面提速。全国 GDP 年均增长率从自由化改革初期的 5.56%提升到 6.61%，远远高出混合经济时期 3.81%的增长水平；人均 GDP 年平均增长率上升到 5.00%，比自由化改革初期提高了 2.15 个百分点。上述分析表明，印度经济转型时期，不仅全社会总商品和服务大大增加了，而且人民生活水平也有明显改善。具体而言，“八五”计划时期，印度财政赤字占 GDP 比重从 1990 年的 8.5%下降 1993 年的 5.7%，表明财政形势好转；外汇储备的增加缓解了困扰印度的国际收支危机；GDP 年均增长率高达 6.54%，人均 GDP 增长率提高到 4.21%，表明印度经济的基本面已明显改善。“九五”计划和“十五”计划时期，印度虽然经受亚洲金融危机、国际社会的经济制裁、“9·11”恐怖事件及 2002—2003 财年自然灾害的影响和冲击，但全国 GDP 增长率除 1997—1998 财年、2000—2001 财年、2002—2003 财年和 2004—2005 财年有所下降外，其余财年均获得较快增长，经济结构也有明显改善，特别是软件产业、医药产业、生物技术等取得瞩目成就。

表 5.4　印度“八五”计划时期至“十五”计划时期 GDP、人均 GDP 及其增长率

财年	计划期	全国 GDP/亿卢比	全国 GDP 增长率/%	计划期 GDP 增长率/%	人均 GDP/卢比	财年人均 GDP 增长率/%	计划期人均 GDP 增长率/%
1992—1993	“八五”计划时期	144 050.4	5.36	6.54	17 067.0	3.31	4.21
1993—1994		152 234.4	5.68		17 799.0	4.29	
1994—1995		161 969.4	6.39		18 725.2	5.20	
1995—1996		173 774.1	7.29		19 834.1	5.92	
1996—1997		187 631.9	7.97		20 300.8	2.35	
1997—1998	“九五”计划时期	195 703.2	4.30	5.70	21 238.9	4.62	3.71
1998—1999		208 782.8	6.68		22 526.8	6.06	
1999—2000		225 494.2	8.00		23 047.2	2.31	
2000—2001		234 848.1	4.15		23 797.9	3.26	
2001—2002		247 496.2	5.39		24 346.3	2.30	
2002—2003	“十五”计划时期	257 093.5	3.88	7.59	25 892.8	6.35	7.06
2003—2004		277 574.9	7.97		27 285.9	5.38	
2004—2005		297 146.4	7.05		29 412.7	7.79	
2005—2006		325 307.3	9.48		31 767.6	8.01	
2006—2007		356 436.4	9.57		34 240.6	7.78	
增长率均值/%	—	—	6.61	—	—	5.00	—

数据来源：*Government of India*：*Economic Survey* 相关年份，GDP 和人均 GDP 均以生产要素成本价统计而成，其数值以 2004—2005 财年为基年消除了价格因素。

这一时期，印度产业结构得到进一步优化。第一产业在国民生产总值中的比重1990—1991财年为33%，2007—2008财年已经大幅下降到19.3%。同一时期，第二产业即工业和制造业，从24.1%上升到26.3%，第三产业从42.9%上升到54.4%。从中也可以看出，在印度经济发展过程中，服务业对农业的替代程度比工业对农业的替代程度要高得多，反映了印度政府在选择经济发展模式时存在的服务业优先的倾向。

总体来看，自由化改革深化时期印度经济增长的主要特征包括：一是经济增长明显提速，已进入良性循环的上升通道；二是波动依然存在但振动幅度已经大大减弱；三是产业结构进一步优化和升级，服务业得到井喷式增长；四是经济运行的基本面已获得显著改善。如果说自由化改革初期印度经济增长还可能出现“印度教徒式增长”反复的话，经历经济转型时期的快速发展之后，印度经济已彻底告别了“印度教徒式增长”时代，这在一定程度上表明了印度经济起飞已经具备了坚实的基础。当然，印度经济也暴露出一些问题和不足，例如，服务发展过快致使工业、制造业、基础设施和城市化发展滞后，这些矛盾日渐成为制约印度经济进一步增长的瓶颈。

5.1.4 后危机时代印度经济短期小幅调整后止跌回升（2007—2017年）

这一阶段开始于2007年美国爆发次贷危机。其间，2007年4月至2014年4月为辛格代表印度国大党执政，2014年4月至今为莫迪代表印度人民党执政。这一阶段印度政府制定并实施了第十一个五年计划（2007—2012年）和第十二个五年计划（2012—2017年）。

2007年全球金融危机重创世界经济，印度作为新兴发展中国家自然也没能幸免。主要表现在：一是金融市场遭到冲击，金融资产缩水、股票市场下跌、卢比贬值等；二是实体经济也受到影响，如对外出口急速下降，利用外资减少，零售业萎缩，制造业、建筑业和冶金产业出现衰退等。为了把金融危机的冲击影响降到最小，辛格和莫迪先后两届政府采取了系列治理危机的对策和举措。前一届政府的举措主要有：降低现金准备率、联邦储备银行再贴现率、银行利率和银行法定流动比率的宽松货币政策等缓解了市场流动性的紧张局面；追加财政预算支出、全面削减联邦消费税，对出口企业进行补贴或退税等宽松财政政策，以刺激投资和增加就业；此外，还大力支持房地产和纺织业发展，加大对基础设施建设的投资力度等。2014年5月组阁的莫迪政府再次大刀阔斧掀起印度改革浪潮。新总理以改进政府工作效率、大力推动基础设施建设、决心振兴印度制造业、改革土地征收制度、重新修订印度劳工法案、改革印度税收体制等举措为印度经济增长带来新的预期。3年多来，莫迪政府所采取的新举措已获得初步成效，2014—2015财年印度GDP增速高达7.42%，超过中国成为全球主要经济体增长最快的国家。由于印度属于典型的内需拉动型国家，储蓄和投资基本上维持在30%以下，而居民却始终保持了较高的消费水平，① 印度对外贸易、资金和资源的依存

① 文富德．金融危机后的印度经济发展前景［J］．南亚研究季刊，2011（1）：39-45.

度较低，对世界经济波动也具有防火墙作用，加之上述合理而及时的政策和措施，尽管危机前印度宏观经济快速增长的良好势头有所减弱，但同其他国家相比和从整体上来看，印度经济遭受全球金融危机冲击的影响还是较小，在经历短期调整后就开始止跌回升。

从表 5.5 可以看出，“十一五”计划时期，全国 GDP 年均增长率仍然高达 8.05%，人均 GDP 增长率也保持了年均 5.65%的较高速度。“十二五”计划时期，前期受欧洲主权债务的影响、后期受美国退出量化宽松政策的冲击，经济增长有所放缓，但 2014—2015 财年、2015—2016 财年印度经济企稳回升，GDP 增速一度超过中国，成为全球主要经济体增速最快的国家。

表 5.5 印度“十一五”计划时期至“十二五”计划时期 GDP、人均 GDP 及其增长率

财年	计划期	全国 GDP/亿卢比	全国 GDP 增长率/%	计划期 GDP 增长率/%	人均 GDP/卢比	财年人均 GDP 增长率/%	计划期人均 GDP 增长率/%
2007—2008	“十一五”计划时期	389 663.6	9.32	8.05	36 037.3	5.25	5.65
2008—2009		415 867.6	6.72		38 599.0	7.11	
2009—2010		451 607.1	8.59		41 471.3	7.44	
2010—2011		491 853.3	8.91		43 657.1	5.27	
2011—2012		524 753.0	6.69		45 046.1	3.18	
2012—2013	“十二五”计划时期	548 211.1	4.47	6.14	46 567.5	3.38	4.20
2013—2014		574 179.1	4.74		48 365.2	3.86	
2014—2015		6 166 683.5	7.42		50 412.4	4.23	
2015—2016		6 647 684.9	7.91		53 096.5	5.32	
增长率均值/%	—	—	7.20	—	—	5.00	—

数据来源：*Government of India*：*Economic Survey* 相关年份，GDP 和人均 GDP 均以生产要素成本价统计而成，其数值以 2004—2005 财年为基年消除了价格因素。

后危机时代印度经济的主要特点包括：一是受危机冲击，经济增长曾偏离正常轨道，但经历短期调整后就立即恢复正轨；二是工业、制造业、基础设施等制约经济增长的短板在新一轮增长中正逐渐得以加速弥补；三是随着印度经济国际化程度的加深，世界经济发展的不确定性带给印度经济增长的外部压力将持续增加。

5.2 独立以来印度财政支出规模演变及其对经济增长的影响

印度的财政支出水平和模式在国家独立以前主要受制于英国的殖民统治政策。独立后，无论是从内涵还是外延来看，印度政府的职能都已经得到大大拓展。国防、社会治安、基础设施、经济增长、农业、教育、医疗、社会保障和社会福利等领域赋予了政府崭新的职能。特别是印度政府开始实施计划经济以后，构建以国营经济为核心的国民经济体系成为政府的重要职能。赋予政府政治、经济与社会职能越多，政府的财政支出规模扩张就越快。此外，导致印度政府财政支出进一步扩大的原因还有很多，如人口快速增长、城市化的推进、通货膨胀导致公务成本增加和以税收为主的政府收入减少、政府债务引起债务利息支出增加、各种类型的财政补贴支出增加、区域大国战略导致军费支出增加等。

5.2.1　印度财政支出规模及对经济增长的影响：基于财政年度的考察

从表 5.6 可知，一方面，以 2004—2005 财年不变价格计算，1950—1951 财年印度财政支出为 2517.7 亿卢比，2015—2016 财年增加到 200 414.1 亿卢比，增长了 79 倍，年均增速高达 6.86%，表明印度财政支出自独立以来保持了增长态势；另一方面，同期 GDP 从 27 961.8 亿卢比增长到 665 570.7 亿卢比，年均增长 4.92%，表明经济增长同财政支出具有一定同步效应。其次，财政支出占 GDP 的比重在 1980 年前的 30 年中从 9.0%升高到 24.2%，同期经济增长率仅为 3.5%；而在 1980 年后的 35 年里，从 24.2%升到 30.1%，同时期经济增长率为 6.5%，这表明计划经济时期财政支出增长虽然较快但规模较小，因此对经济增长的促进作用也相对较小，而自由化改革初期、经济转型时期和后危机时期，财政支出增幅虽然较慢但规模相对较大，因此印度财政支出对其经济增长的促进作用也相对较大。最后，总体上看，20 世纪 80 年代之前，财政支出规模增长较快，而从 80 年代开始，支出规模的增长速度明显放缓，这也表明 80 年代之前印度财政支出重在总量管理，即随着财政支出规模的不断扩大，其产出效应也越来越明显。

表 5.6　印度财政支出规模演变和经济增长趋势（2004—2005 财年不变价格）

财年	GDP/亿卢比	GDP 增长率/%	财政支出规模/亿卢比	财政支出增长率/%	财政支出占 GDP 的比重/%
1950—1951	27 961.8	2.1	2 517.7	12.0	9.0
1960—1961	41 027.9	7.1	6 358.1	7.5	15.5
1970—1971	58 978.7	5.0	10 129.0	12.3	17.2
1980—1981	79 850.6	7.2	19 354.2	9.7	24.2
1985—1986	101 386.6	4.2	27 521.4	6.3	27.1
1990—1991	134 788.9	5.3	36 300.0	0.7	26.9
2001—2002	247 496.2	5.4	66 079.0	7.6	26.7
2007—2008	389 663.6	9.3	105 910.6	7.6	27.2
2008—2009	415 867.6	6.7	118 667.8	12.0	28.5
2010—2011	491 853.3	8.9	143 163.7	6.7	29.1
2011—2012	524 753.0	6.7	147 555.3	3.1	28.1
2012—2013	548 211.1	4.5	160 083.1	8.5	29.2
2013—2014	574 179.1	4.7	175 830.9	9.8	30.6
2014—2015	616 783.2	7.4	189 554.0	7.8	30.7

续表

财年	GDP/亿卢比	GDP 增长率/%	财政支出规模/亿卢比	财政支出增长率/%	财政支出占GDP 的比重/%
2015—2016	665 570.7	7.9	200 414.1	5.7	30.1
年均增长率/%	—	4.92	—	6.86	—

数据来源：*Government of India*：*Economy Survey 2014-15*：*Statistical Appendix*，A11；*Indian Public Finance Statistics 2014-15* 表 1.1 和表 1.9 及相关数据计算所得。

5.2.2 印度财政支出规模及对经济增长的影响：基于经济发展计划的考察

针对历次五年计划的具体目标和任务，印度历届政府均安排了相应支出预算为经济计划的实施提供财政资金保障。因此，从经济计划角度进行探讨更能揭示印度财政支出状况的变化规律及财政支出规模与经济增长之间的内在联系。

独立至今印度历次五年计划的财政支出规模和经济增长率总体上均呈现出不断上升的趋势（图 5.1）。从“一五”计划时期到“五五”计划时期，印度财政支出占 GDP 的比重分别为 10.56%、14.67%、18.16%、17.86%和 20.96%，虽然总体呈上升态势但其规模较小，均还维持在 20%以下的较低水平上；此外，“一五”计划到“五五”计划时期，印度经济增长率水平也较低，分别为 3.61%、4.27%、2.84%、3.35%和 4.88%，均未超过 5%的水平。由此不难发现，这一时期财政支出对经济增长的促进作用还不很显著，而出现这种状况的根本原因可能在于财政支出规模较小无法充分发挥其规模效应。

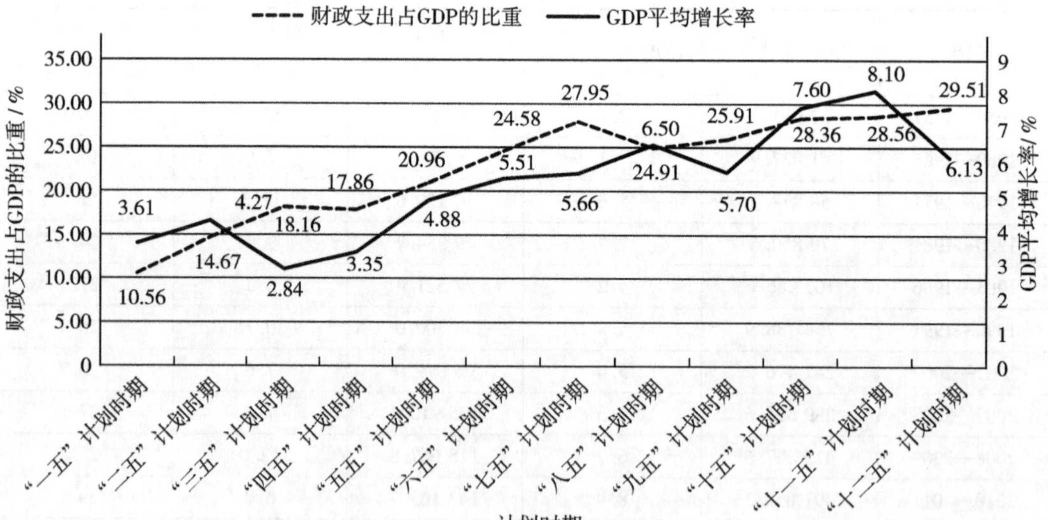

图 5.1 印度历次五年计划财政支出规模和经济增长变化趋势

（数据来源：GDP 数据来源于 *Government of India*：*Indian Public Finance Statistics*，GDP 缩减指数来源于世界银行网站，“十二五”计划时期仅统计 2012—2016 前四个财年；1966—1969 年、1979—1980 年、1990—1992 年财政支出占 GDP 比重分别为 17.74%、26.65%和 25.73%）

"六五"计划和"七五"计划时期是印度开启自由化改革的初期，财政投入占GDP比重从24.58%上升到27.95%，支出规模持续扩大。"八五"计划时期印度全面开始向市场经济体制过渡，迫于国际支付危机的影响，印度政府适当控制了财政支出规模，其占比从"七五"计划时期的27.95%下降到24.91%。为进一步促进经济增长，"九五"计划和"十五"计划时期印度政府再次提高了财政支出规模，二者占GDP的比重分别达到25.91%和28.36%。2007年美国次贷危机发生后，为应对危机冲击，印度政府立马采取了减少或免除税收、增加财政支出的扩张性财政政策。由于财政支出已经在高位运行，因此"十一五"计划时期的支出占GDP比重仅为28.56%，同"十五"计划时期相比，增幅不大。这一趋势一直延续到"十二五"计划时期，财政支出占比上升到29.51%。目前，印度财政支出规模高达30%，这个水平已达到或接近欧美等发达国家的水平。再从经济增长态势来看，从"六五"计划时期开始，印度GDP增长率也基本上处于上升趋势，而且均超过5%的水平，即使"九五"计划时期有所回调，但也达到了5.70%的较高水平。据此我们可以判断，从"六五"计划时期开始，印度财政支出基本维持在25%~30%的水平，从某种程度上说，这种较高的财政支出规模正是推动印度经济较快增长的重要原因。

进一步观察图5.1还可以发现，独立以来印度财政支出规模急速拉升有三次、快速下降有两次。其中，两次拉升和一次下降发生在20世纪90年代自由化深化改革之前，开启自由化深化改革后印度财政支出规模拉升和下降各发生一次。①印度财政支出占比从"一五"计划时期的10.56%拉升至"三五"计划时期的18.16%。"一五"计划时期，财政支出旨在迅速恢复国民经济、发展农业以解决吃饭问题和维护社会稳定，因此财政支出方向单一、支出规模不大，但"二五"计划和"三五"计划时期，财政支出目标已转移到重化工业和电力、交通等基础工业上，在私人储蓄和资本积累严重奇缺的条件下，政府只有动用公共储蓄手段，这是这一时期财政支出规模迅速扩大的根本原因。②财政支出从"四五"计划时期的17.86%拉升至"七五"计划时期的27.95%。为了迅速建立国民经济基础，加速经济增长，印度政府在"五五"计划时期到"七五"计划时期，进一步在农业基础设施、工业、矿业、医药生物产业、交通运输业、能源重化工业及信息技术产业等多个领域加大了公共投资力度。财政支出比重从20.96%抬升至27.95%。③"八五"计划时期，受政府债务的拖累，印度财政支出占GDP比重仅为24.91%，但随着国债约束机制和监管机制的建立和完善，债务水平有所下降。2007年金融危机发生前，为迅速促进经济增长，瓦杰帕伊政府和辛格政府都加大了财政投入力度；金融危机发生后，为稳定增长、抵御危机的冲击，辛格政府和莫迪政府继续推行扩张性财政支出政策，财政支出占比从"八五"计划时期的24.91%上升到"十二五"计划时期的29.51%。如果把财政支出变化趋势与经济增长趋势结合起来观察还能发现，遭遇国民经济比重严重失调的"三五"计划、受1998年东南亚金融危机冲击的"九五"计划及受2007年全球金融危机冲击的"十二五"计划3个时期，印度经济增长趋势同财政支出规模变化趋势发生背离，除此以外，其他五年计划时期经济增长上升趋势与财政支出规模上升趋势具有高度的一致性和同步性，这已在一定程度上说明了印度财政支出与印度经济增长之间存在较强的相关性。

支出规模第一次急速下降发生在“四五”计划时期。鉴于“二五”计划和“三五”计划时期国家优先发展重化工业的战略导致经济出现严峻困境，“四五”计划时期政府把发展战略调整为稳定经济增长和自力更生，减少了对工业、交通运输等领域的支出，加大了对农业、灌溉和能源建设的投入，从而从总体上压缩了公共开支，“三五”计划时期印度财政支出的规模为18.16%，“四五”计划时期支出规模有小幅下降，为17.86%，这对印度经济增长的影响不大。第二次下降发生在“八五”计划时期。随着国防支出、债务利息支出、补贴和对各邦援助的增加，印度政府的财政负担越来越大，加之1986年外贸体制改革加剧了外贸逆差，二者共同催生了1991年国际收支危机的爆发。鉴于危机的严重影响，“八五”计划时期，印度政府压缩了财政支出规模，财政支出占GDP比重从“七五”计划时期的27.95%下降到“八五”计划时期的24.91%，下降幅度高达3个百分点，虽然“九五”计划时期GDP平均增长率下降到5.70%的主要原因在于东南亚金融危机的冲击，但与印度“八五”计划时期财政支出大幅减少也不无关系。

此外，对不同经济计划时期印度财政支出增长的速度进行考察后发现，虽然从“一五”计划到“十二五”计划时期，支出规模总体上处在上升通道中，但根据增长速度又可以分为迅速增长和受控增长前后两个阶段，分别呈现出不同的特点。“七五”计划时期支出规模为27.95%，同“一五”计划时期10.56%的支出水平相比，增长了17.39个百分点；而“十二五”计划时期，支出水平为29.51%，同“七五”计划时期27.95%的水平相比，只增长了1.56个百分点，其增幅远远低于前一阶段。这充分表明印度自独立以来到20世纪90年代初，即从“一五”计划到“七五”计划时期为迅速增长期，政府财政支出管理的主要特征表现为总量管理，即财政政策的重心主要在于如何增加财政收入以满足日益扩大的财政支出需求。尽管“六五”计划和“七五”计划时期政府财政支出结构也有变化，但却表现为国防、债务利息和粮食与化肥补贴等项目支出的增加，同时这也并不是政府以提升公共资源效率主动而为之。90年代以后，尽管政府财政支出规模依然在扩大，但迫于财政支出占GDP比重已接近30%的较高水平，支出提升幅度已大大放缓，为支出受控增长期。因此，90年代以来印度财政支出总量管理特征已经在弱化，而结构管理和绩效管理的特征在增强（参见5.3和5.4节的内容），政府关注的焦点不再是提高财政收入水平以满足财政支出之需，而是出于满足或提升资源配置效率，或调控宏观经济，或促进社会发展等目标需要对财政支出结构进行改变或调整。

5.2.3 印度财政支出规模及对经济增长的影响：基于国际比较视角的考察

一般而言，发达国家的财政支出往往要经过急速增长与相对放缓前后两个阶段。观察表5.7可以发现，第一次世界大战之前，西方发达国家的财政支出规模均在20%以下，英国、瑞典等个别国家的财政支出规模甚至还不到10%。但第二次世界大战之后，特别是20世纪50—70年代，西方主要发达国家的财政支出迅速从20%飙升至40%左右，众所周知，这一时期正是资本主义国家经济发展的“黄金时期”。70年代以来，各个国家支出规模虽有所增长，但其增速已明显放缓，甚至个别国家支出规模出现负增长趋势，支出水平大体上维持在45%~55%，各国财政支出已进入受控阶段。从印度财政支出的情况来看，一是同西方发达国家相比，印度财政支出表现出了经济发展阶段的显著性差异，因此不难预测，随着经济的进一步发展，印度财政支出规模也会进一步扩大；二是20世纪90年代以前，印度财政支出处于迅速增长的阶段，90年代以后已进入支出规模受控增长的阶段；三是当前印度的财政支出水平仅处于30%的水平，但随着公共资金的产出效率进一步提高，印度财政支出规模还有较大提升空间。

表5.7 印度财政支出规模的国际比较（占GDP比重）

单位：%

国别	年份										
	1880	1913	1929	1950	1960	1974	1987	1996	2000	2005	2010	2015
加拿大	—	—	—	24	29	38	47	47	39.8	39.3	39.8	40.2
法国	35	9	19	28	35	39	51	55	46.7	54.4	52.6	55.1
德国	10	18	31	30	32	45	47	50	29.7	46.8	44.2	41.2
日本	11	14	19	20	18	25	33	37	34.0	36.9	35.7	37.3
瑞典	6	6	8	16	31	48	59	65	36.3	56.4	53.1	54.6
美国	10	13	24	34	32	45	43	43	36.5	45.1	35.8	36.1
英国	8	8	10	22	27	32	36	35	29.4	31.1	32.4	33.1
印度	—	—	—	9	15.5	18.1	28.3	23.5	26.2	27.1	29.1	29.8
中国	—	—	—	—	—	—	20.6	11.2	20.5	18.5	22.5	26.0

数据来源：世界银行网站（http://www.worldbank.org/）和相关国家财政统计年鉴。

5.3 独立以来印度财政支出结构演变及对经济增长的影响

通常印度官方对政府财政支出同时采用多种分类方法。从各类统计报告或年鉴可以看出，中央支出与地方支出、经常性支出和资本性支出、发展性支出与非发展性支出、计划性支出与非计划性支出等是最常见的分类结果。另外，在上述各种分类中又按照功能分类法把财政支出为分债务利息支出、国防支出、养老服务支出、行政管理支出、经济服务支出、教育服务支出、财政补贴支出、医疗服务支出。本节分别按照以上分类方法对不同结构的印度财政支出的变化趋势及其与经济增长的关系进行探讨。

5.3.1 财政支出结构的演变与经济增长：中央政府支出与各邦政府支出

表5.8呈现的是独立以来印度联邦中央政府和各邦政府在财政总支出中和经常性支出中各自所占的比重。数据显示出以下几个特征：第一，自独立以来，无论经常性财政支出还是财政总支出，联邦中央政府支出呈上升趋势，各邦政府支出呈下降趋势，特别是21世纪之初以来的第十一、第十二、第十三届财政委员会时期，这种变化趋势越来越明显。第二，无论是联邦中央政府支出比重上升还是各邦政府支出比重下降，其幅度都非常小。第一届财政委员会时期，联邦中央支出在总支出和经常性支出中的比重分别为43.83%和40.77%，第十三届财政委员会时期分别上升到46.64%和47.16%，两者变动分别仅为2.81和6.39个百分点，表明联邦中央和各邦政府在财政总支出和经常性支出中的份额处于相对稳定状态。第三，尽管联邦中央在两种支出中的比重均有所上升，但仍然小于各邦政府在两种支出上的份额。第四，鉴于印度中央政府对各邦政府税收分成和赠款的不断增加，中央政府的实际支出在下降，而各邦政府的实际支出在上升。

表5.8 独立以来印度中央政府与各邦政府财政支出比重①

历届财政委员会	财政总支出/%		经常性支出/%	
	中央	各邦	中央	各邦
第一届财政委员会（1952年4月—1957年3月）	43.83	56.17	40.77	59.23
第二届财政委员会（1957年4月—1962年3月）	49.47	50.53	41.83	58.17
第三届财政委员会（1962年4月—1966年3月）	50.51	49.49	46.1	53.9
第四届财政委员会（1966年4月—1969年3月）	47.69	52.31	41.77	58.23
第五届财政委员会（1969年4月—1974年3月）	43.14	56.86	40.00	60.00
第六届财政委员会（1974年4月—1979年3月）	47.35	52.65	44.19	55.81
第七届财政委员会（1979年4月—1984年3月）	44.79	55.21	41.98	58.02
第八届财政委员会（1984年4月—1989年3月）	47.86	52.14	44.22	55.78
第九届财政委员会（1990年4月—1995年3月）	45.58	54.42	43.45	56.55
第十届财政委员会（1995年4月—2000年3月）	43.35	56.65	43.18	56.82
第十一届财政委员会（2000年4月—2005年3月）	43.77	56.23	44.03	55.97

① 表5.8中联邦中央和各邦政府数据为最终真实支出数据，即联邦中央财政支出不包括向各邦政府的赠款支出，而地方各邦政府的财政支出是基于获得联邦中央赠款后的支出额。

续表

历届财政委员会	财政总支出/%		经常性支出/%	
	中央	各邦	中央	各邦
第十二届财政委员会（2005 年 4 月—2010 年 3 月）	46.08	53.92	47.59	52.41
第十三届财政委员会（2010 年 4 月—2015 年 3 月）	46.64	53.36	47.16	52.84
均值	46.16	53.84	43.56	56.44

数据来源：The Finance Ministry, *Government of India*: *Report of the Fourteenth Finance Commission*（*2010—2015*），第 54 页。

印度联邦中央政府与各邦政府在财政总支出和经常性支出中处于相对均衡状态有其深刻原因。如前文所述，据印度宪法规定，印度财政实行联邦分税制。联邦中央除负责国防与安全外主要负责中央本级政府管理费用支出、债务利息支出及粮食补贴等，其职能相对有限；相反，地方各邦政府主要负责本级政府行政管理、教育、医疗、公共安全、社会保障与救济、经济服务等直接关系到人民生活的大量重要事务，较之中央政府，地方各邦政府职能较多。但从财权划分来看，联邦中央享有弹性较大的主要税种收入，而各邦政府仅拥有弹性较小税种的征税权。为弥补各邦政府收入与支出的缺口，联邦中央便以税收分成、捐赠和贷款等方式向各邦提供援助。这种分权体制大大加强了联邦中央政府对地方各邦的控制，也有助于中央从横向和纵向对公共资源进行调控。但是，财权和事权的不对等恶化了地方财政状况，严重挫伤了地方政府发展社会事业、促进经济增长的积极性，不利于公共资源的配置效率和管理效率的提升。"强中央、弱省邦"的分权分税格局客观上向联邦中央提出了两个基本要求：第一，加大对各邦政府的财政转移支付力度。从实际情况来看，"一五"计划、"二五"计划、"三五"计划、"七五"计划时期，印度联邦中央给地方邦政府的转移支付占地方政府总财政资源的比重分别为 36%、42%、43%和 45%，目前仍然保持在一半左右。第二，提高在财政总支出和经常性支出中的相对比重，但印度宪法赋予中央政府的职能本身就不多，所以联邦政府支出增加又比较缓慢。

5.3.2 财政支出结构的演变与经济增长：经常性支出与资本性支出

按照印度宪法规定，政府预算支出分为经常性支出和资本性支出。经常性支出，又称国库支出，主要包括国防、债务利息、补贴、行政管理、教育、医疗、养老服务、工业与矿业、交通运输与通信等多项支出，其中，国防支出、债务利息支出和补贴（粮食与化肥）3 项占经济性支出的比重通常在 70%以上。在统计上，印度经常性总支出是指中央和各邦经常性支出之和扣除中央对各邦的转移支付和各邦给中央的债务利息支出的余额。印度资本性支出通常由国防支出、对国营企业的贷款、中央政府计划性支出、中央对各邦政府的援助等项目构成。

观察图 5.2 发现，独立之初，印度经常性支出占比较大，而资本性支出占比相对较小。1950—1951财年，印度经常性支出占财政总支出比重高达81.1%，而资本性支出占总支出仅为18.9%。不过这种趋势随后开始逆转，经常性支出下降、资本性支出上升。1951—1952财年，印度经常性支出占比下降到73%，资本性支出上升到27%，并且这一逆转趋势一直延续到20世纪50年代末，之后经常性支出占比基本维持在65%、资本性支出维持在35%的水平，直至60年代晚些时候。资本性支出占财政支出比重最高出现在1957—1958财年，峰值为38.90%，1964—1965财年达38.03%，仅次于峰值水平。从60年代中后期开始到70年代初，印度资本性支出急速下降，而经常性支出快速上升。1966—1967财年，经常性支出占比为62.36%、资本性支出占比为37.64%，而1973—1974财年，经常性支出占比迅速上升至75.57%，资本性支出占比下降到24.43%。70年代中后期到80年代初，经常性支出占比有所下降、资本性支出占比有所上升，但变动幅度不大。从那以后，资本性支出持续下滑、经常性支出持续上升，直至90年代初。从90年代以来至今，印度经常性支出基本上维持在80%以上，而资本性支出仅维持在20%以下，2000—2001财年，经常性支出占总支出比重高达88.84%，资本性支出占比仅为11%，2015—2016财年，前者依然高达83%，而资本性支出仅占17%左右。

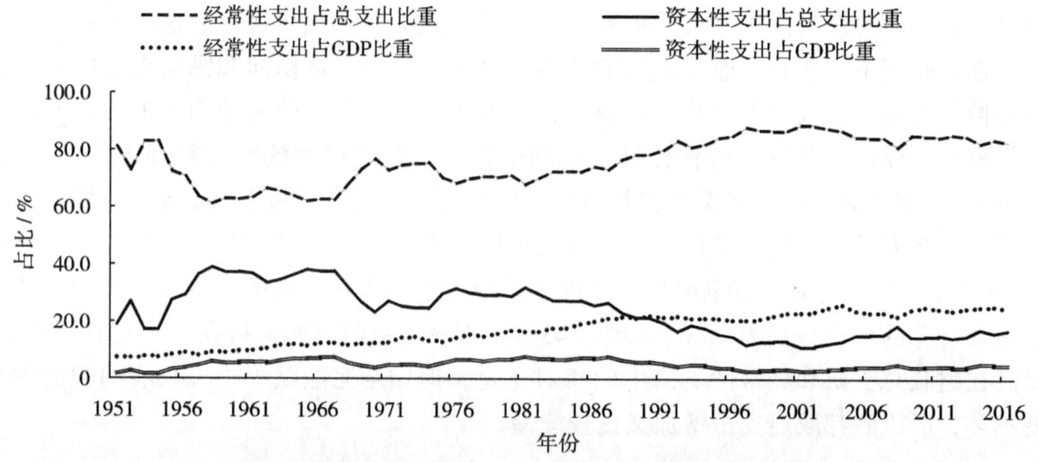

图5.2　独立以来印度经常性支出与资本性支出变化趋势

（数据来源：GDP数据来源于 *Government of India*：*Economy Survey 2014-15*：*Statistical Appendix*，A11；财政支出数据来源于 *Indian Public Finance Statistics 2014-15* 表1.1和表1.9及相关数据并以世界银行公布的印度2004—2005财年不变价格计算而成）

再从经常性支出和资本性支出占GDP比重来看，自独立以来，前者持续上升，而后者持续下降。1950—1951财年、1960—1961财年、1970—1971财年、1990—1991财年、2000—2001财年和2010—2011财年印度经常性支出占GDP比重分别为7.3%、9.8%、12.5%、19.7%、23.23%和24.62%，70年代和90年代上升幅度最大、最显著（图5.2）。不难发现，“三五”计划和“七五”计划两个时期是印度财政支出增长最快的两个时期。可见，印度财政支出规模扩大的主要原因是经常性支出的增加，而资本性支出对增加财政支出水平的作用不大。从1996—1997财年以后，印度经常性支出占GDP比重基本维持在21%以上，此后，印度经常性支出占GDP比重急剧增长，其原因在于政府公务员薪酬的增加和政府债务利息负担加重。而资本性支出占GDP比重又回到20世纪50年代的水平。

从总趋势来看，独立以来印度资本性支出呈下滑态势，经常性支出则呈上升态势。从某种程度来说，印度财政支出出现这种变化趋势的原因主要在于：一是政府多年来积累的巨额债务引起债务利息支出持续增加；二是历届政府增加粮食、化肥和能源补贴进一步恶化了印度财政支出状况；三是政府长期为公务人员加薪和提高养老金标准加大了支出负担；四是印度国防支出虽从80年代中期开始有所下降，但所腾出的资源还无法满足其他经常性支出项目的增长需求；五是政府行政管理支出的持续增长。多种因素相互作用共同引起经常性支出不断增加，从而挤占了有限公共资源，压缩了资本性支出的规模。

大量文献和相关经济理论认为，资本性支出有助累积性公共资本的形成，对推动一国长期经济的增长有利，而经常性支出由于无法形成累积性资本，仅有助于一国短期或当期经济增长。独立以来，印度财政支出中由于债务利息支出、财政补贴等非资本性支出从20世纪80年代初期开始逐年增长，国际支出虽有所下降，但整个经常性支出却处于扩大而不是缩小态势，特别是在2003年政府颁布财政预算与赤字管理法案以来，为了缩减财政赤字而压缩财政支出，首先减少的就是资本性支出，这在一定程度上不利于印度经济增长。

5.3.3 财政支出结构的演变与经济增长：计划性支出与非计划性支出

印度政府财政支出采用计划性支出和非计划性支出的分类方法始于1987—1988财年的财政预算。计划性支出通常同生产性支出相关且最终形成资产，并对一国经济增长具有直接促进作用，一般包括电力发展、灌溉与农业发展、道路桥梁运河建设、教育、科学技术发展、环境治理等支出等；非计划性支出属于非生产性支出，一般不形成资产，主要包括国防、债务利息、补贴（粮食和化肥）、政府公务员薪酬、对各邦（中央直辖区）的援助、养老、公共安全、各部门经济服务、征税费用等支出。

从表5.9可以看出，印度计划性支出和非计划性支出均呈现出增长趋势，但是，计划性支出增长率与非计划性支出相比明显较低，这导致了计划性支出在总支出中的比重下降。1979—1980财年，计划性支出为718.9亿卢比，2014—2015财年增长到57 500亿卢比，增长了79倍；但同一时期，非计划性支出分别为1059.8亿卢比和121 989.2亿卢比，增长了114倍。这反映了印度非计划性财政支出增长速度快于计划性财政支出增长速度。同时，计划性支出和非计划性支出二者占财政总支出比重的变化趋势更直接反映了这一特征。1979—1980财年，计划性支出所占财政总支出的比重为40.4%，“六五”计划时期降到39.8%，“七五”计划时期进一步下降至33.9%，

2000—2001财年降至谷底25.4%。与此相反，非计划性支出所占比重不断上升，从1979—1980财年的59.6%上升到"六五"计划时期的60.2%，"七五"计划时期进一步上升到66.1%，2000—2001财年升至峰值74.6%。

表5.9 印度中央政府计划支出、非计划支出及其占GDP和总支出的比重（当期价格）

项目	1979—1980财年	"六五"计划时期	"七五"计划时期	1990—1991财年	1995—1996财年	2000—2001财年	2005—2006财年	2007—2008财年	2010—2011财年	2014—2015财年
计划支出/亿卢比	718.9	6180.1	12 073.0	2836.5	4737.8	8266.9	14 063.8	20 508.2	37 902.9	57 500.0
非计划支出/亿卢比	1059.8	9349.1	23 513.1	7693.3	11 336.1	24 292.3	36 548.5	50 758.9	81 829.8	121 989.2
计划支出占GDP比重/%	4.7	4.8	5.1	5.3	4.6	3.9	3.9	4.1	4.9	4.5
非计划支出占GDP比重/%	12.4	13.1	13.4	14.4	10.9	11.5	10.2	10.2	10.5	9.5
计划支出占支出总额比重/%	40.4	39.8	33.9	26.9	29.5	25.4	27.8	28.8	31.7	32.0
非计划支出占支出总额比重/%	59.6	60.2	66.1	73.1	70.5	74.6	72.2	71.2	68.3	68.0

数据来源：*Government of India*：*Economy Survey 1994-95*，第15页；*Government of India*：*Economy Survey 2003-04*，表2.2；*Government of India*：*Economy Survey 2007-08*，表3.2；*Government of India*：*Economy Survey 2014-15*：*Statistical Appendix*，A50。表中1979—1980财年、"六五"计划时期、"七五"计划时期数据是依据基础数据编制而成。

印度财政支出结构之所以出现这一特征，根本原因仍然在于债务利息支出、补贴（粮食和化肥）、政府公务员薪酬等非生产性财政支出增长过快、国防支出过多等因素挤占了有限的公共资源，从而不仅不能为电力发展、灌溉与农业发展、道路桥梁运河建设、教育与科技发展、环境治理、工业与矿业发展等计划项目提供更多资金保障，反而还压缩了这些计划项目的发展空间。这在某种程度上反映了印度政府所追寻的政策目标主要还是在于维持政府的常规性运转，在政府收入受到极大限制的条件下，能够用于计划性支出的公共资源无法满足计划发展的需求，即政府以计划性发展为代价换取非计划性支出的增长，从而导致非计划性支出的迅速膨胀，这种支出格局不利于推动印度经济增长。

5.3.4 财政支出结构的演变与经济增长：发展性支出与非发展性支出

印度中央和各邦政府财政预算均包括发展性支出和非发展性支出两大类。发展性支出是指跟经济发展直接关联的财政支出项目，包括经常账户和资本账户，经常账户的发展性支出由社会和社区服务、经济服务和对各邦和联邦特区的援助组成，其中最大支出项是经济服务，主要包括农业支出和相关服务、工业和矿产、水电开发、交通运输、铁路、邮政、电报等支出；资本账户的发展性支出主要由对各邦或联邦特区的贷款或预付款、用于社会社区发展的贷款、用于经济服务的贷款等。非发展性支出是指维护政府正常运行所必需的财政支出项目，同样，非发展性支出也包括经常账户和资本账户。经常账户的非发展性支出主要包括财政服务、债务利息支出、粮食补贴、行政管理、国防服务等组成的一般服务及对各邦、联邦特区或其他国家的援助等；资本账户的非发展性支出包括对各邦、联邦特区或其他国家的贷款等，最大的非发展性支出项目是债务利息支出和国防支出。[①] 简言之，发展性支出主要由铁路、邮政与通信、教育、医疗、科研、住房、城市发展、劳动与就业、雇员福利、农业及相关产业、工业与矿业、灌溉工程、公共工程、运输与通信等支出构成，非发展性支出主要包括国防、债务利息、补贴、行政费用、征税费用、对各邦和联邦特区贷款等支出。

为促进社会经济发展，独立后印度无论中央还是地方政府的发展支出迅速增加(表5.10)。1950—1951财年，全国发展性支出和非发展性支出分别为32.6亿卢比和57.4亿卢比，1960—1961财年分别增至126亿卢比和137亿卢比，1970—1971财年分别为357亿卢比和430亿卢比，1980—1981财年分别为2448亿卢比和1340亿卢比，2014—2015财年分别达到146 165亿卢比和355 533亿卢比。尽管全国发展性支出和非发展性支出的数量都有所增加，但其相对比重的变化并不大。从独立之初到20世纪80年代，发展性支出增长的速度快于非发展性支出，发展性支出在财政支出的占比从独立之时的35.6%迅速增长到1981—1982财年的64.7%。从80年代中后期开始，发展性支出在总支出中的占比有所下降，主要原因在于债务利息支出、补贴、行政管理、退休与养老服务等支出增长较快，这种趋势一直持续到21世纪初，不过，发展性支出占总支出比重下降幅度不算很大，1985—1986财年为64.2%，到1999—2000财年已下降到50.8%。21世纪以来，印度发展性支出又出现增长趋势，至2014—2015财年，发展性支出占比已上升至58.9%。由于发展性支出主要包括教育、科学研究、医疗、农业支出及相关服务、工业和矿产、水电开发、交通运输、铁路、邮政、通信等社会服务、社区服务及经济建设服务等支出，这些支出项目不仅有利于形成经济增长所必需的人力资本，而且也有利于形成长期经济增长所必需的累积性物质资本。印度财政支出自21世纪以来，政府通过对财政支出结构进行调整，发展性支出逐渐增加，虽然增

① http://www.shareyouressays.com/113693/difference-between-developmental-expenditure-and-non-development-expenditure-india.

长缓慢、幅度不大，但这对促进印度长期经济增长具有重要意义。

表 5.10 独立以来印度财政发展性支出与非发展性支出趋势

财年	发展性支出/亿卢比	非发展性支出/亿卢比	发展性支出占总支出比重/%	财年	发展性支出/亿卢比	非发展性支出/亿卢比	发展性支出占总支出比重/%
1950—1951	32.6	57.4	64.1	2005—2006	50 952.5	45 033.0	53.1
1960—1961	126.1	137.0	57.1	2007—2008	71 027.1	60 501.2	54.0
1970—1971	357.3	429.6	58.2	2008—2009	94 370.8	65 596.9	59.0
1980—1981	2448.0	1339.9	64.6	2010—2011	126 769.7	87 744.8	59.1
1985—1986	5050.9	2811.8	64.2	2011—2012	142 093.8	100 083.0	58.7
1990—1991	9772.4	6579.6	59.8	2012—2013	157 416.2	112 077.1	58.4
1995—1996	16 536.1	13 822.1	54.5	2013—2014	171 422.1	128 607.8	57.1
2000—2001	30 854.6	28 704.9	51.8	2014—2015	209 368.0	146 165.2	58.9

数据来源：表中数据来源于印度储备银行公开出版物 *Handbook of Statistics on the Indian Economy 2015-16* 的表 116，以及 *Government of India*：*Economy Survey*（相关年份）。表中数据按当期价格计算。

5.4 基于功能分类法的几项财政支出的演变及其对经济增长的影响

针对印度财政支出情况，按功能分类法可以将其分为债务利息支出、国防支出、养老服务支出、行政管理支出、经济服务支出、教育服务支出、财政补贴支出、医疗服务支出等 8 项支出。图 5.3 反映的是自 20 世纪 70 年代以来印度财政支出结构演变情况，即按功能分类法的八大主要支出项目所占财政总支出比重的变化趋势。仔细观察图 5.3 不难发现印度自 70 年代以来财政支出结构的演变特点。

①自 20 世纪 70 年代以来，教育服务支出、医疗服务支出和财政补贴支出在财政总支出中的比重变化不大，但近年来，教育服务支出已有小幅增加；②国防支出自 70 年代中期开始下降，80 年代中后期下降幅度增大，但从 90 年代开始，就基本上维持在一个相对固定的水平上，下降幅度越来越小；③债务利息支出自 70 年代中期开始就有小幅增长，从 80 年代开始直至 21 世纪初，是印度政府债务利息支出增长最快的时期，国防支出所腾出的公共资源几乎被债务利息支出全部耗费；④经济服务支出从 70 年代中期开始有所增加，但自此以后到 2017 年，经济服务支出占总支出比重始终维持在不变的水平；⑤债务利息支出自 70 年代开始到现在，始终是国家财政最大的支出项目；⑥70年代中期国防支出、财政补贴和债务利息支出 3 项合计占总支出的比重约为 60%，直到今天，这一比重依然维持在 50% 以上，债务利息支出、国防支付及财政补贴支出一直是政府沉重的负担；⑦行政管理支出在全球金融危机前后增长幅度较大，但随后有所下降；⑧养老服务支出呈阶梯状稳步上升。

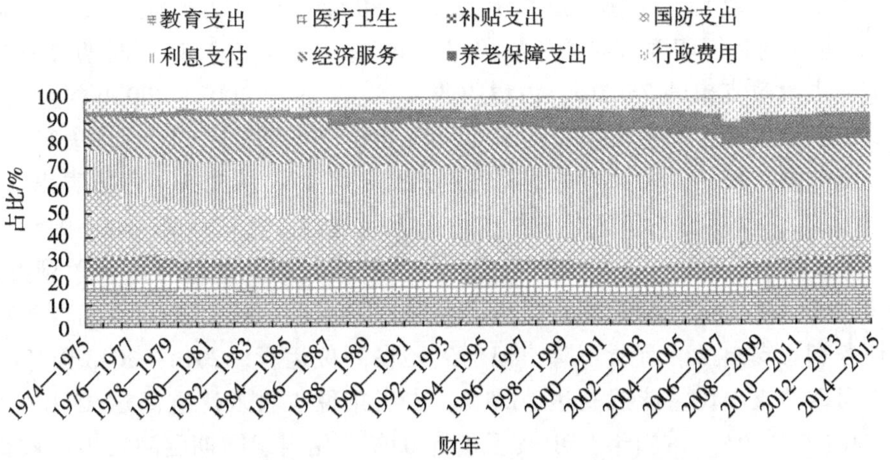

图 5.3 20 世纪 70 年代以来印度财政支出结构演变趋势

（数据来源：GDP 数据来源于 *Government of India*：*Economy Survey 2014-15*：*Statistical Appendix*，A11；财政支出数据来源于 *Indian Public Finance Statistics 2014-15* 表 1.1 和表 1.9 及相关数据并以世界银行公布的印度 2004 年不变价格计算所得）

5.4.1 债务利息支出

债务利息支出是政府偿付国债或地方政府债务利息的财政支出，在印度财政预算中属于经常性支出、非发展性支出和非计划性支出。自 20 世纪 80 年代中期开始，印度债务利息支出已超过国防支出成为印度财政支出的第一大项，近年来，其占财政总支出的比重和 GDP 的比重均有所下降，但它在印度联邦政府和各邦政府的支出预算中依然占据非常重要的地位，有必要对其进行深入研究。

正如前文所述，独立后印度开始实行经济发展的五年计划，而每个五年计划政府都制定了明确的社会经济发展目标和具体的增长指标，如实现工业化、扩大就业、自力更生、消除贫穷等。为了实现和完成经济计划的目标和指标，当税收无法满足其资金需求而出现资金缺口时，政府便用诉诸借款、公债和财政赤字的方法，从国内外为印度社会经济发展动员巨额资金。这些举措虽在一定程度上纾缓了印度计划发展的资金困难，促进了印度社会经济的发展，但借款或公债筹资也积累了巨额的债务负担，从而抑制了借债对社会经济发展的促进作用。1950—1951 财年，印度内外债总额为 287 亿卢比，而 1990—1991 财年就增加到 31 456 亿卢比，增长了 109 倍；2015—2016 财年，印度仅联邦中央内外债总额高达 622 262 亿卢比，同 1950—1951 财年相比，增长了 2167 倍。公债既要还本，还要付息，随着公债的增加，还本付息的负担更加沉重。自 80 年代中期以来，印度债务负担迅速飙升，已超过国防支出而成为印度最大的非发展性费用。

债务利息支出占财政总支出的比重从 1970—1971 财年的 10.1%上升到 2000—2001 财年的 25.3%，随后开始下降，直到 2014—2015 财年，债务利息支出仍然占财政总支出的16.5%。债务利息支出额急剧拉升发生在80年中后期，即拉吉夫·甘地执政的“七五”计划时期，但印度政府债务累积却要早得多。“九五”计划时期债务利息支出达到峰值，占财政支出的25.3%，占税收收入的42.6%。2003—2004财年后，印度债务利息支出额显著减少，主要得益于印度政府颁布了《财政与赤字管理法案》，预算赤字下降，财政缺口缩小，公共债务下降，利息随之下降。从图5.4可以看出，从20世纪80年代以来，印度债务利息支出占GDP的比重超过3%，2003—2004财年一度超过7.91%，远远高于同期国防、教育、医疗、行政管理支出、补贴等多项单项财政支出，还相当于同期国防支出、教育服务支出、养老保障支出3项的总和。就当前来看，印度政府债务利息支出虽然有所下降，但仍然还在高位运行。2014—2015财年，债务利息支出占财政总支出比重依然高达16.5%，占当年税收收入比重高达25.8%，占经常性支出比重的17.7%，占当年GDP比重的5.03%，相当于同期国防支出与教育服务支出的总和。由此可以看出，如果没有债务利息支出，印度资本性支出、计划性支出和发展性支出可以成倍增加。由于债务利息支出，印度发展性支出、计划性支出或资本性支出相应减少，贷款尽管可以扩大当时的社会经济发展规模，加速社会经济发展速度，但却明显地压缩了当期社会经济发展的规模和空间，短期内阻碍社会经济的发展。不过，印度债务融资主要用于教育、医疗和农业等领域的发展性项目，这些项目的实施又在一定程度上助推了印度有形资本和人力资本的形成，从而有利于印度未来社会经济的发展。

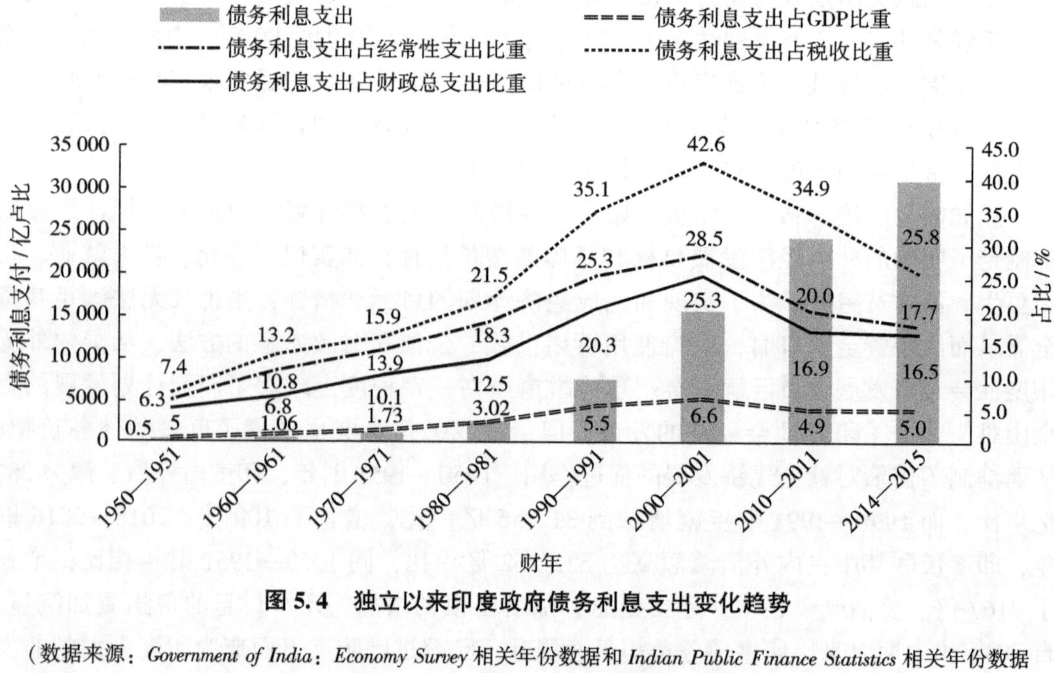

图5.4　独立以来印度政府债务利息支出变化趋势

（数据来源：*Government of India*：*Economy Survey* 相关年份数据和 *Indian Public Finance Statistics* 相关年份数据及世界银行公布的印度2004年不变价格计算所得）

5.4.2 国防支出

国防支出是指一国公共财政用于国防人员生活、国防训练维持、国防装备以及国防技术研究与开发的费用支出总称。由于无法直接作用于一国经济生产，因此，国防支出通常被认为是纯消耗性支出，其规模的扩大往往是挤占其他发展性公共资源的结果，不利于一国经济增长，但它的变化却反映了一国国防发展战略及军事思想或军事方针的变化。印度政府将国防支出划分为经常性支出、非发展性支出和非计划性支出，主要由中央财政负责，通过每个财年财政预算进行对其进行分配和控制。因此，国防预算是印度财政预算的重要组成部分，而其中的国防支出预算的变化直接反映了印度军事力量的规模、结构和发展方向的变化。

从图 5.5 中可以看出，就其绝对数来说，印度自独立以来的国防支出一直呈增长趋势，但分别从国防支出占 GDP、财政总支出、经常性支出、税收的比重来看，又表现出不同特征。20 世纪 50 年代以来，印度国防支出呈现了从低到高再由高到基本平稳的 3 个发展阶段。1947 年到 20 世纪 60 年代初，印度国防支出处于较低水平。1950—1951 财年，印度国防支出占 GDP 的比重为 1. 1%，而 10 年后即 1960—1961 财年，前述指标为 1. 6%，可以看出，这一时期印度国防支出虽有所上升，但上升幅度不大；从国防支出占财政总支出的比重来看，1950—1951 财年为 12. 1%，而 1960—1961 财年为 10. 3%，不但没有上升，反而有所下降；再从国防支出占经常性支出和税收的比重来看，1950—1951 财年，二者分别为 15. 1%和 16. 1%，而 10 年后即 1960—1961 财年，二者分别 16. 3%和 18. 2%，虽然均有所上升，但上升幅度不大。可见，印度独立后初期，国防支出在财政总支出中所占比重较小，给政府带来的负担较轻。20 世纪 60 年代初到 80 年代末，印度国防支出处于较高水平。1970—1971 财年，印度国防支出占 GDP 的比重为 5. 9%，同 1960—1961 财年相比增长了 4 倍多；同一时期，印度国防支出占财政总支出的比重也从 1960—1961 财年的 10. 3%快速拉升到 32. 7%。导致印度国防支出迅速增加的根本原因无疑在于印度贸然推行大国战略及悍然挑起战争（1962 年）。我们再从印度国防支出占经常性支出和税收的比重来看，1970—1971 财年，二者分别高达 44. 9%和 59. 4%，这充分表明国防支出已经成为印度政府的沉重负担。1970—1971 财年后，印度国防支出虽然开始下降，但下降幅度较小，1980—1981 财年，印度国防支出占 GDP、财政总支出、经常性支出、税收的比重分别还高达 4. 5%、14. 9%、21. 9%、32. 3%，直到 80 年代末 90 年代初，随着国内经济改革的推进和国际上冷战格局的结束，印度政府才加大了对国防支出的削减力度，印度国防支出占 GDP、财政总支出、经常性支出和税收的比重也就随之下降，国防支出水平开始进入平稳发展阶段。[①] 2000—2001 财年，印度国防支出占 GDP、财政总支出、经常性支出、税收的比重分别为 2. 5%、7. 7%、8. 6%、16. 1%，相较于 1990—1991 财年均有小幅度下降。

---

① 雷启淮．当代印度［M］．成都：四川人民出版社，2000：335-336.

2014—2015财年，印度国防支出占GDP、财政总支出、经常性支出、税收的比重进一步小幅下降，分别为2.2%、5.7%、6.8%、11.1%。简言之，自20世纪80年代末90年代初以来，印度国防支出稳中有降，这一趋势在一定程度上减轻了印度政府的财政支出负担。总之，正如前文所述，国防支出是典型的消耗性支出，无益于推动一国经济长期增长，印度政府在较长时期内推行“有声有色”的大国战略耗费了大量宝贵的公共资源，这在一定程度上还制约了印度经济的增长和发展。

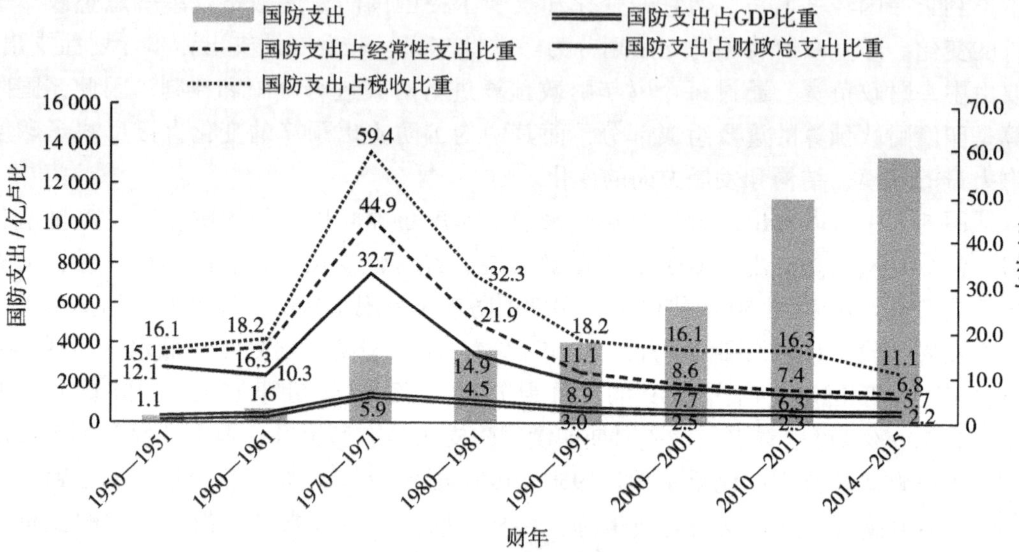

图5.5　独立以来印度政府国防支出变化趋势

（数据来源：*Government of India*；*Economy Survey* 相关年份数据和 *Indian Public Finance Statistics* 相关年份数据及世界银行公布的印度2004年不变价格计算所得。图中数据已包括退伍军人的养老服务支出）

5.4.3　养老服务支出

养老服务支出是指政府为保障广大离退休人员的基本生活而发生的费用支出。不同历史文化、法制体系和经济发展水平的国家往往实行不同的养老保险制度，政府所肩负的养老责任就也有所不同。但总体来说，世界各国的基本养老保险制度主要有自保公助型、大包大揽型和强制储蓄型等几种形式，其中，大包大揽型政府负担最重，强制储蓄型政府负担最轻。在印度的财政预算中，养老服务支出属于经常性支出、非发展性支出和非计划性支出。

受福利国家理念的影响，印度政府向中央政府管理部门的公务员、军职人员、铁路邮政电信部门雇员、部分私营部门雇员等提供养老金计划，养老服务覆盖面约在12%左右，其养老服务制度在很大程度上属于政府统筹型养老服务制度。① 但又受经济

① 秦永红，张伟．印度社会保障制度改革及其对我国的启示［J］．南亚研究季刊，2011（2）：48-55.

发展水平和政府财力的制约，其制度又兼具强制储蓄型和自保公助型养老制度特征。印度将所有就业人员按照正规私营部门、非正规私营部门和政府部门分成3种类型设计和规划了养老服务制度。正规私营部门的雇员主要参与雇员退休储备基金（EPF）和定额给付雇员退休金计划（EPS），非正规私营部门雇员主要参与公众储备基金（PPF）和全国老年救济金计划（NOAPS），政府公务员参与公务员退休金计划（CSPS）、政府退休储备基金（GPF）、强制性保险计划和强制性退职偿付计划。① 上述各种养老服务计划一并构成了印度基本养老服务体系，这一制度体系虽然反映了自独立以来印度基本养老服务体系的社会化程度越来越高，政府在养老服务中相对负担有所减轻，但在印度人口增长迅速、保障覆盖面拓宽等多种因素的作用下，政府对养老服务的绝对负担不是减轻而是加重。

图5.3和图5.6表明，自20世纪70年代以来，印度政府养老服务支出一直呈阶梯状上升态势。1970—1971财年，养老服务支出占财政总支出比重为1.2%，占GDP比重仅为0.2%，占经常性支出比重为1.7%。在随后的10年内，养老服务支出虽有一定增长，但涨幅不大，1980—1981财年养老服务支出占财政支出比例上升到1.7%，占GDP比重仅为0.4%，占经常性支出比重为2.4%。90年代以来，印度养老服务支出有较大幅度增长，1990—1991财年，养老服务支出占财政总支出比重上升到4.2%，占GDP比重为1.1%，占经常性支出比重为5.3%；2000—2001财年，上述3项比重分别又增长到8.0%、2.1%、9.0%。21世纪以来，印度养老服务得到进一步改善，2010—2011财年，养老服务支出占财政支出比重进一步上升到8.8%，占GDP比重也提高到2.6%，占经常性支出比重上升到10.4%。从目前印度养老服务水平来看，印度需用国家税收收入的12%~15%向社会提供养老服务。虽然同发达国家甚至其他发展中国家相比，印度养老服务水平确实还不高，但鉴于印度当前经济基础还比较薄弱，经济总量还比较小，公共资源还比较稀缺，短时间内养老服务水平提高的幅度不会太大，离印度历届政府领导倡导建立福利社会的目标还有相当的距离。印度养老服务支出属于经常性支出、非发展性支出，由中央和各邦政府共同负责。通常，增加养老服务支出将挤占经济建设支出从而阻碍一国经济增长；但是，增加养老服务支出也增强了社会安全感，维持了社会稳定，刺激了居民消费支出，为经济建设筹集了资金从而又有助于经济增长。

① 刘晓风．公平VS效率：印度与俄罗斯社会保障支出的启示［J］．民办教育研究，2010（2）：40-45.

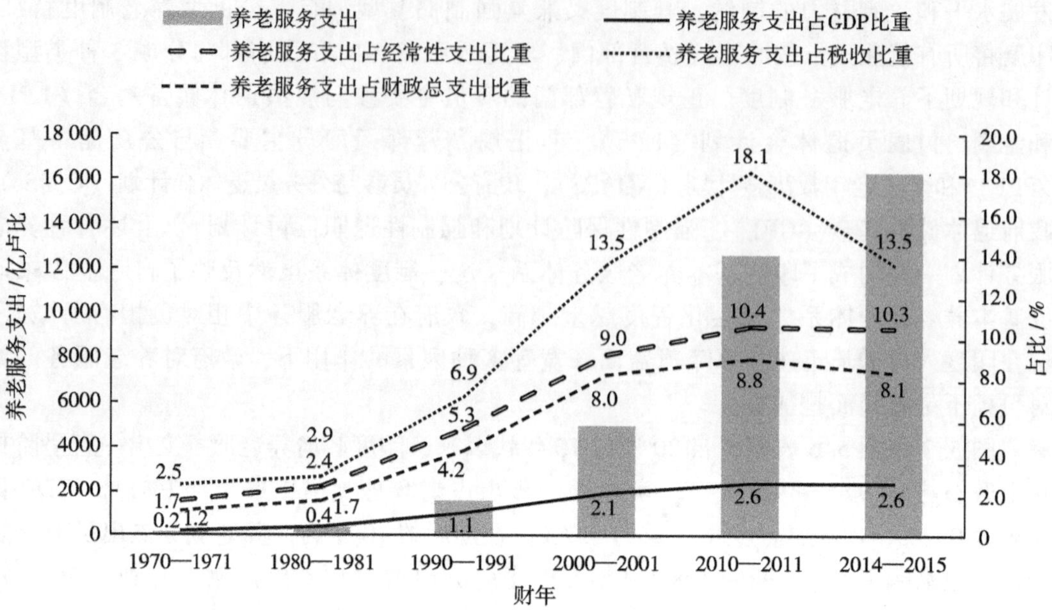

图 5.6 20 世纪 70 年代以来印度政府养老保障支出变化趋势

（数据来源：*Government of India*：*Economy Survey* 相关年份数据和 *Indian Public Finance Statistics* 相关年份数据及世界银行公布的印度 2004 年不变价格计算所得）

5.4.4 行政管理支出

行政管理支出是指政府财政用于维持权力、行政、司法、外事、武装警察部队等国家机关或组织正常运转的费用支出，其规模和构成因国家的性质、组织结构和职能大小不同而不同，在财政预算中通常属于经常性支出和消耗性支出。一般说来，随着经济的不断发展，政府职能不断扩张，一国行政管理支出有增长的趋势和合理性。但是，如果国家行政管理支出增幅过大、增长过快，不仅加重了纳税人的负担，同时也容易滋生腐败寻租，造成资源浪费，破坏社会风气，阻碍社会进步与经济发展。

独立后的印度仿照英国议会模式确立了议会民主制政府，建立了联邦制国家，实行立法、行政和司法三权分立的政治制度。印度政府行政管理支出属于经济性支出、非发展性支出和非计划性支出，由联邦政府和各邦政府分别负责，主要包括立法、行政、司法、外事和武装警察部队等机构的费用支出。印度和世界上大多数国家一样，都面临着行政管理支出不合理增长的趋势。1950—1951 财年，印度行政管理支出为 83.9 亿卢比，2014—2015 财年上升到 9234 亿卢比（图 5.7），增长幅度高达 109 倍，而同期印度国内生产总值分别为 27 962 亿卢比和 616 783 亿卢比，增幅仅为 21 倍，特别是进入 21 世纪以来，印度行政管理支出增长较之以前规模更大。显而易见，印度政府行政管理支出远远快于国内生产总值增长速度。再从印度行政管理支出占其他项目比重来看，1950—1951 财年，行政管理支出占当年 GDP、财政总支出、经常性支出和税收的比重分别为0.3%、1.3%、4.1%和4.6%，而2014—2015财年上述各项指标分别上升到1.8%、5.9%、7.1%和9.2%。当前，印度行政管理支出的平均水平相当于税收收入的8%~10%，这对一个社会经济尚处于起步阶段的发展中国家来说，不能不说是个不小的负担。从短期来看，行政管理支出增长可能激励政府管理人员的效率从而有助于印度经济增长，但从长期来看，可能加重纳税人的负担，削弱社会消费能力，甚至滋生腐败破坏社会风气，从而影响公共资源的配置效率和使用效率，不利于印度长期经济增长和社会发展。

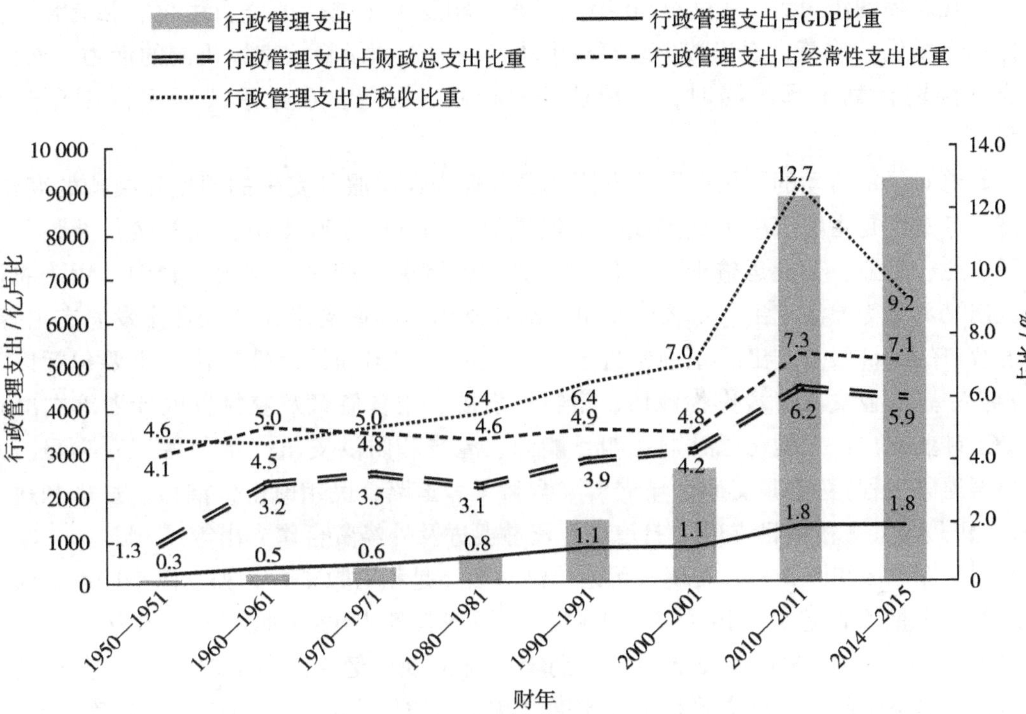

图5.7 独立以来印度政府行政管理支出变化趋势

（数据来源：*Government of India*：*Economy Survey* 相关年份数据和 *Indian Public Finance Statistics* 相关年份数据及世界银行公布的印度2004年不变价格计算所得）

5.4.5 经济服务支出

战后凯恩斯主义在西方各国的政策实践上取得了巨大成就，这对独立不久、经济基础薄弱、急于摆脱贫困落后面貌的印度来说，不仅是启示更是诱惑。① 同时，印度的市场经济脱胎于英国的殖民地经济，市场机制先天发育不良，而且在独立后的相当长

① SENGUPTA N K. Government and business [M]. 4th ed. New Delhi: Vikas Publication House Pvt. Ltd., 1996: 40-44.

时间内没能形成统一、完善的市场体系。[①] 此外，深受历史影响，利用国家力量积极动员社会资源促进民族经济迅速发展以维护国家主权和民族独立成为印度历届政府首脑的理念和共识。因此，独立后印度所选择的混合经济模式的一个显著特征就是政府在推动社会经济发展过程中发挥着非常重要的干预作用。印度政府干预经济的方式主要有：建立大量国营企业直接参与经济活动，通过制订和实施经济计划、确定经济发展的目标和重点以推动社会经济的发展，以及法律和行政手段为社会经济发展提供保障，发挥政府经济管理者的作用，利用财税和货币等手段对印度社会经济进行干预以发挥政府宏观调控的作用。[②] 20 世纪 90 年代以来，印度虽然进行了“自由化、私有化、全球化和市场化”改革，逐步减少政府对市场经济的干预以释放市场机制的活力，然而，政府在削弱计划干预的同时，利用法律、行政、财税、金融手段对经济干预却在加强。[③]

政府对经济活动的干预在财政方面主要表现为经济服务支出的规模和结构的变化。经济服务支出是指国家用于直接或间接促进经济活动的财政支出，通常按行业划分为用于农业、工业、交通运输业、通信业及其他经济劳务等多项支出。其中，用于农业的支出又可分为灌溉支出、畜牧业支出、渔业支出、林业支出和社区合作发展支出等。印度政府的经济服务支出属于经常性支出、发展性支出和计划性支出，主要包括以下内容：一是农业支出（含作物栽培、畜牧业发展、粮食储藏及农村发展计划等支出）；二是工矿业支出；三是化肥补贴；四是能源、灌溉和防洪支出（如能源工程项目、大中小型灌溉工程）；五是交通运输支出（含桥梁、道路，民用航空，港口、灯塔和航运等）；六是公共工程项目支出；七是对外贸易促进及外经贸合作支出等。

观察图 5.3 和图 5.8 后发现，无论从绝对数还是相对数来看，独立以来印度政府经济服务支出呈增长趋势，1950—1951 财年，经济服务支出绝对额为 1638 亿卢比，占 GDP 比重为 2.1%，2014—2015 财年分别增长到 33 993 亿卢比和 4.8%。虽然其他几项相对比重呈下降趋势，这主要是由于印度财政支出增长速度超过 GDP 增长速度导致的，而且经济服务支出占财政支出总额的比重下降幅度也不大。由此表明，印度政府自始至终都非常重视经济增长和发展，特别是在国民经济发展水平不高、政府财力不够充裕的情况下，能够给出约占 GDP 4%、占税收收入 25%以上的公共资源直接投入经济建设实属难能可贵。但是，按现代福利经济学的观点，政府与市场在对资源进行配置时各有优势和不足，二者对经济活动的干预以是否存在外部性为界。因此，印度政府干预经济活动的做法同时引发了另一个值得思考的问题，即政府不惜代价大力从事经济建设是否存在干预过度或是否遵循了效率原则。

① 司马军．印度市场经济体制［M］．兰州：兰州大学出版社，1994：22.

② 陈继东．印度政府在促进经济社会发展中的作用［J］．南亚研究季刊，1998（3）：16-26.

③ 洪共福．印度政府经济发展理念的变化与经济模式的转型［J］．南亚研究，2009（2）：72-75.

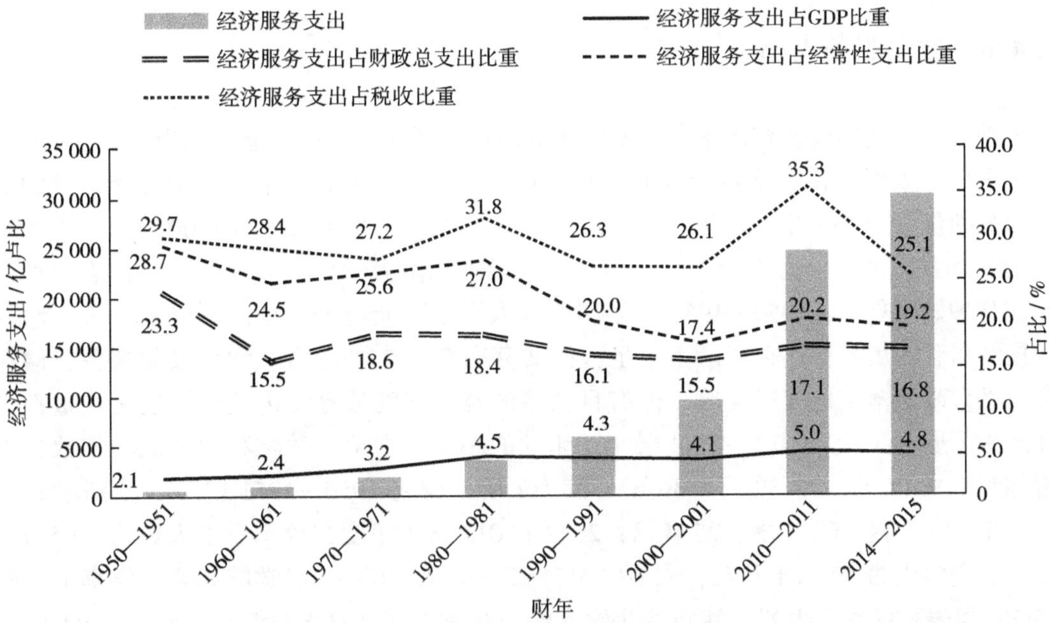

图 5.8 独立以来印度政府经济服务支出变化趋势

（数据来源：*Government of India*：*Economy Survey* 相关年份数据和 *Indian Public Finance Statistics* 相关年份数据及世界银行公布的印度 2004 年不变价格计算所得）

此外，再进一步考察印度政府经济服务支出的内部结构（表 5.11）。自独立以来，在包括农业、工矿业、能源灌溉与防洪、交通运输与通信和公共工程 5 项在内的印度经济服务支出占财政支出的平均比重为 16.7%，上述 5 项支出所占比重分别为 7.7%、2.2%、3.0%、3.1%和 0.7%，即印度政府财政支出用于农业的支出就占经济服务支出的 46.1%，接近一半，用于交通运输与通信的支出为 18.5%，而用于工矿业和能源灌溉与防洪的服务支出分别仅为 13.2%和 18.0%，而公共工程的支出仅占经济服务支出的 4.2%。通过上述分析不难发现，印度政府对经济服务支出的安排对农业和信息产业发展有利，但这种安排结构在一定程度上也制约了印度制造业和交通运输业的发展，从而不利于印度整体经济的发展。

表 5.11 20 世纪 70 年代以来印度政府经济服务支出结构（1974—2016 年）

单位:%

项目	农业	工矿业	能源灌溉与防洪	交通运输与通信	公共工程	合计
占财政支出比重	7.7	2.2	3.0	3.1	0.7	16.7
占经济服务支出比重	46.1	13.2	18.0	18.5	4.2	100.0

数据来源：*Government of India*：*Economy Survey* 相关年份数据和 *Indian Public Finance Statistics* 相关年份数据及世界银行公布的印度 2004 年不变价格计算所得。表中数据为历年占比的平均值。

5.4.6 教育服务支出

独立前后的印度教育体系是印度特殊的历史、文化条件的产物，有其鲜明的特征，即水平低、规模小和差异大。1950—1951 财年，印度的小学、中学、学院和大学的学校数分别仅为 20.33 万、0.74 万、578 和 27 所，在校小学生人数为 1700 万人，中学生为 148 万人，大学生为 21.5 万人，6~13 岁学龄儿童入学率仅为 32.1%，而表列种族和表列种姓则更低，1950—1951 财年印度成人识字率低至 18.3%。历经半个多世纪的发展，尽管印度教育还存在诸多不足，如文盲率高达 25%左右、教育极化现象普遍存在、教育政策落实进度迟缓等，但有目共睹的是，印度教育无论是规模还是质量都已经产生了质的飞跃。2013—2014 财年，印度的小学、中学、学院和大学的学校数分别增加到 119.17 万、23.39 万、36 671 和 712 所，较之 1950—1951 财年，分别增长了 4.9 倍、30.6 倍、62.4 倍、25.4 倍；2012—2013 财年印度在校小学生人数为 19 577.3 万人、中学生为 5911.4 万人、大学生为 2962.9 万人，6~13 岁学龄儿童入学率上升到 95%，而表列种姓和表列种族同龄儿童入学率分别升至 102.8%和 101.5%，2011 年成人识字率也大幅提升到 73%的水平。[①] 另外，印度卓越的高等教育体系为本国及世界培养了仅次于美国的全球高端工程技术人才更令世界所瞩目。

独立至今，印度教育发展之所以卓有成效，主要得益于印度政府领导人对教育助推国家社会经济发展的重要作用有着一致的理念和认知，从战略规划到组织构建、从政策抉择到措施落实、从制度设计到财力保障，印度历届政府都给予了高度重视和贯彻实施。1968 年《国家教育政策》的出台是印度新旧教育体制的分水岭，它标志着印度现代教育体制基本框架的逐渐形成；1976 年印度宪法修正案进一步明确了联邦政府和各邦政府共同举办教育的职责；1986 年《国民教育政策》重新界定了教育的目标、方法和途径。为落实好前述政策，除建立教育管理组织机构加强对教育的领导和管理外，加大对教育的公共投入、为教育发展提供财力保障是印度教育得到快速发展的重要原因和条件。

印度教育服务支出的经费主要来源于中央和各邦政府计划拨款、地方机构资助、学费和社会捐赠等 4 种，其中，中央和各邦（以邦为主）的计划拨款是印度教育经费的主要来源，在财政预算中属于经常性支出、发展性支出和计划性支出。自独立以来，印度教育财政支出一直呈上升趋势。1950—1951 财年中央和各邦政府计划拨款占总教育经费的 57.6%，1960—1961 财年上升到 67.97%，1970—1971 财年进一步上升到 75.65%，1980—1981 财年为 81.70%，1990—1991 财年为 87.87%。相反，学费和捐赠部分一直处于下降趋势，1950—1951 财年学费占比为 20.39%，1990—1991 财年下降到 3.53%，同期社会捐赠也从 11.62%下降到 2.37%。[②] 当前，地方机构资助、学费和

① 参见印度政府公开出版物 *Educational Education Statistics at a Glance 2014*，第 14~23 页。

② 参见印度政府公开出版物 *Economy Survey 1998-99*，S118。

社会捐赠合计占印度教育经费比重为5%左右，而中央和各邦政府计划拨款已上升到95%。

再从印度财政支出的绝对数和其他相对值来看（图5.9），1950—1951财年，印度不变价格的财政教育服务支出的绝对数仅为167.8亿卢比，占GDP比重为0.6%，占财政总支出比重为6.7%，占经常性支出比重为8.2%，而2014—2015财年，上述各项指标分别上升到21 692.4亿卢比、3.5%、11.6%、13.8%，其中，绝对数增长了128.3倍，占GDP比重提高了4.8倍。分析表明，印度政府尽管财力不足，但为了推动本国教育事业和社会经济的发展，还是付出了艰苦的努力。特别是自20世纪90年代以来，印度公共财政教育服务支出占GDP的比重已超过3%，并且近年来一直维持上升趋势，这个水平虽然还远低于发达国家的水平，也低于世界平均水平4%，但对经济尚处于起飞阶段、政府总收入有限、财政赤字长期在高位运行的印度来说，已经难能可贵了。

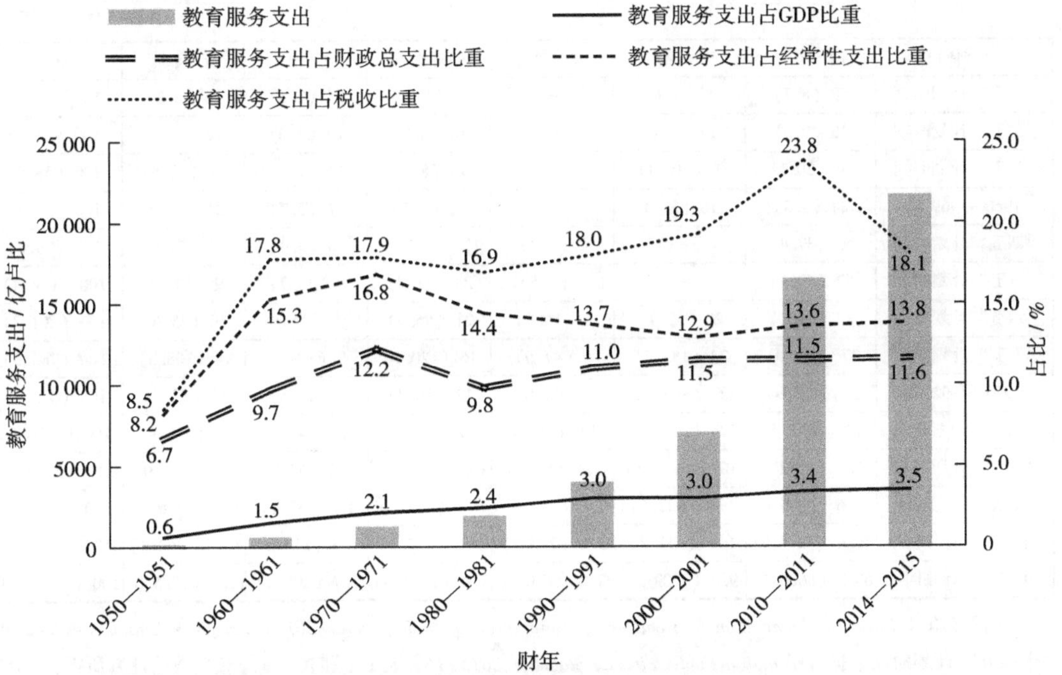

图5.9 独立以来印度政府教育服务支出变化趋势

（数据来源：*Government of India*：*Economy Survey* 相关年份数据和 *Indian Public Finance Statistics* 相关年份数据及世界银行公布的印度2004年不变价格计算所得）

独立以来印度教育系统内部也同样存在支出结构转化问题，其不同教育层次教育经费支出情况如表5.12所示。“一五”计划时期，全国教育服务支出为15.1亿卢比，其中8.7亿卢比用于初等教育、2.2亿卢比用于技术教育、1.2亿卢比用于高等教育、0.8亿卢比用于中等教育，占财政总支出比重分别为58%、14%、8%和5%，数据表明独立之初印度政府较为重视初等教育，但随后的10多年里，初等教育投入呈直线下降，1966—1969年，初等教育下降了34个百分点，而高等教育、技术教育和中等教育分别提高了16、11和11个百分点。“四五”计划和“五五”计划时期，初等教育投入状况有所好转，分别回升至50%和52%，同时高等教育投入继续增加。“六五”计划、“七五”计划时期及1990—1992年，印度初等教育和高等教育财政投入均有所下降，但印度国家中等教育和技术教育的财政却有相当幅度增加。“八五”计划至“十五”计划时期，初等教育投入大幅上升，中等教育和技术教育继续下降，高等教育投入比较稳定。不同教育层次教育经费支出状况反映出：一是总体上看教育经费增长较快，“十五”计划时期同“一五”计划时期比较增长了287倍；二是系统内支出结构变动幅度大、教育经费分配不稳定，这表明印度政府在不同历史时期的教育工作重心有所侧重和不同；三是就人均教育经费保有量来看，高等教育和技术教育一直得到政府重视；四是初等教育在很长一段时期里印度政府重视的程度不够。

表5.12 独立以来印度政府不同教育层次教育经费支出情况

单位（%，亿卢比）

计划期	初等教育	中等教育	成人教育	高等教育	其他	技术教育	总计
“一五”计划时期	58（8.7）	5（0.8）	—	8（1.2）	15（2.3）	14（2.2）	100（15.2）
“二五”计划时期	35（9.5）	19（5.1）	—	18（4.8）	10（3.0）	18（4.9）	100（27.3）
“三五”计划时期	34（20.1）	18（10.3）	—	15（8.7）	12（7.3）	21（12.5）	100（58.9）
1966—1969年	24（7.5）	16（5.3）	—	24（7.7）	11（3.7）	25（8.1）	100（32.3）
“四五”计划时期	50（37.4）	—	2（1.3）	25（18.8）	13（9.4）	10（7.9）	100（74.8）
“五五”计划时期	52（59.1）	—	2（2.5）	28（31.9）	9（10.7）	9（10.2）	100（114.4）
“六五”计划时期	32（84.1）	20（53.4）	6（15.3）	21（56.0）	11（27.3）	10（25.6）	100（261.7）
“七五”计划时期	37（284.9）	24（183.2）	6（47.0）	16（120.1）	3（19.8）	14（108.3）	100（763.3）
1990—1992年	37（172.9）	22（105.3）	9（41.6）	12（58.8）	3（11.8）	17（82.3）	100（472.7）
“八五”计划时期	48（1039.4）	24（523.1）	5（114.2）	10（209.4）	3（74.0）	10（219.9）	100（2180.0）
“九五”计划时期	66.7（1452.3）	10.5（232.3）	2.4（52.0）	10.3（227.1）	0.6（34.9）	9.5（211.0）	100（2209.6）
“十五”计划时期	65.6（2875.0）	9.9（432.5）	2.9（125.0）	9.5（417.7）	1.4（62.4）	10.7（470.0）	100（4382.6）
“十一五”计划时期	66.4（4878.3）	9.0（661.2）	3.1（227.7）	9.6（705.3）	1.5（110.2）	10.4（764.0）	100（7346.7）
“十二五”计划时期	65.9（8606.4）	9.4（1209.2）	2.8（373.0）	9.4（1144.9）	1.7（205.8）	10.8（1325.0）	100（12 864.3）

数据来源：*Ministry of Information & Broadcasting Government of India*：*India 2010 a Reference Annual*，第242页；“十一五”计划时期数据源于*Indian Public Finance Statistics 2015-16*，表1.1和表1.9及相关数据计算所得；“十二五”计划时期数据为估计数；“八五”计划时期至“十二五”计划时期的数据仅为中央政府教育财政支出；括号内数据为支出绝对数。

Becker等①认为，人力资本是决定经济稳态水平高低的关键因素，它能有效促进技术进步、技术扩散及提高劳动力适应新技术的能力，从而推动经济增长，而教育又是累积人力资本的主要渠道，因此，教育之于经济增长的意义是不言而喻的。独立以来，印度政府财政实力尽管不强，但还能保障教育服务支出逐年有所增加，特别是发达的高等教育有力促进了印度经济的增长。

---

① BECKER G S，MURPHY K，TAMURA R. Human capital，fertility，and economic growth [J]. Journal of political economy，1990，98 (5)：S12-S37.

5.4.7 财政补贴支出

福利经济学认为，公共物品具有非竞争性或者非排他性，市场安排的供求机制、价格机制和竞争机制无法遵循经济资源边际收益等于边际成本的原则对其生产与消费进行配置，政府用财政补贴方式对具有正外部性的公共品的生产或消费行为进行干预可以起到弥补市场机制缺陷的作用。补贴可以划分为显性补贴和隐性补贴，如现金补助、税收减免、优惠购买、差别价格、差别利率等；如果按补贴标的物的不同又可以分为产品补贴、人口补贴、群体补贴和地域补贴等；如果按公共品的非竞争性和非排他性的程度来划分，可将补贴分为纯公共品补贴、用益物品补贴及非用益物品补贴3类，纯公共品补贴如国防、治安与行政管理领域的补贴等，用益物品补贴如教育事业、疾病防控、道路桥梁等，非用益物品补贴如粮食补贴、化肥补贴、汽油补贴等。补贴对经济社会产生重要影响，发达国家主要用于被选择的特殊部门，而发展中国家则主要是为了减少失业、发展落后产业、鼓励出口、缩小地区差异、消除贫困等。总之，财政补贴是发达国家和发展中国家政府进行经济和社会管理的普遍现象或手段。合意适度的补贴将产生巨大的社会经济效应，但是，补贴也是甜蜜的毒药，一旦使用不当，又会造成市场扭曲、资源错配、腐败滋生、行为误导、政治贿选等负面影响。因此，为了提高补贴的效率，应该遵循具体、可操作、临时、透明、经济、目标、适时等原则。

印度财政预算中的显性补贴主要有粮食补贴、化肥补贴和能源补贴，并在印度财政支出中占有非常重要的地位，是印度财政支出的大项，但同时也是最具争议性的话题。支持者认为补贴既为穷人构建了一道安全阀，也保证了印度粮食安全和社会稳定；而反对者却反驳道，补贴加大了印度财政负担，其收益被大户农民和农资企业占有并非为边际农民和贫困人口所得，同时也有违 WTO《农产品协定》关于补贴的精神。1978 年印度政府成立了一个委员会专门负责处理政府的财政补贴事务，该委员会针对现存补贴制度的弊端提出了一些新的改革主张，例如，每 3 年一次对财政补贴进行成本收益评估，仅对小部分穷人进行补贴，采用公平显性补贴代替隐性间接补贴等。20 世纪 90 年代自由化改革以来，随着补贴规模的飙升，印度政府又进行了以约束补贴和定向补贴为核心内容的补贴制度改革。

图 5.10 反映了独立以来印度政府财政补贴支出的变化情况。印度政府财政补贴制度开始于独立之初。以不变价格计算，1950—1951 财年，政府财政补贴支出为 103 亿卢比，占 GDP 的比重为 0.4%，1960—1961 财年增长到 282 亿卢比，占 GDP 的比重为 0.6%，1970—1971 财年进一步增加到 457 亿卢比，占 GDP 的比重为 0.8%。这一时期，印度财政补贴支出的增长速度相对较慢。从 20 世纪 70 年代初期开始，印度政府财政补贴支出同前一阶段相比速度明显加快。1980—1981 财年，印度财政补贴支出已从 1970—1971 年的 457 亿卢比增加到 939 亿卢比，占 GDP 的比重从 1970—1971 财年的 0.8%迅速提高到了 1.2%，同时，占经常性支出和税收的比重也分别从 1970—1971 财

年的6.2%和12.5%快速提高到10.9%和16.9%。随后，印度财政补贴支出规模继续扩大。1990—1991财年，印度财政补贴支出突破2000亿卢比，达到2196亿卢比，占GDP、经常性支出和税收的比重分别提高到1.6%、16.5%和28.3%，虽然占经常性支出和税收的比重都已达到峰值，但占GDP的比重还在继续提高。2000—2001财年，印度财政补贴支出达到4234亿卢比，虽然占经常性支出和税收的比重已出现较大幅度回调，但占GDP的比重却继续上升到峰值1.8%。自21世纪以来，印度财政补贴支出占GDP的比重虽已出现明显的减缓趋势，但仍然还在高位运行；同时，从财政补贴支出占经常性支出和税收的比重来看，财政补贴给政府带来的负担依然较大。通过上述分析可知，印度政府财政补贴支出和债务利息支出一样，是印度中央和地方各邦政府财政支出的一笔不小的负担。

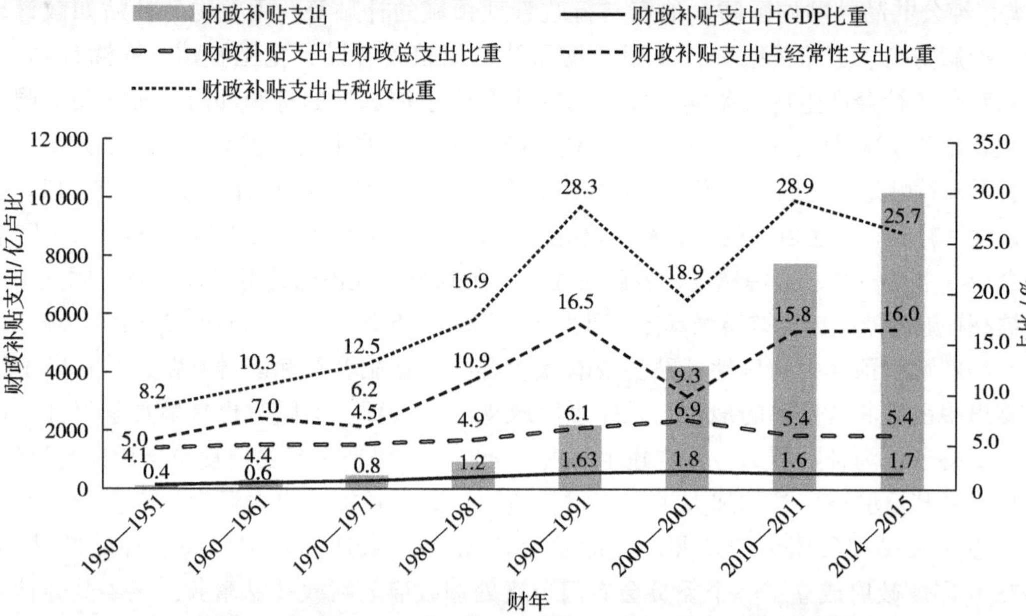

图5.10　20世纪70年代以来印度政府财政补贴支出变化趋势

（数据来源：*Government of India*：*Economy Survey 1996-97*，第18页；*Government of India*：*Economy Survey 2005-06*，第26页；*Government of India*：*Economy Survey 2015-16*：*Statistical Appendix*，A50和相关数据计算所得，其计算基础为市场价格）

印度财政补贴主要有粮食、农业投入物和化石燃料等3种补贴。

印度粮食补贴（food subsidy）制度开始于20世纪50年代初，主要采用的是支持价格补贴形式，即由印度粮食公司（FCI）按最低支持价格（MSP）向农户收购其农产品，经运输、加工、库存储备后再以中央发布价格（CIP，大大低于中央收购价与储存、运输、加工等各项成本之和）出售给各邦政府，各邦政府通过公共分配系统（PDS）将粮食出售给消费者，印度粮食公司（FCI）的成本价与中央发布价格之差由中央财政预算对其进行补贴。

农业投入物补贴（agricultural inputs subsidy）包括化肥、灌溉、电力、防洪等。20

世纪60年代，印度政府实施良种引进计划，要求优先供给农用水和化肥，中央政府提供化肥补贴，地方政府提供农用水补贴（包括能源补贴和灌溉补贴），从而开始了印度农业投入物补贴制度。1993—1994财年，印度整个农业投入物补贴为1406.9亿卢比，2004—2005财年就增加到2911.1亿卢比，2014—2015财年为12 107.6亿卢比，20年间增长了7.6倍。由于电力和农业用水边际成本几乎为0，导致地下水、运河水与地表水被严重浪费，同时也给各邦政府带来沉重财政负担，延缓了电力系统升级和现代化改造，因此，时至今日，对这些补贴依然存在很大争议。一些印度学者还估计了化肥、电力、灌溉补贴的产出弹性分别为0.65、0.55和0.36，均低于同期农业固定资本形成0.86的产出弹性。[①] 化肥补贴大大激励了农民对化肥的消费量，同时也刺激了企业对化肥的生产，从而大大推动了印度农业产出的增长。但是，补贴价格连续多年保持不变，大大加重了中央政府的财政负担，自20世纪90年代开始，政府适当提高了化肥的补贴价格。另外，化肥补贴政策也导致印度化肥消费结构失衡和土地退化等问题。当前印度社会各界对取消化肥补贴政策的呼声越来越高，但淘汰这种补贴制度可能是个漫长的过程。

化石燃料补贴（petroleum subsidy）指石油补贴和天然气补贴两种。印度能源稀缺，石油和天然气的对外依存度很高，长期高企的能源价格困扰印度社会经济的发展，因此，为了减轻人们的生活负担，印度中央政府通过设置管制价格对石油和国内液化天然气消费进行补贴，由石油协调委员会负责组织实施。但大规模的补贴不仅扭曲了能源市场造成能源浪费，也给政府财政带来较大负担。1997年印度政府试图逐步取消化石燃料管制价格，对化石能源市场进行市场化改造，但由于国际石油价格进入21世纪以来一直居高不下，加之印度人均收入低，能源价格体制改革进展一直缓慢。2012年以来，随着国际石油价格巨幅下挫，目前维持在每桶40美元左右，这给印度能源价格改革带来机遇，印度能源价格改革也因此进入快车道。但人们也普遍担忧，一旦国际油价回升，民众能否承受无补贴的能源价格，印度能源价格市场化改革可能面临严重考验，届时，印度削减化石燃料补贴的做法恐怕难以长期实行。

总之，一直以来，印度财政补贴占GDP、财政总支出及税收的比重较高，这虽在一定程度上促进了印度农业经济增长和有利于弱势群体的包容性增长，但却压缩了财政在基础设施建设、工业与制造业发展及教育事业等领域的投入，这种状况极不利于印度全社会物质资本和人力资本形成，在一定程度上制约了印度经济增长的潜力。

5.4.8 医疗服务支出

独立之初，印度首任总理贾瓦哈拉尔·尼赫鲁就许下了“结束贫穷、愚昧、疾病和机会不平等”的诺言，[②] 他的这一理念得到了后来历届政府首脑的继承和实践，被国

① MTHUR A S, SIRCAR S, DAS S. Status of agriculture in India [J]. Economic and political weekly, 2006, 30: 5332.

② 参见贾瓦哈拉尔·尼赫鲁1947年8月14日在印度议会的发言。

际社会广为称道的印度医疗保障制度正是这一理念的产物。同其他发达国家或部分新兴发展中国家相比，尽管印度医疗服务受经济发展水平的制约，其保障程度不高，甚至也还存在很多缺陷，但不可否认的是，这是一套行之有效的医疗保障体系。

印度医疗保障体系由公共医疗服务体系和社会化医疗服务体系两个部分构成。前一体系遍布印度从城市到农村、从中央到地方的每一个角落。印度各大小城市的医疗服务体系均由公立医院和城市保健中心（家庭福利中心）构成，而社区卫生中心、初级卫生中心和保健站构成农村医疗服务体系。私立医疗服务体系是印度医疗服务保障的有益补充，在整个体系中发挥着重要作用。尽管印度私立医疗机构占全国医疗机构总数的80%，但公立医疗系统的住院治疗人数却占了全国住院治疗人数的40%，并且服务对象主要为中下层贫民和弱势群体，因此，印度公立医疗在印度医疗体系中起到压舱石作用。

客观来说，印度历届政府在财政收入不足、财政支出较大、财政赤字长期高企的背景下，各级政府特别是邦级政府通过税收收入、非税收收入及社会保险费等多种形式筹集医疗服务资金以推动国民免费医疗事业，这对建立包容性社会、促进公平增长确实具有重要意义。图 5.11 表明，自独立以来，印度政府的医疗服务支出呈先升后降的变化趋势，但总的支出水平较低且变化幅度不大。以实际价格计算，1950—1951 财年，印度医疗服务支出为223.7 亿卢比，占 GDP 的比重仅为0.8%，可以看出，独立之初印度政府医疗服务支出无论是绝对数还是对 GDP 的相对数都比较低，不过从占经常性支出或税收的比重来看却较高，这表明独立之初印度政府动员的财政资源有限，尽

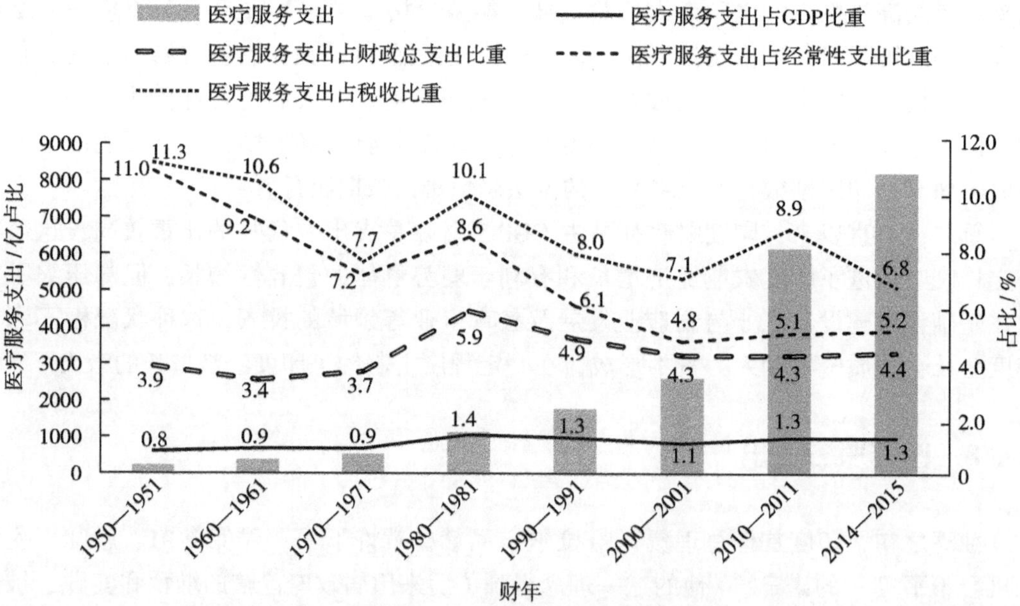

图 5.11　独立以来印度政府医疗服务支出变化趋势

（数据来源：*Government of India*：*Economy Survey 2014-15*；*Statistical Appendix*，A11；*Indian Public Finance Statistics 2014-15* 表 1.1 和表 1.9 及相关数据计算所得）

管医疗服务支出规模本身并不算大，但对政府来说已经是一项不小的负担。随后印度医疗服务支出逐渐增加，1980—1981 财年，医疗服务支出绝对数增加到 1133.9 亿卢比，占 GDP 的比重上升到峰值 1.4%，但因财政收入和其他支出的增加，医疗服务支出占税收和经常性支出的比重在总体上呈下降趋势。20 世纪 80 年代初期之后，尽管医疗服务支出绝对数持续增长，但占 GDP 的比重却一直呈现出较为平稳的发展态势，基本维持在 1.0%~1.3%。2014—2015 财年，印度医疗服务支出绝对数增加到 8201.7 亿卢比，同 1950—1951 财年相比增长了 36 倍，年增长率为 5.8%。

通过以上分析可以看出，尽管印度政府对医疗服务支出增长速度不是很快，总体规模也不是很大，远远低于发达国家甚至相当多发展中国家的支出水平，但是，印度政府始终坚持“让穷人享有充分医疗服务”的社会福利理念，在制度设计和资金配置上尽可能向穷人和弱势群体倾向，基本上保障印度国民的基础医疗需求，从而较好地解决了印度穷人看病难看病贵的问题。①

5.5 本章小结

本章以 4 个阶段为基础对印度独立以来的经济增长情况和财政支出情况进行了梳理，采用描述性统计方法对二者的演进情况进行了分析，试图揭示独立以来印度财政支出与经济增长之间的内在联系。

研究发现，独立后 30 年的混合经济时期，印度财政支出水平从占 GDP 的 9%提高到 24.2%，增长幅度较大，财政支出的规模效应逐渐得以显现；同期印度 GDP 和人均 GDP 增速前期较低、后期略有改善，个别年份呈负增长，整体较为缓慢，并且波动幅度大，农业产值和公共部门产值在国民生产总值中占比较大，这表明印度财政支出对经济增长的正向促进作用较小，但随着支出规模的扩大，这一作用由弱逐渐增强。

整个 20 世纪 80 年代是印度自由化改革的初期。这一时期财政支出规模继续扩大、占 GDP 比重从 24.24%提高到 28.16%，同时财政支出结构也有一定程度的变化，主要表现为国防支出的下降和财政补贴支出与债务利息支出的上升；同期印度经济增长速度明显加快，GDP 总量均值和人均均值分别高出前一阶段 1.81 和 1.71 个百分点，虽然仍有较大波动，但波动幅度有所收窄，产业结构继续升级和优化，第三产业产值占 GDP 比重明显提高。分析表明，自由化改革初期印度财政支出规模的扩大和结构的调整均在一定程度上促进了印度经济的增长。

1992—2007 年金融危机爆发是印度自由化改革深化时期。这一时期印度财政支出规模基本稳定在 25%~30%，变化幅度不大，但财政支出结构调整幅度较大，特别自 2000 年以来，国防支出、债务利息支出及财政补贴支出均有不同程度的下降，而经济服务、教育、医疗等支出均有不同程度的增长；同期印度经济增长明显提速，虽然波

① 李琼．印度医疗保障体系公平性分析［J］．经济评论，2009（4）：120-127.

动依然存在，但波动幅度已经大大减弱，产业结构进一步优化和升级，服务业呈井喷式增长，印度经济运行的基本面已获得显著改善。分析表明，自由化改革深化时期印度财政支出的经济增长效应主要表现为结构效应而非规模效应，即在财政支出水平基本稳定的前提下，主要通过下调军费与国防支出、财政补贴支出及债务利息支出，提高经济服务、教育、医疗与养老服务的支出水平，从而助推经济增长。

后危机时代，为抵御金融危机对印度经济的冲击，印度政府实施了大规模的扩张性财政减税政策和财政支出政策，支出水平进一步提高，赤字规模进一步扩大，同时政府还加大了优化财政支出结构的力度。从这一时期印度经济增长来看，先受危机冲击大幅放缓，随后经历短期调整便又较快地恢复到正轨，当前正保持了强劲的增长势头。分析表明，危机发生后政府所采取的这些举措无疑对恢复、稳定和促进印度经济增长发挥了重要作用。

总体来看，20 世纪 90 年代以前，印度政府财政管理主要遵循的是总量管理原则，虽然 80 年代也对财政支出结构进行了一定程度的调整，但债务利息增加和财政补贴增加导致财政支出结构变动主要还是属于“被动”调整，这种调整不利于财政支出结构的优化和完善，也不利于稳定和促进经济增长；而 90 年代以后主要遵循的是结构管理的原则，虽然自由化改革深化时期和后危机时期，财政支出规模均有所扩大，但由于支出水平本身就在高位运行，因此同 90 年代以前相比其扩大的幅度小多了，相反，财政支出结构调整对推动经济增长的作用相对更大一些。同时，印度经济增长也与 90 年代以来政府加大对财政支出的绩效管理有一定关系。

6　印度财政支出的经济增长效应实证检验

通过前文理论模型分析、对印度财政制度和财政政策变迁及其特征的梳理，以及对印度财政支出的经济增长效应的描述性统计分析我们已经知道，自独立以来，印度财政支出规模和财政支出结构均发生了较大变化，伴随财政支出变化的是印度经济增长也经历了由低速向中高速缓慢增长的过程。并且我们还发现，印度财政支出变化既是其政治、经济和社会发展的必然产物，也是政府为实现政治、经济和社会发展目标而主动调整财政支出的结果。但是，印度政府的财政支出管理举措是否精准、适当，还需要对印度财政支出与经济增长之间的互动关系做进一步实证检验。为此，本章拟构建向量自回归（VAR）[①] 模型，使用统计软件 Eviews 6.0 对印度财政支出与经济增长之间的关系进行深度考察。

6.1　检验方法、变量选择与数据处理

6.1.1　检验方法

本研究采用向量自回归（VAR）模型来检验印度财政支出规模与支出结构的经济增长效应。向量自回归（VAR）模型是一种基于众多变量（没有解释变量和被解释变量的区分）相互间纯数理统计特征的非结构性计量模型，其显著优势在于可以最大限度规避基于经济理论的传统结构性模型无法刻画变量之间动态联系的弊端。VAR 的建模思路是把某一系统中的若干内生变量视为所有内生变量的滞后项及其他外生变量和残差项的函数，从而将传统的单变量自回归模型扩展为由多变量组成的“向量”自回归模型。其数学表达式为：

$$y_t = \Phi_1 y_{t-1} + \cdots + \Phi_p y_{t-p} + Hx_t + \varepsilon_t,\ t = 1,\ 2,\ \cdots,\ T。\tag{6.1}$$

其中，y_t 是 k 维内生变量列向量，x_t 是 d 维外生变量列向量，p 是内生变量 y_t 的滞后阶数，T 是样本个数。$k \times k$ 维矩阵 Φ_1，…，Φ_p 和 $k \times d$ 维矩阵 H 是待估计的系数矩阵。ε_t 是 k 维扰动列向量，它们相互之间可以同期相关，但不与自己的滞后值相关；模型中所有方程的右侧仅含有内生变量的滞后项，ε_t 也不与这些内生变量的滞后项变量相关。

① SIMS C A. Macroeconomics and reality [J]. Econometrica, 1980 (48): 1-48.

假设Σ是ε_t的协方差矩阵，是一个$k\times k$的正定矩阵，上式展开后的表达式如下：

$$\begin{bmatrix} y_{1t} \\ y_{2t} \\ \vdots \\ y_{kt} \end{bmatrix} = \Phi_1 \begin{bmatrix} y_{1t-1} \\ y_{2t-1} \\ \vdots \\ y_{kt-1} \end{bmatrix} + \cdots + \Phi_p \begin{bmatrix} y_{1t-p} \\ y_{2t-p} \\ \vdots \\ y_{kt-p} \end{bmatrix} + H \begin{bmatrix} x_{1t} \\ x_{2t} \\ \vdots \\ x_{dt} \end{bmatrix} + \begin{bmatrix} \varepsilon_{1t} \\ \varepsilon_{2t} \\ \vdots \\ \varepsilon_{kt} \end{bmatrix}。$$

由于模型右侧仅仅出现内生变量的滞后值，所以不存在同期相关性问题，用普通最小二乘法（OLS）依次估计每个方程可以得到向量自回归（VAR）模型的一致且有效的参数估计量。

6.1.2 变量选择与数据处理[①]

本研究实证检验分三步进行。首先构建含有真实人均GDP、财政总支出规模、固定资本形成水平、实际利率4个变量在内的全样本区间和分段滚动VAR模型，从水平视角分段检验财政支出规模、投资水平、货币政策等3个变量的经济增长效应。全样本区间为1951—1952至2015—2016财年，滚动分段检验样本区间时间跨度为30年[②]，包括4~5个经济周期，这样可以有效反映印度经济周期性的影响。分段滚动VAR模型能够从动态视角全面考察印度财政支出与经济增长的关系。其次构建包括真实人均GDP、经常性支出、资本性支出、固定资本形成率和真实利率五变量在内的VAR模型对印度财政支出的结构效应进行检验，样本区间为1951—1952至2015—2016财年。最后在第一步全样本区间VAR模型的基础之上，从国防、教育、医疗等8个变量中逐次引入一个变量构建模型从功能角度对印度财政支出结构的经济增长效应进行检验，样本区间为1974—1975至2015—2016财年。变量选择及数据处理如下。

①经济增长率，采用的是剔除了人口因素和物价因素后的印度真实人均GDP年均增长率，这样的经济增长率可以描述印度经济增长的真实情况，在本研究的实证模型中用*GDP*表示。名义GDP数据来自印度政府财政部（The Finance Ministry）的出版物*Economic Survey Statistical Appendix 2015-16*，人口数据和GDP缩减指数（2003—2004财年）以世界银行网站公布的数据为准。

②政府支出规模，即印度中央政府和各邦政府财政支出总和占印度国内生产总值的比重，用以检验印度财政支出规模的经济增长效应，在本研究的实证模型中用*GOV*表示。本研究1951—1952至2003—2004财年财政总支出数据根据*Issues in Indian Public Finance*（D. K. Srivastava，New Century publications，New Delhi，India）第9页表1.1所提供的财政支出占GDP的比重结合印度The Finance Ministry的出版物*Economic Survey*

① 本章所使用数据参见本研究附表A至附录D。

② 印度自独立以来一共发生了9次经济危机，1998年前经济周期平均时长约为7~8年，1998年后周期平均时长在缩短，约为4~5年；危机发生时间分别是1957—1958财年、1965—1966财年、1972—1973财年、1979—1980财年、1991—1992财年、1998—1999财年、2002—2003财年、2007—2008财年和2012—2013财年。

Statistical Appendix 和 *Indian Public Finance Statistics* 相关年份的统计数据计算所得；2004—2005 至 2015—2016 财年印度财政总支出数据以印度 The Finance Ministry 的出版物 *Indian Public Finance Statistics* 2004—2005 至 2015—2016 财年的数据为准，均为 2003—2004 财年不变价格。

③投资率，即印度固定资本形成率，本研究用相对数表示，即印度固定资本形成总额占国内生产总值 GDP 的比重，数据以印度政府 The Finance Ministry 的出版物 *Economic Survey Statistical Appendix 2015-16* 公布的数据为准，均用 2003—2004 财年 GDP 缩减指数消除了价格因素，在本研究的实证模型中用 *CAP* 表示。

④真实利率，用以检验印度中央银行实施的货币政策对印度宏观经济的影响程度，本研究采用世界银行网站公布的印度平均真实利率数据为准，其中 1950—1960 年缺失的个别年份真实利率数据是通过查找印度相关年份 The Finance Ministry 的出版物 *Economic Survey* 的报告获得，在本研究的实证模型中用 *RATE* 表示。

⑤经常性支出和资本性支出，旨在从结构角度检验经常性支出和资本性支出的经济增长效应，在本研究的实证模型中分别用 *CUR* 和 *CPT* 表示。1950—1951 至 2003—2004 财年经常性支出和资本性支出数据根据 *Issues in Indian Public Finance*（D. K. Srivastava，New Century Publications，New Delhi，India）第 162～163 页附表 8. 1 所提供的印度经常性支出和资本性支出占 GDP 比重的数据结合印度 The Finance Ministry 的出版物 *Economic Survey Statistical Appendix* 和 *Indian Public Finance Statistics* 相关年份的统计数据计算所得；2004—2005 至 2015—2016 财年印度经常性支出和资本性支出数据以 *Indian Public Finance Statistics* 2004—2005 至 2015—2016 财年的数据为准，为 2003—2004 财年不变价格。

⑥债务利息支出、国防支出、养老服务支出、行政管理支出、经济服务支出、教育服务支出、财政补贴支出、医疗服务支出等财政支出。按功能分类法，将印度财政总支出分为上述 8 个项目分别对其经济增长效应进行检验，即在上述 VAR 模型中，分别加入债务利息支出、国防支出等财政支出，均以其相对数即各自占国内生产总值 GDP 的比重计入模型。在本研究的实证模型中，债务利息支出、国防支出、养老服务支出、行政管理支出、经济服务支出、教育服务支出、财政补贴支出、医疗服务支出等 8 个财政支出变量分别用 *INT*、*DEF*、*PEN*、*ADM*、*ECO*、*EDU*、*SUB* 和 *MED* 表示。上述 8 个财政支出样本年段 1974—1975 至 2002—2003 财年的数据以 *Issues in Indian Public Finance*（D. K. Srivastava，New Century Publications，New Delhi，India）第 148～150 页表 8. 1、表 8. 2 及第 153～154 页表 8. 4 所提供的数据为基础，结合 The Finance Ministry 的出版物 *Economic Survey Statistical Appendix* 和 *Indian Public Finance Statistics* 相关年份的统计数据计算所得，样本年段 2003—2004 至 2015—2016 财年的印度经常性支出和资本性支出数据以 *Indian Public Finance Statistics* 2004—2005 至 2015—2016 财年的数据为准。

6.2 印度财政支出规模的经济增长效应检验

6.2.1 ADF 单位根检验

为防止所检验变量之间的伪回归，需首先对 VAR 模型中的时间序列数据进行平稳性检验，只有保证模型中所有时间序列数据平稳或差分后平稳，即同阶单整，才能通过构建 VAR 模型对相关变量进行进一步检验和分析。本研究采用 ADF 统计量对真实人均经济增长率（*GDP*）、财政支出规模（*GOV*）、资本形成率（*CAP*）及真实利率（*RATE*）等 4 个变量的时间序列的平稳性进行检验，并且按照 AIC 最小准则判断和确定自回归变量的滞后期数，以保证序列残差不存在自相关。检验结果如表 6.1 所示，分析结果可知，*GDP*、*GOV*、*CAP*、*RATE* 等 4 个变量均为 I（0）序列，符合 VAR 模型构建要求。

表 6.1 ADF 单位根检验结果

变量	检验类型（*C*，*T*，*L*）	ADF 统计量	临界值	结果
GDP	（*C*，0，0）	-7.657 572	-3.670 170*	平稳
GOV	（*C*，0，0）	-5.161 878	-3.679 322*	平稳
CAP	（*C*，*T*，0）	-4.484 659	-4.309 824*	平稳
RATE	（*C*，*T*，0）	-4.329 181	-4.296 729*	平稳

注：检验类型（*C*，*T*，*L*）分别表示单位根检验方程包括常数项、线性趋势和滞后期，*、**、*** 表示在 1%、5%、10%显著性水平上拒绝原假设（H0）。

6.2.2 Johansen 协整检验

采用 Johansen 方法做协整分析以判断 *GDP*、*GOV*、*CAP*、*RATE* 等 4 个变量之间是否存在长期均衡关系。首先根据 AIC 和 SC 同时最小准则确定 VAR 模型结构，最优滞后期 Ω 如表 6.2 所示，再对各个时段 VAR 进行自相关检验（LM test）和正态性检验（JB test），所有 VAR 方程特征根的绝对值都小于 1，即位于单位圆内，这表明所有 35 个分段样本区间 VAR 模型和 1 个全样本区间 VAR 模型均满足稳定性要求。

表 6.2 各样本区间 VAR 模型最优滞后期的选择

样本区间	Ω	样本区间	Ω	样本区间	Ω	样本区间	Ω	样本区间	Ω	样本区间	Ω
1951—1981	1	1957—1987	1	1963—1993	2	1969—1999	2	1975—2005	3	1981—2011	2
1952—1982	2	1958—1988	2	1964—1994	2	1970—2000	2	1976—2006	2	1982—2012	1
1953—1983	2	1959—1989	1	1965—1995	3	1971—2001	3	1977—2007	2	1983—2013	1
1954—1984	2	1960—1990	2	1966—1996	3	1972—2002	3	1978—2008	2	1984—2014	1
1955—1985	2	1961—1991	2	1967—1997	3	1973—2003	3	1979—2009	3	1985—2015	2
1956—1986	1	1962—1992	2	1968—1998	1	1974—2004	3	1980—2010	2	**1951—2015**	**2**

注：表 6.2 中样本区间的起止年份均为财政年度，如 1951—1981 指的是从 1950—1951 财年到 1980—1981 财年，以此类推，下同；黑体字的样本区间（1951—2015）指的是全样本区间，即从 1950—1951 财年至 2014—2015 财年，下同。

在确定各个样本区间 VAR 模型的滞后期后，接下来针对 36 个 VAR 模型分别就模型中变量是否存在长期均衡关系进行检验。先根据 AIC 准则分别就“仅含截距项”“仅含趋势项”“既无截距项也无趋势项”3 种情况继续检验以上 36 个 VAR 模型的结构，确定上述每个 VAR 模型是否包含截距项和趋势项；接着对 35 个分段样本和 1 个全样本的 VAR 模型进行 Johansen 协整检验。通过以上操作步骤，36 个 VAR 模型协整检验结果是：有 1 个协整关系的 VAR 模型有 6 个，有 2 个协整关系的 VAR 模型有 9 个，有 3 个协整关系的 VAR 模型有 8 个，有 4 个协整关系的 VAR 模型有 7 个，有 5 个协整关系的 VAR 模型有 6 个。Johansen 协整检验结果表明：印度真实人均经济增长率（*GDP*）同其财政支出规模（*GOV*）、固定资本形成率（*CAP*）和真实利率（*RATE*）之间存在长期均衡关系。

6.2.3 Granger 因果检验

上面对全样本 VAR 模型的 Johansen 协整检验表明印度真实人均经济增长率（*GDP*）、财政支出规模（*GOV*）、印度资本形成率（*CAP*）及真实利率（*RATE*）四变量之间存在长期稳定关系，但这种均衡稳定关系是否构成因果关系则需要进一步检验。本研究采用 Granger 因果检验法进行检验。根据 AIC 和 SC 同时最小准则判断全样本区间 VAR 模型的滞后期 $lags=2$，Granger 因果检验结果如表 6.3 所示。从表 6.3 的因果检验结果不难看出，在 10%的显著性水平下，印度真实人均经济增长率（*GDP*）与财政支出规模（*GOV*）之间存在双向因果关系，即印度财政支出规模（*GOV*）是人均经济增长率（*GDP*）的格兰杰因；反之来，人均经济增长率（*GDP*）也是财政支出规模（*GOV*）的格兰杰因。就资本形成率（*CAP*）与人均经济增长率（*GDP*）的相互关系来看，在 10%的显著性水平下，资本形成率（*CAP*）是人均经济增长率（*GDP*）的格兰杰因，但反过来并不成立。在 10%的显著性水平下，*GDP* 和 *RATE* 之间并不构成格兰杰因果关系。由此进一步证明了自独立以来印度政府公共财政支出的确在一定程度上推动了印度经济的增长，同样印度经济增长也促进了财政支出的增加，符合瓦格纳定律。

表 6.3　1951—2016 年印度 *GDP*、*GOV*、*CAP*、*RATE* 四变量 Granger 因果检验结果

原假设	观测值	*F* 值	*P* 值
财政支出规模（*GOV*）不是经济增长率（*GDP*）的格兰杰因	64	5.164 01	0.0086
经济增长率（*GDP*）不是财政支出规模（*GOV*）的格兰杰因	64	2.848 70	0.0659
资本形成率（*CAP*）不是经济增长率（*GDP*）的格兰杰因	64	9.981 69	0.0002
经济增长率（*GDP*）不是资本形成率（*CAP*）的格兰杰因	64	2.170 44	0.1232
真实利率（*RATE*）不是经济增长率（*GDP*）的格兰杰因	64	1.428 15	0.2479
经济增长率（*GDP*）不是真实利率（*RATE*）的格兰杰因	64	0.726 22	0.4880

6.2.4　脉冲响应分析

为了进一步测度各个 *VAR* 模型中 *GOV*、*CAP* 和 *RATE* 等内生变量冲击对相应区间真实人均 GDP 带来的影响，分别对 35 个分段样本区间和 1 个全样本区间的 VAR 模型进行脉冲响应分析。脉冲响应分析结果如表 6.4 所示，其数值表示各个样本区间人均 GDP 增长率分别对该样本区间政府财政支出、固定资本形成及真实利率一个标准差的冲击下 10 期反应情况的累积值。

观察表 6.4 和图 6.1 脉冲响应值变化趋势可以发现以下现象。

第一，除个别样本区间真实人均 GDP 增长率对一个标准差的政府支出冲击的脉冲响应累积值为负以外，其余均为正，表明印度真实人均 GDP 增长率的变化与财政支出规模的变动正相关。因此，扩大财政支出规模将有利于促进真实人均 GDP 增长率提高，而降低财政支出规模则会降低真实人均 GDP 增长率。

第二，1951—1981 至 1954—1984 连续 4 个样本区间人均 GDP 增长率的变化对政府支出冲击的脉冲响应累积值均为负。这一结果绝非偶然。一方面，这一样本区间印度财政支出占 GDP 比重均值为 16.8%，只是到了 20 世纪 70 年代中后期才开始超过 20%，因此政府财政支出尚无规模效应；另一方面，样本区间跨越时间主要还是计划经济时代，这一时期，国家财政职能主要在于动员和转移社会剩余资源以满足国营部门、重化工业和国防发展的庞大资金需求，这些部门和行业的资金使用效率一直广为社会诟病，这是财政支出效率低下的主要原因。随着财政支出规模的扩大及样本区间跨越计划时期年份的减少，财政支出的产出效率也逐渐改善和提高。

表 6.4 36 个样本区间 VAR 脉冲响应分析结果

样本区间	财政支出规模(*GOV*)/%	资本形成率(*CAP*)/%	真实利率(*RATE*)/%	样本区间	财政支出规模(*GOV*)/%	资本形成率(*CAP*)/%	真实利率(*RATE*)/%
1951—1981	-9.73	-115.75	-85.41	1969—1999	88.26	131.51	24.83
1952—1982	-64.77	-112.23	-82.47	1970—2000	85.51	130.60	25.92
1953—1983	-38.36	-28.44	-55.77	1971—2001	72.11	120.69	-33.40
1954—1984	-28.86	-57.89	-36.37	1972—2002	56.70	127.54	-28.01
1955—1985	16.48	-16.48	-22.60	1973—2003	48.41	170.98	-1.11
1956—1986	33.67	-15.76	-18.27	1974—2004	190.77	114.36	40.06
1957—1987	41.27	-67.11	-63.17	1975—2005	203.49	273.96	15.58
1958—1988	71.80	-33.09	-66.17	1976—2006	289.77	436.24	49.90
1959—1989	136.92	27.06	-66.25	1977—2007	427.11	325.41	13.65
1960—1990	124.94	69.12	11.88	1978—2008	254.18	420.73	35.21
1961—1991	159.39	18.91	22.61	1979—2009	215.65	431.52	1.45
1962—1992	167.62	63.58	39.05	1980—2010	266.48	346.20	2.76
1963—1993	175.75	-8.37	65.01	1981—2011	198.12	252.43	-34.27
1964—1994	170.24	-28.22	-5.72	1982—2012	134.90	413.22	99.12
1965—1995	168.70	-57.00	-37.45	1983—2013	106.41	390.41	74.93
1966—1996	147.10	54.46	-27.54	1984—2014	79.96	389.74	88.32
1967—1997	109.03	-1.77	-48.87	1985—2015	98.36	209.26	95.48
1968—1998	84.99	67.28	-12.63	**1951—2015**	**80.72**	**193.63**	**-12.94**

第三，人均 GDP 增长率对财政支出冲击的脉冲响应累积值的第一个峰值出现在 1963—1993 这一样本区间。其主要原因包括：一是这一时期财政支出水平的迅速提升带来的规模效应，1963—1964 财年印度财政支出占 GDP 比重为 18.82%，而 1986—1987 财年占比上升到 29.02%，提高了 10.2 个百分点；二是 20 世纪 80 年代政府加强对国营企业进行整顿，鼓励其面向市场、扩大其自主经营权等，这些举措有助于公共资源效率的提升；① 三是 80 年代开始政府下调国防支出比重而增加教育与经济服务支出等。虽然这一跨期也经历了 70 年代石油危机的冲击，但在几种正向效应的叠加下，特别是支出规模扩大有力助推了财政支出产出效应的稳步提升。

第四，第一峰值后 *GOV* 脉冲累积值小幅下滑。从样本跨越时期来看，虽然这一阶段后期政府发动的较大力度经济自由化改革推动了印度经济增长，但受其他因素的影响，财政支出的产出效应不升反降。一是自由化改革开启后政府压缩了财政支出规模，1996—1997 财年财政支出占 GDP 比重同 1986—1987 财年（29.02%）相比大幅下降到 23.47%，规模效应有所削弱；二是行政费用和债务利息等非发展性支出急剧上升，特别是占 GDP 比重高达 7%~8%的债务利息支出大大制约了财政资金产出效应的发挥，这是财政支出效应小幅下降的主要原因。

① REDDY, Y V, VALLREI N, RAY P. Financial and fiscal policies [M]. Oxford: Oxford University Press, 2014: 200.

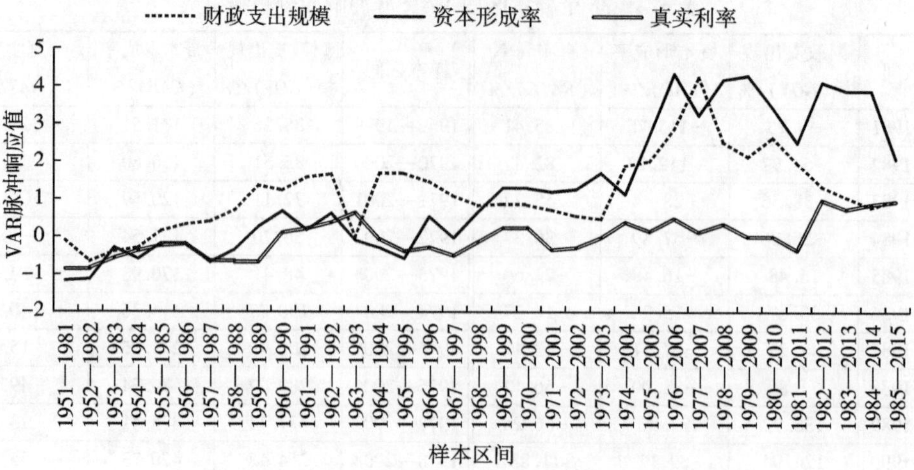

图 6.1　35 个分段样本区间 VAR 脉冲响应值变化趋势

第五，从 1974—2004 这一样本区间开始财政支出产出效应迅速提高，直到 1977—2007 第二峰值出现。这一跨期，印度财政支出稳中有降，财政支出的管理效率和结构效应共同取代规模效应成为产出效率提升的主要原因。首先，印度财政支出管理效率的提高是印度经济增长的重要推动因素。从英迪拉·甘地第二任政府和拉吉夫·甘地政府开始，印度国营企业开始推行绩效管理制度。20 世纪 90 年代开始后，政府又逐步推行财政绩效预算、零基预算制度等。2003 年印度国会又通过了《财政责任与预算管理法案》，政府加大了对财政预算、支出责任和财政赤字的管理力度，同时还实行了中期考核制度，加强对财政资金使用方向和过程的监管。① 其次，是政府对财政支出的调整提高了财政支出的配置效率。从 20 世纪 80 年代中期开始，印度国防支出就开始减少，90 年代开始后，国防支出进步下降，同时债务利息支出、行政管理支出和财政补贴支出等非发展性支出的占比均有所下降，而教育服务支出、经济服务支出等发展性支出的占比有所提高。

第六，前后两次 GOV 脉冲响应累积值峰值相差高达 2.513 587（1977—2007 这一样本区间的脉冲值 4.271 053 与 1963—1993 这一样本区间的脉冲值 1.757 466 之差），谷值相差高达 1.131 818（1973—2003 这一样本区间的脉冲值 0.484 108 与 1952—1982 这一样本区间的脉冲值-0.647 71 之差）。观察脉冲响应累积值变化趋势不难发现，第一峰值出现前的样本跨期以实行计划主导的混合经济体制为主，而第二峰值出现前后的样本跨期主要为从计划管理向市场调节过渡的转型时期。经济理论认为，与市场经济相适应的公共财政运行机制不同于计划管理型财政，同计划管理型财政相比，公共财政支出行为更加规范、支出过程更加社会化、支出目的更加公共化，同时，公私并存的竞争格局也促进了公共资源使用效率的提高。因此，我们有理由相信，印度 20 世纪 80—90 年代后财政支出产出效应普遍提高的原因除了上述扩大支出规模、调整支出结构及强化支出管理等外，市场经济体制形成及相应的财政运行机制完善也是重要推力。

① PURI V K, MISRA S K. Indian economy [M]. New Delhi: Himalaya Publishing House, 2008: 691-692.

6.2.5　方差分解

为了更精确地考察印度财政支出规模对经济增长的推动作用，我们采用乔勒斯基（Cholesky）正交化方法消除全样本区间 VAR 模型和 35 个分段样本区间 VAR 模型中残差项之间的同期相关和序列相关后，对各样本区间 VAR 模型中真实人均 GDP 增长率进行方差分解，以进一步考察真实人均经济增长率（*GDP*）、财政支出规模（*GOV*）、资本形成率（*CAP*）等变量对真实人均 GDP 增长率变动的贡献度，分解结果如表 6.5 所示。

观察表 6.5 可以发现，35 个分段样本 VAR 的平均方差分解显示：真实人均 GDP 增长率变动从其自身获得了 79.27%的解释力，从资本形成率获得了 14.23%的解释力，而财政支出规模仅给予了 3.60%的贡献度。而含有全样本区间的 VAR 的方差分解结果显示：真实人均 GDP 增长率变动从其自身获得了 91.51%的解释力，从资本形成率获得了 5.54%的解释力，而财政支出规模仅给予了 1.42%的贡献度。这充分表明，印度财政支出规模对真实人均 GDP 增长率的提高虽有正向推动作用，但这一作用确实不能被夸大。从表 6.5 还可以看出，财政支出规模对人均 GDP 增长率的贡献度变化趋势与表 6.4 及表 6.3 基本一致，从而也印证了前面的实证检验结果。

表 6.5　36 个 VAR 模型人均真实 GDP 方差分解结果

样本区间	财政支出规模（*GOV*）/%	资本形成率（*CAP*）/%	经济增长率（*GDP*）/%	样本区间	财政支出规模（*GOV*）/%	资本形成率（*CAP*）/%	经济增长率（*GDP*）/%
1951—1981	1.23	4.13	93.14	1969—1999	2.71	12.66	83.73
1952—1982	1.37	4.48	92.46	1970—2000	2.55	12.81	83.17
1953—1983	1.30	11.29	82.75	1971—2001	1.35	11.97	84.21
1954—1984	0.71	11.18	87.80	1972—2002	1.31	14.84	80.89
1955—1985	1.00	9.57	86.97	1973—2003	1.89	20.44	76.07
1956—1986	0.86	9.77	87.31	1974—2004	3.27	17.02	76.07
1957—1987	0.86	2.91	94.91	1975—2005	4.25	18.10	73.43
1958—1988	1.10	2.25	95.05	1976—2006	6.33	17.86	70.27
1959—1989	0.89	1.75	94.26	1977—2007	9.30	11.87	73.45
1960—1990	2.41	6.55	90.42	1978—2008	6.10	34.15	56.06
1961—1991	1.09	14.39	83.46	1979—2009	4.71	32.46	56.83
1962—1992	2.21	9.27	87.89	1980—2010	5.79	8.65	85.56
1963—1993	3.20	8.20	86.85	1981—2011	8.88	4.59	76.45
1964—1994	4.80	13.94	80.34	1982—2012	4.13	41.81	48.24
1965—1995	5.76	15.45	76.60	1983—2013	4.14	37.02	52.39
1966—1996	4.69	13.99	78.85	1984—2014	3.38	37.20	52.68
1967—1997	8.41	7.79	80.48	1985—2015	3.29	10.02	79.90
1968—1998	5.70	7.31	85.47	**1951—2015**	**1.42**	**5.54**	**91.51**

6.3 印度财政支出结构的经济增长效应检验：经常性支出与资本性支出

按国际货币基金组织（IMF）的出版物 *Government Financial Statistics* 的分类方法，印度财政支出分为经常性支出和资本性支出。下面构建含有 *GDP*、*CAP*、*CUR*、*CPT* 和 *RATE* 五变量在内的 VAR 模型，从结构视角检验独立以来印度经常性支出与资本性支出变化对印度经济增长的影响，样本区间为 1950—1951 至 2015—2016 财年。

首先对 *CUR*、*CPT* 两时间序列进行 ADF 单位根检验，二者均为 I（0）时序数列，与 *GDP*、*CAP* 和 *RATE* 为同阶单整，继而对 *GDP*、*CAP*、*CUR*、*CPT* 和 *RATE* 五变量做 Johansen 协整检验，结果显示存在 4 个协整方程，上述检验表明 *GDP*、*CUR*、*CPT*、*CAP*、*RATE* 五变量满足构建 VAR 模型的平稳性要求。接下来对 *GDP*、*CUR*、*CPT*、*CAP*、*RATE* 五变量进行 Granger 因果检验，检验结果如表 6.6 所示。在 10%的显著性水平下，财政经常性支出（*CUR*）和真实人均经济增长率（*GDP*）互为格兰杰因，即印度财政经常性支出促进了印度经济增长，反之亦然。因此，增加经常性支出有利于促进印度真实人均经济增长率。在 *CPT* 和 *GDP* 的相互关系中，财政资本性支出是经济增长的原因，因此增加财政资本性支出有利于印度经济增长，但经济增长并不能促进财政资本性支出的增加。

表 6.6 1951—2016 年印度 *GDP*、*CUR*、*CPT*、*CAP* 和 *RATE* 五变量 Granger 因果检验结果

原假设	观测值	*F* 值	*P* 值
经常性支出（*CUR*）不是经济增长率（*GDP*）的格兰杰因	64	7.536 46	0.0012
经济增长率（*GDP*）不是经常性支出（*CUR*）的格兰杰因	64	2.812 87	0.0681
资本性支出（*CPT*）不是经济增长率（*GDP*）的格兰杰因	64	0.658 98	0.0002
经济增长率（*GDP*）不是资本性支出（*CPT*）的格兰杰因	64	0.077 27	0.1232
资本形成率（*CAP*）不是经济增长率（*GDP*）的格兰杰因	64	9.981 69	0.0079
经济增长率（*GDP*）不是资本形成率（*CAP*）的格兰杰因	64	2.170 44	0.4880
真实利率（*RATE*）不是经济增长率（*GDP*）的格兰杰因	64	1.428 15	0.2479
经济增长率（*GDP*）不是真实利率（*RATE*）的格兰杰因	64	0.726 22	0.4880

对含有 *GDP*、*CUR*、*CPT*、*CAP* 和 *RATE* 五变量的 VAR 模型做脉冲响应分析发现，按照 *GDP*、*CUR*、*CPT*、*CAP* 和 *RATE* 的 Cholesky 正交化排序，分别给 *GDP*、*CUR*、*CPT*、*CAP* 和 *RATE* 一个标准差的正向冲击，人均 GDP 10 期反应的累积值分别为 2.569 345、0.722 999、0.549 514、0.926 174 和−0.523 457，从中可以看出，印度财政经常性支出、财政资本性支出及资本形成率对经济增长是正相关关系，这与前一步 Granger 因果检验结果基本一致。最后对基于 *GDP*、*CUR*、*CPT*、*CAP* 和 *RATE* 五变量的 VAR 模型做方差分解以考察 *CUR*、*CPT* 两个变量对印度真实人均 GDP 增长率变动的贡献度。结果显示，真实人均 GDP 每变动一个单位，可以分别从 *GDP*、*CUR*、*CPT*、*CAP* 和 *RATE* 获得的解释是 93.5%、1.04%、0.83%、1.28%和 3.35%，这进一步印证了前面

Granger 因果检验和脉冲响应分析的结果，无论是经常性支出还是资本性支出对经济增长均呈正相关关系，但是二者对真实人均 GDP 增长率的影响都不是非常显著，特别是资本性财政支出对印度经济增长的推动作用比经常性财政支出的推动作用还要小一些，这与前面理论分析的结果不完全一致，也与有关财政支出经济增长效应机制的一般认识相矛盾，原因可能与印度资本性财政支出较多用于生产效率较低的农业基础设施有关。

6.4 印度财政支出结构的经济增长效应检验：功能分类法的几项财政支出

按照功能分类法，将印度财政支出分为债务利息支出、国防支出、养老服务支出、行政管理支出、经济服务支出、教育服务支出、财政补贴支出、医疗服务支出等 8 项支出。以下部分是在 6.2 节构建的 VAR 模型基础上分别加入上述八变量（样本区间为 1974—1975 至 2015—2016 财年）之一，重新构建 VAR 模型对印度财政支出结构的经济增长效应做进一步检验。

6.4.1 债务利息支出

自 20 世纪 80 年代初开始债务利息支出便成为印度最大的财政支出负担，虽然后金融危机时代水平有所下降，但第一大支出项地位没有发生根本动摇。通过构建 *GDP*、*GOV*、*CAP*、*RATE* 和 *INT* 五变量 VAR 模型，根据 AIC 和 SC 同时最小准则确定该 VAR 模型结构最优滞后期为 2，且具有稳定性，随后的 Johansen 协整检验显示各变量间存在协整关系（表 6.7），表明印度债务利息支出与经济增长之间存在长期稳定关系。

表 6.7 1975—2016 年印度 *GDP*、*GOV*、*CAP*、*RATE* 和 *INT* 五变量 VAR 模型协整检验结果

假设协整方程个数	最大特征根	迹统计量	5%显著水平下临界值	*P* 值
0 个协整方程*	0.640 258	89.852 17	76.972 77	0.0082
最多 1 个协整方程*	0.482 742	58.432 72	50.148 46	0.0312

* 表示在 5%的显著性水平下拒绝原假设。

对 *GDP*、*GOV*、*CAP*、*RATE* 和 *INT* 五变量 VAR 模型的脉冲响应分析显示，当给债务利息支出一个正向冲击后，经济增长的初始效应为 0，在随后的第 1 期至第 3 期均呈现为负向效应；虽然第 4 期转为正向效应，但持续时间较短且效应也不大；从第 5 期开始，债务利息支出对经济增长产生的脉冲效应开始向 0 收敛（图 6.2）。这种相位表明印度债务利息支出在短期具有较大负向效应，制约了印度经济增长，但从长期来看，这种负效应将会减弱。这一检验结果在一定程度上印证了前文的分析结论。一方面债务利息是消耗性支出，由于占比过高，沉重的偿债支出负担必然挤占有限的财政资源，大大压缩其他能够较好发挥财政资源效率的使用空间，从而在短期内阻碍和制约印度经济增长和社会发展；另一方面，由于印度巨额债务利息支出主要源于农业基础设施、扶贫、教育、医疗等发展性项目，这些项目的实施从长期来看有利于形成印度的有形资本和人力资本，从而对经济社会发展又是有益的。另外，从图 6.3 可以看出，印度债务利息支出对 GDP 波动是负相关关系，即随着经济增长的提速，债务利息支出呈减少趋势，这是因为经济增长加快了税收增加，从而导致债务利息减少。

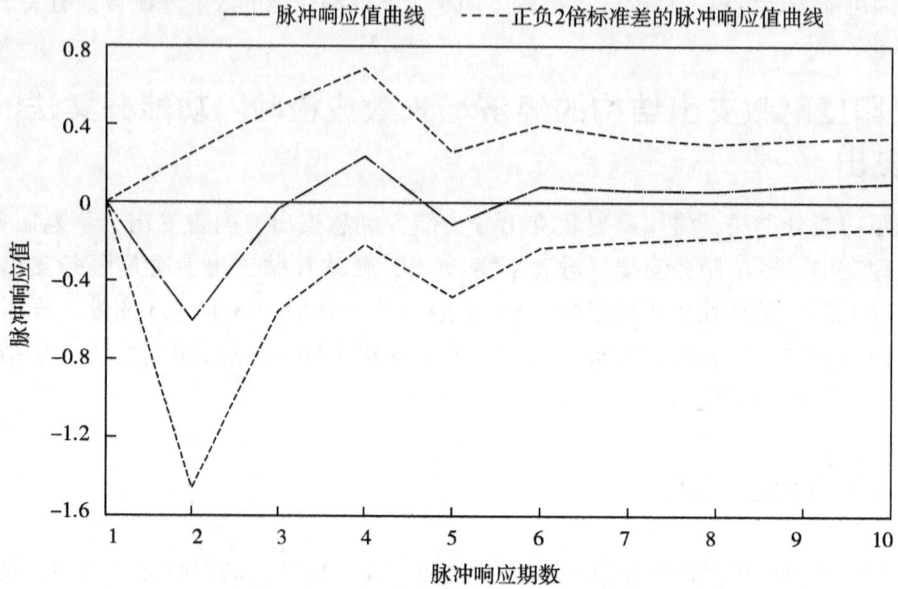

图 6.2　经济增长率对债务利息支出冲击的反应

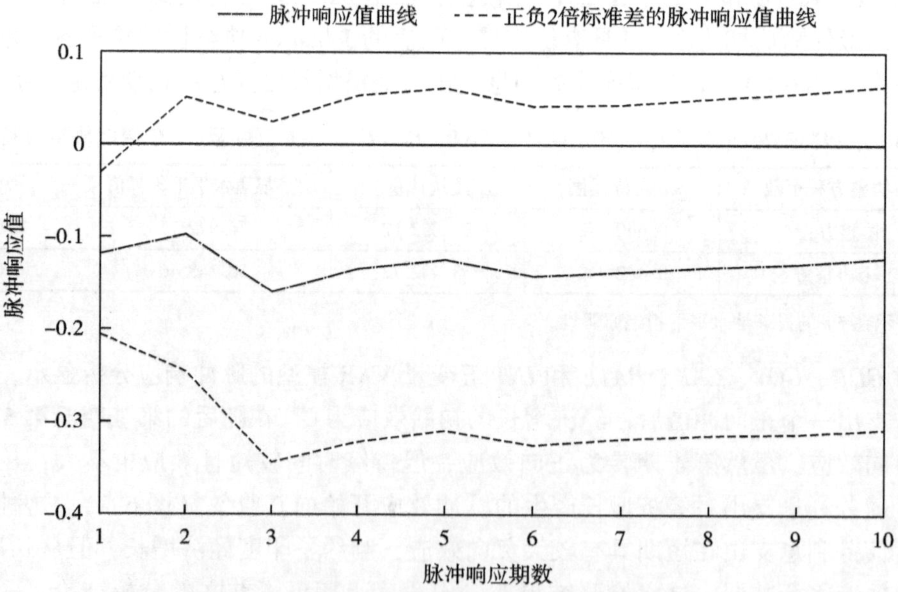

图 6.3　债务利息支出对经济增长率冲击的反应

6.4.2 国防支出

印度国防支出的经济增长效应向来备受争议。1974—1975 至 2015—2016 财年，印度国防支出占中央经常性支出比重平均为 10.05%。构建包括 *GDP*、*GOV*、*CAP*、*RATE* 和 *DEF* 五变量 VAR 模型，根据 AIC 和 SC 同时最小准则确定该 VAR 模型结构最优滞后期为 1，且具有稳定性，Johansen 协整检验显示各变量间存在协整关系，表明印度国防支出与经济增长之间存在着长期稳定均衡关系（表 6.8）。

表 6.8 1975—2016 年印度 *GDP*、*GOV*、*CAP*、*RATE* 和 *DEF* 五变量 VAR 模型协整检验结果

假设协整方程个数	最大特征根	迹统计量	5%显著水平下临界值	*P* 值
0 个协整方程*	0.590 333	89.852 17	76.972 77	0.0037
最多 1 个协整方程*	0.469 262	56.832 94	54.079 04	0.0278

* 表示在 5%的显著性水平下拒绝原假设。

对 *GDP*、*GOV*、*CAP*、*RATE* 和 *DEF* 五变量 VAR 模型的脉冲响应分析显示，当给国防支出一个正向冲击后，其经济增长效应在第 1 期为 0，随后由 0 转负，在第 2 期达最大值后开始减弱并在第 3 期转为较小正向效应，随后收敛为 0（图 6.4）。这种相位表明印度国防支出在短期内对经济产出起到了较大的抑制而非促进作用，这和上一章描述分析结论基本一致。其原因可能在于：一是除防卫国家安全职能外军费开支本身就属于典型的消耗性支出；二是印度为实施大国战略，长期过度国防支出挤占了有限的财政资源；三是印度军备多外购少国产，直接用于军备或军事技术研发的国防支出

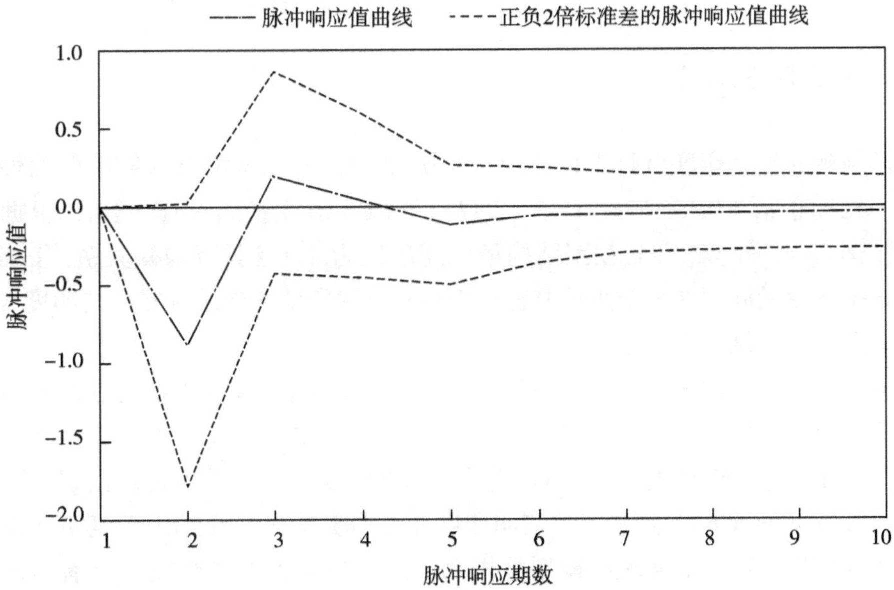

图 6.4 经济增长率对国防支出冲击的反应

较少。因此，在和平与发展的今天，适当削减国防支出对推动印度经济增长是有益的。图6.5显示，给印度经济增长一个标准差的正向冲击后，国防支出的脉冲响应在第1期时为0，随后转入负向效应，并且持续下去直到第10期均无收敛迹象。这种相位表明随着印度经济增长的提速，其国防支出在总体上不是增加而是减少，这与事实基本吻合，1974—1975财年，印度国防支出占GDP的比重为3.53%，而2014—2015财年已下降到1.75%，这也进一步反映出印度国防预算与经济增长的关系不大。

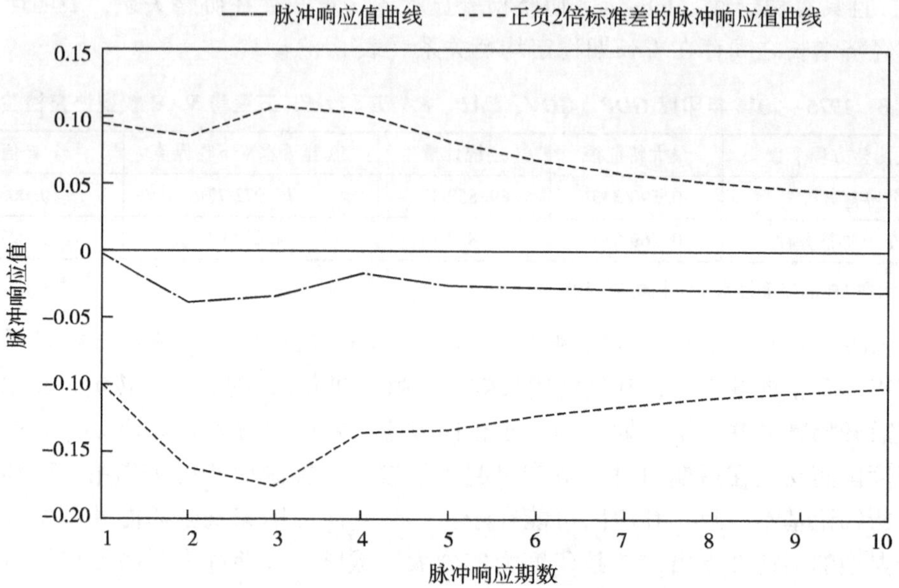

图6.5 国防支出对经济增长率冲击的反应

6.4.3 养老服务支出

养老服务支出是印度财政支出的组成部分之一，其经济增长效应的两面性向来备受争议。构建包括 *GDP*、*GOV*、*CAP*、*RATE* 和 *PEN* 五变量的VAR模型，根据AIC和SC同时最小准则确定该VAR模型结构最优滞后期为2，且具有均衡关系，Johansen协整检验显示各变量间存在3个协整方程，表6.9表明印度养老服务支出与印度人均经济增长率之间有着长期稳定关系。

对 *GDP*、*GOV*、*CAP*、*RATE* 和 *PEN* 五变量VAR模型的脉冲响应分析显示，当给养老服务支出一个标准差的正冲击后，其人均GDP增长率在第1期反应为0，随后由0转正，在第2期达最大值后开始减弱并在第3期收敛为0，随后再次出现程度较小的持续正向效应（图6.6）。这种相位表明印度养老服务支出在短期内对经济产出起到了较大的促进作用，这和前文理论模型分析和描述分析认为服务性支出具有短期经济增长效应的结论基本一致；但印度养老服务支出作为消费性支出还具有长期经济增长效应，这一结论背离了消费性支出的一般认知。其原因可能在于：一是印度财政养老服务支出的规模较小，其正向经济增长效应还比较明显；二是通过稳定社会、刺激消费、筹集建设资金从而促进经济增长。总之，本研究检验结果表明，印度养老服务支出的经济增长效应无论是短期还是长期均具有一定正向效应（图6.7），并不支持反对者对养老服务支出关于经济增长效应的认知，因此政府在相关政策的取向上坚持适当增加养老服务支出以提高民众的福利水平是合理的。

表6.9　1975—2016年印度*GDP*、*GOV*、*CAP*、*RATE*和*PEN*五变量VAR模型协整检验结果

假设协整方程个数	最大特征根	迹统计量	5%显著水平下临界值	*P*值
0个协整方程*	0.640 263 4	78.384 62	65.246 99	0.0044
最多1个协整方程*	0.549 361	48.279 44	42.102 47	0.0281
最多2个协整方程*	0.389 222	38.381 54	24.267 21	0.0332

*表示在5%的显著性水平下拒绝原假设。

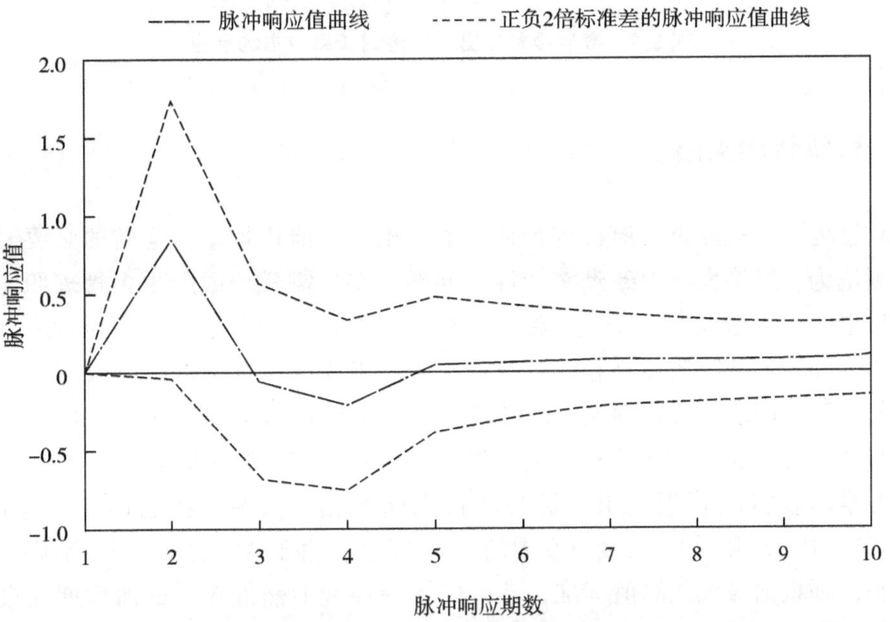

图6.6　经济增长率对养老服务支出冲击的反应

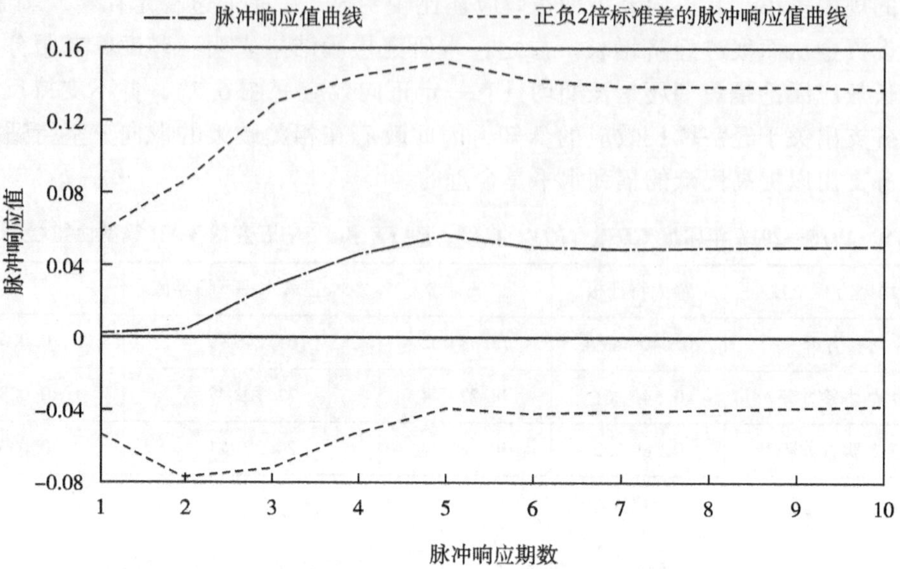

图 6.7　养老服务支出对经济增长率冲击的反应

6.4.4　行政管理支出

行政管理支出是保障政府机构行使职能、维持政府机构正常运转的必要开支。瓦格纳法则认为，经济发展引致经济和社会问题增多，需赋予政府更多管理职能，行政管理支出也就随之增加。不过，如果因为政府官僚的“自利”、信息不对称或行政效率低下等原因导致政府财政预算和行政管理支出过度膨胀，这会造成财政资源低效和浪费。相较之下，印度行政管理支出占财政总支出和 GDP 比重不算太大，1974—1975 至 2013—2014 财年，上述两个占比分别仅为 4. 24%和 1. 12%的平均水平。

为考察印度行政管理支出与经济增长之间的相关关系，我们构建了包含 *GDP*、*CAP*、*GOV*、*RATE* 和 *ADM* 五变量在内的 VAR 模型，由于 AIC 准则和 SC 准则没有同时达到最小，则根据极大似然值标准，选择二者中极大似然值较大的滞后期为最优滞后期，依此确定最优滞后期为 1。随后进行 Johansen 协整检验表明行政管理支出和经济增长之间存在协整关系（表 6. 10）。

表 6. 10　1975—2016 年印度 *GDP*、*GOV* 、*CAP*、*RATE* 和 *ADM* 五变量 VAR 模型协整检验结果

假设协整方程个数	最大特征根	迹统计量	5%显著水平下临界值	*P* 值
0 个协整方程*	0. 551 708	89. 622 67	69. 818 89	0. 0006
最多 1 个协整方程*	0. 473 916	59. 937 21	47. 856 13	0. 0025
最多 2 个协整方程*	0. 445 878	36. 172 32	29. 797 07	0. 0080
最多 3 个协整方程*	0. 136 659	5. 436 972	3. 841 466	0. 0197

* 表示在 5%的显著性水平下拒绝原假设。

在 VAR 模型基础上进行的行政管理支出与经济增长之间的脉冲响应分析表明（图 6.8）：行政管理支出与经济增长之间呈非线性相关关系。当给行政管理支出一个正冲击后，经济增长于第 1 期呈 0 弹性反应，第 2 期有 0.1%的正向效应，随后由正转负，至第 3 期负效应达最大值 0.1%，直至第 6 期完全收敛为 0。这种相位表明印度行政管理支出在短期内具有正向经济增长效应而在长期内却是负向效应。这一结论与学界对印度政府因民主宪政制下党派相互掣肘或官僚腐败等原因导致行政效率低下的传统认知相悖。其原因可能在于：一是印度政府建有一套严密的具有相互制衡特色的财政监管体系；二是腐败“润滑剂”在一定程度上可以助推经济增长；[①] 三是印度政府行政管理支出占总支出的比重本身也不高。经济增长对行政管理支出有正向影响（图 6.9）。当给实际人均 GDP 一个正向冲击后，印度政府行政管理支出在第 1 期为正效应，但随后逐渐减弱，直到第 3 期效应趋近为 0。这表明，印度经济增长推动了印度政府行政管理支出的增加，这与瓦格纳法则相吻合。

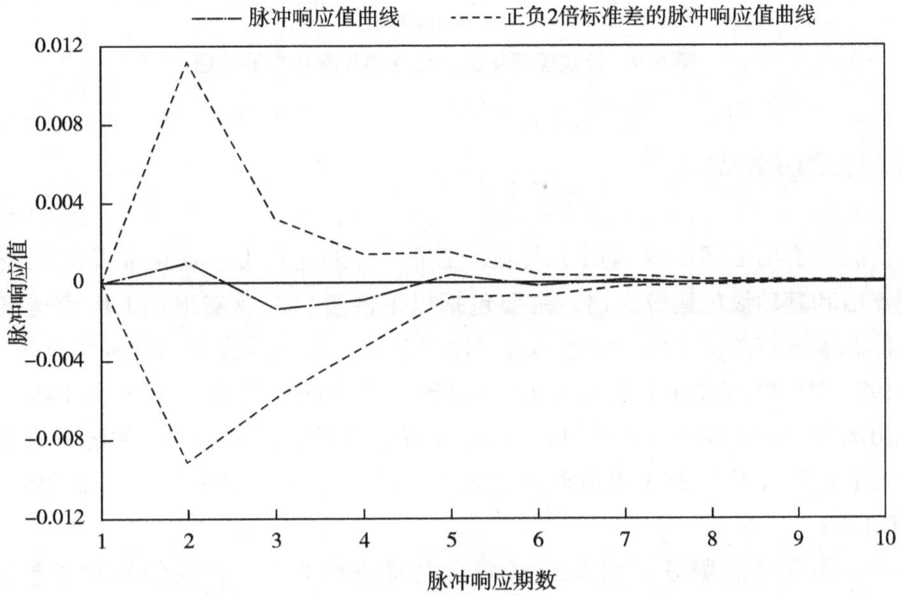

图 6.8　经济增长率对行政管理支出冲击的反应

① EGGER E，WINNER H. Evidence on corruption as an incentive for foreign direct investment [J]. European journal of political economy，2005（21）：932-952.

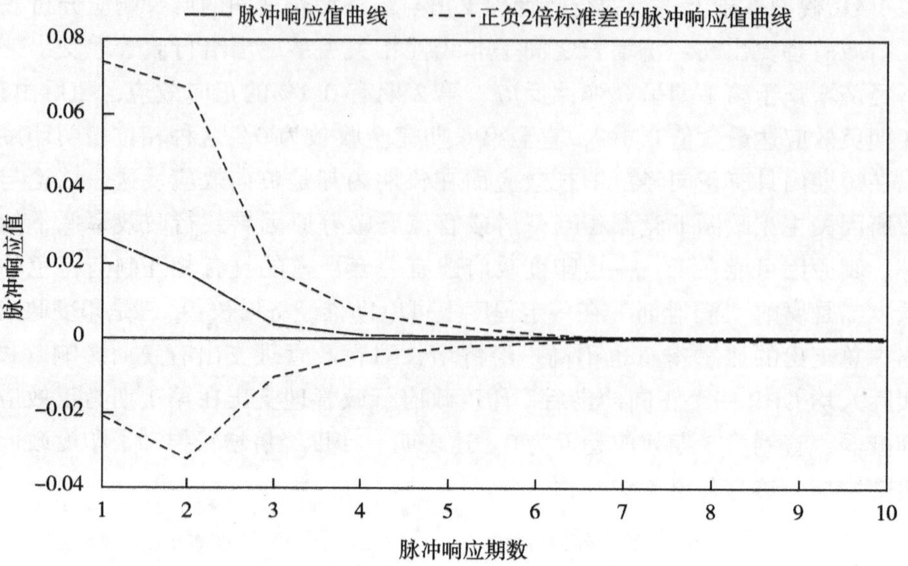

图 6.9　行政管理支出对经济增长率冲击的反应

6.4.5　经济服务支出

经济服务支出是印度政府用于农业、工业、交通运输业、通信业及其他经济活动的管理支出和基础设施建设支出，主要包括以下内容：农业支出、工矿业支出、化肥补贴、能源灌溉与防洪支出、交通运输支出、公共工程项目支出和外经贸合作支出等。1974—1975 财年经济服务支出占 GDP 和财政总支出的比重分别为 2.61%和 14.38%，2015—2016 财年分别为 5.11%和 17.14%，其中，农业、工矿业、能源灌溉与防洪、交通运输与通信和公共工程 5 项占财政总支出的平均水平分别为 7.7%、2.2%、3.0%、3.2%和 0.7%。

为考察印度经济服务支出与经济增长之间的相关关系，我们构建了包含 *GDP*、*CAP*、*GOV*、*RATE* 和 *ECO* 五变量在内的 VAR 模型，由于 AIC 准则和 SC 准则没有同时达到最小，则根据极大似然值标准，选择二者中极大似然值较大的滞后期为最优滞后期，依此确定最优滞后期为 1。随后进行的 Johansen 协整检验表明经济服务支出和经济增长之间存在协整关系（表 6.11）。

表 6.11　1975—2016 年印度 *GDP*、*GOV*、*CAP*、*RATE* 和 *ECO* 五变量 VAR 模型协整检验结果

假设协整方程个数	最大特征根	迹统计量	5%显著水平下临界值	*P* 值
0 个协整方程*	0.614 128	88.442 74	69.421 46	0.0016
最多 1 个协整方程*	0.442 176	57.676 74	44.278 24	0.0027
最多 2 个协整方程*	0.382 746	33.276 42	28.686 44	0.0038

* 表示在 5%的显著性水平下拒绝原假设。

在 VAR 模型基础上进行的经济服务支出与经济增长之间的脉冲响应分析表明（图 6.10）：经济服务支出与经济增长之间呈非线性相关关系。当给经济服务支出一个正冲击后，经济增长仅在第 4 期稍有正向效应外，第 1 ~ 2 期均有较大负相关关系，而第 4 期后，有较小负相关关系。这种相位表明印度经济服务支出的经济增长效应主要为负。这一结论与前文理论模型分析结果及学界对这一问题的认知并不一致。其原因可能在于：一是印度财政经济服务支出一直以来主要用于生产效率较低的农业领域，包括农村减贫、农业基础设施投入及农业能源与粮食补贴；二是政府对经济活动的过度干扰。由于印度经济尚处于起飞阶段，加大财政的生产性投入以促成资本的形成是必要的。因此，印度经济服务支出与经济增长尽管呈负相关关系，但在继续扩大经济服务规模的同时，调整经济服务支出结构、提升财政支出的管理效率是必要的。再从图 6.11 来看，印度经济服务支出对 GDP 主要表现为负向反应，表明印度经济增长并不是经济服务支出的主要原因。

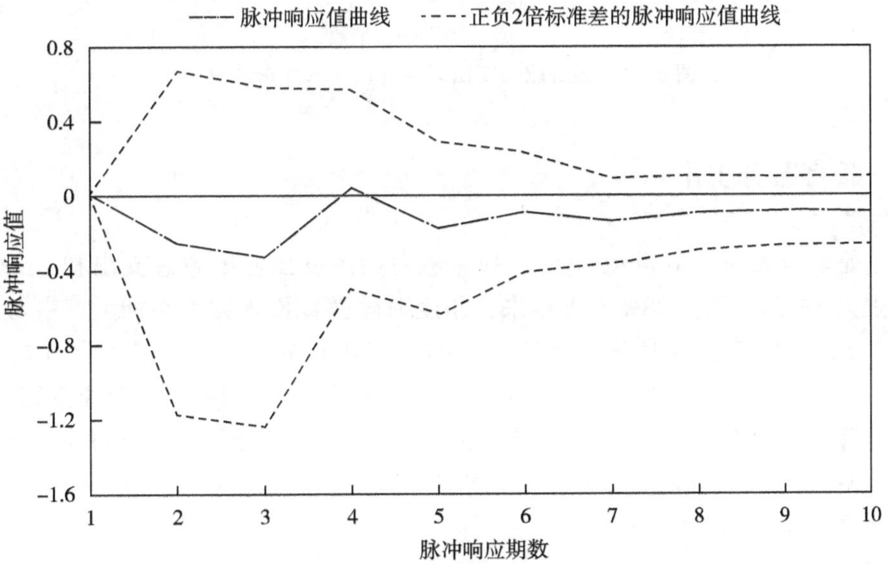

图 6.10　经济增长率对经济服务支出冲击的反应

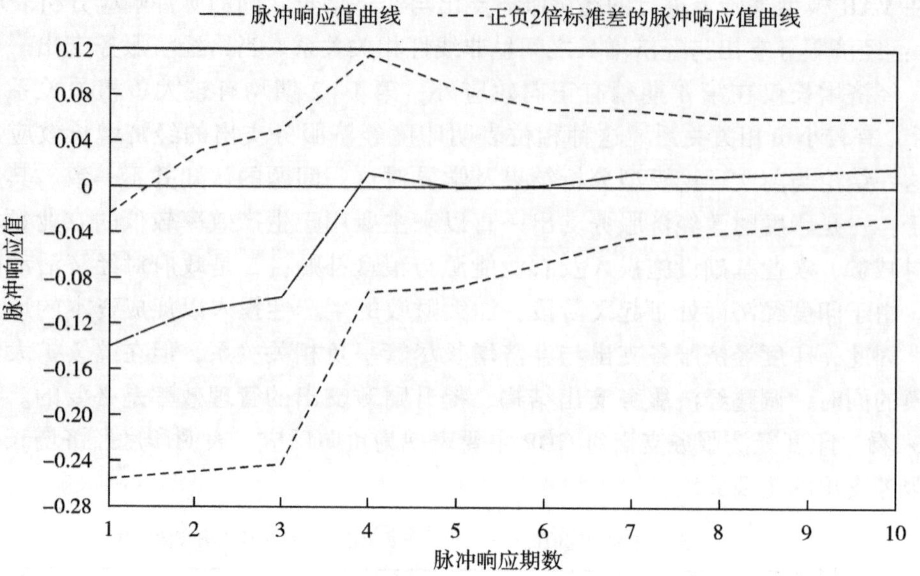

图 6.11　经济服务支出对经济增长率冲击的反应

6.4.6　教育服务支出

印度是教育大国，20 世纪 70 年代以来教育财政支出占财政总支出和 GDP 的平均比重分别为 13.39%和 2.78%。近年来，印度财政教育投入力度在加大，占 GDP 比重已接近 3.5%。为考察印度教育服务支出的经济增长效应，我们构建了 *GDP*、*GOV*、*CAP*、*RATE* 和 *EDU* 五变量无约束 VAR 模型，并根据 AIC 和 SC 同时最小准则确定模型结构最优滞后期为 1，单位根位于标准圆内。随后对模型进行的 Johansen 协整检验显示印度人均 GDP 与教育财政支出间存在长期协整关系，这表明印度教育服务支出与经济增长之间存在相关性（表 6.12）。

表 6.12　1975—2016 年印度 *GDP*、*GOV*、*CAP*、*RATE* 和 *EDU* 五变量 VAR 模型协整检验结果

假设协整方程个数	最大特征根	迹统计量	5%显著水平下临界值	*P* 值
0 个协整方程*	0.530 042	87.183 48	76.972 77	0.0068
最多 1 个协整方程*	0.469 789	59.244 37	54.079 04	0.0161
最多 2 个协整方程*	0.414 846	35.768 62	35.192 75	0.0433

* 表示在 5%的显著性水平下拒绝原假设。

对上述含 *EDU* 项的无约束 VAR 做脉冲响应分析的结果显示（图 6.12），教育财政支出的当期经济产出效应为 0，随后由 0 转正，至第 2 期达正效应最大值0.1%，第 3 期达负效应峰值-0.1%，第 7 期完全收敛为 0。这种相位不仅印证了自亚当·斯密以来众多经济学流派关于教育助推经济增长的思想，也与印度大力发展 IT、生物医学工程、金融等产业的现状吻合。不过图 6.13 还告诉我们，印度教育服务支出对经济增长的正向助推效应极不稳定，且力度也不大，这可能与印度政府长期专注于高等教育而非初等教育的精英教育体制及教育管理总体水平低下有关。① 图 6.13 显示印度经济增长对教育财政支出存在正向推动作用，表明印度政府对国民教育的高度重视，但同时也反映了这种同步效应的可持续性较差。总之，印度教育服务支出仍有较大提升空间。

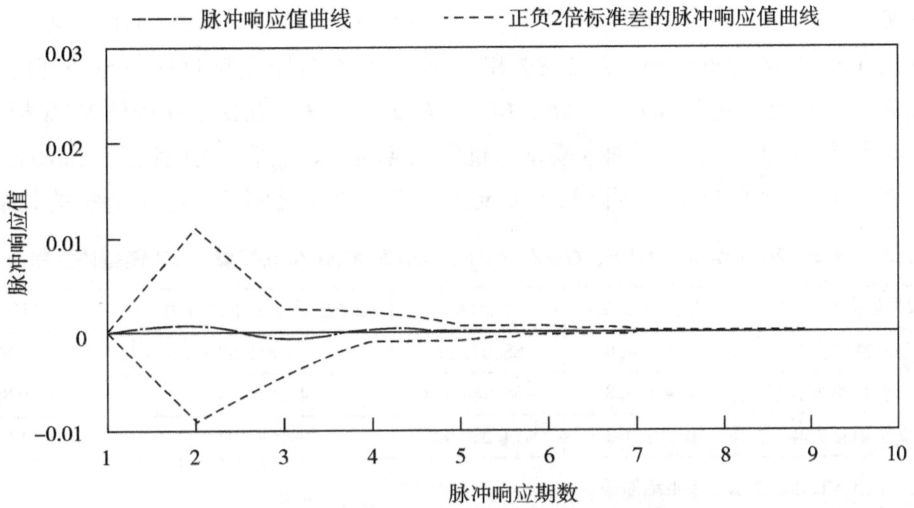

图 6.12　经济增长率对教育支出冲击的反应

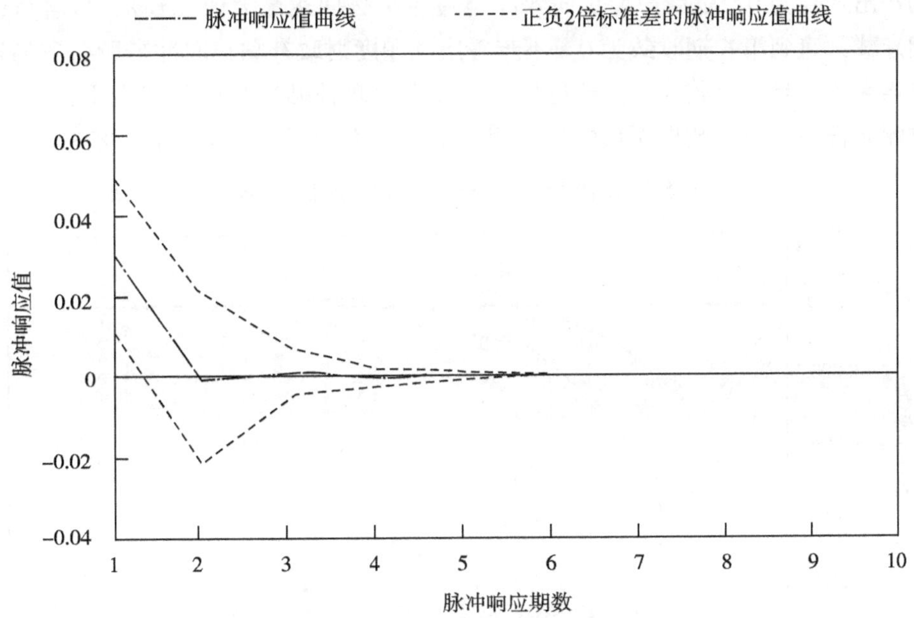

图 6.13　教育支出对经济增长率冲击的反应

① TIPPECONNIC J. Reflecting on the past：some important aspects of Indian education to consider as we look toward the future［J］. Journal of American Indian education，2000，39（2）：39-48.

6.4.7 财政补贴支出

合意的补贴制度能形成有效的激励约束机制从而高效发挥财政资源的应有功能。独立以来，为消除贫穷、推动包容性增长，历届政府针对农业、粮食、能源、教育和医疗等实施了程度不同的财政补贴计划。20 世纪 70 年代以来，印度财政补贴支出占财政总支出和 GDP 的比重分别高达 5.8%和 1.5%。为考察印度财政补贴与经济增长之间的相关关系，构建了包含 *GDP*、*CAP*、*GOV*、*RATE* 和 *SUB* 五变量在内的 VAR 模型，并根据 AIC 和 SC 同时最小准则确定模型最优滞后期为 1。然后对模型进行 Johansen 协整检验，表 6.13 统计量显示印度财政补贴支出与经济增长之间存在稳定的相关关系。

表 6.13　1975—2016 年印度 *GDP*、*GOV*、*CAP*、*RATE* 和 *SUB* 五变量 VAR 模型协整检验结果

假设协整方程个数	最大特征根	迹统计量	5%显著水平下临界值	*P* 值
0 个协整方程*	0.552 430	88.029 55	69.818 89	0.0009
最多 1 个协整方程*	0.478 328	58.284 40	47.856 13	0.0039
最多 2 个协整方程*	0.391 033	34.207 92	29.797 07	0.0146

* 表示在 5%的显著性水平下拒绝原假设。

图 6.14 脉冲响应分析显示，当给财政补贴支出一个正冲击后，人均 GDP 增长率在当期的产出弹性为 0，随后产生负向效应至滞后第 2 期达最大值 0.6%，接着负效应向第 4 期衰减，直到第 6 期收敛为 0。不难看出，印度财政补贴正向冲击所引致的经济增长效应均为负，且幅度较大，这恰好印证了印度财政补贴往往因政客滥用、管理低效、资源错配而备受学界和政界诟病的事实。[①] 图 6.15 表明，尽管财政补贴有较大负效应，

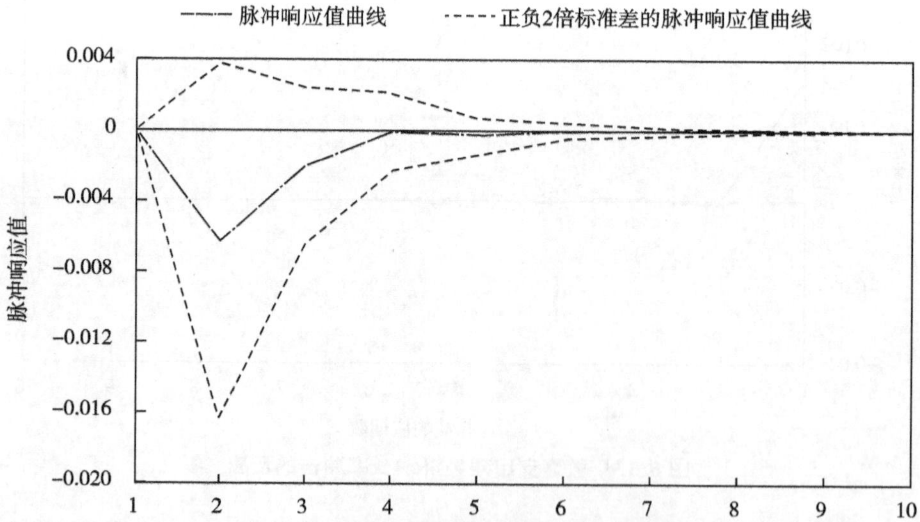

图 6.14　经济增长率对财政补贴支出冲击的反应

① SRIVASTAVA K. Issues in Indian public finance [M]. New Delhi: New Century Publications, 2014: 159.

但政府或出于构建包容性社会需要，或出于政客选票原因，经济增长都为财政补贴创造了条件。

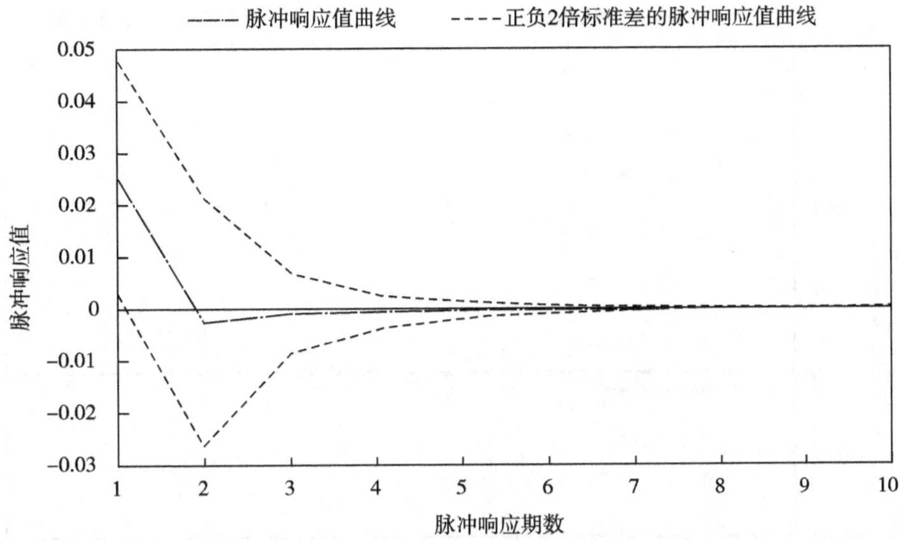

图 6.15 财政补贴支出对经济增长率冲击的反应

6.4.8 医疗服务支出

把印度发展成为一个福利国家是尼赫鲁等多位国家领导人的愿景。为此印度政府建立了人口覆盖面宽、内容涉及广泛的免费医疗保障体系，政府给予公共医疗以大力支持。20 世纪 70 年代以来，医疗服务支出占财政总支出比重平均为 4.87%，占 GDP 比重为 1%。为考察印度医疗服务支出的经济增长效应，构建了包含 *GDP*、*CAP*、*GOV*、*RATE* 和 *MED* 五变量在内的无约束 VAR 模型，并根据 AIC 和 SC 同时最小准则确定模型最优滞后期为 1。然后对模型进行 Johansen 协整检验，表 6.14 表明印度人均 GDP 与医疗服务支出存在长期稳定关系。

表 6.14 1975—2016 年印度 *GDP*、*GOV*、*CAP*、*RATE* 和 *MED* 五变量 VAR 模型协整检验结果

假设协整方程个数	最大特征根	迹统计量	5%显著水平下临界值	*P* 值
0 个协整方程*	0.611 282	91.084 55	76.972 77	0.0028
最多 1 个协整方程*	0.466 003	56.123 19	54.079 04	0.0325

* 表示在 5%的显著性水平下拒绝原假设。

以上述无约束 VAR 为基础对印度人均 GDP 与医疗服务支出的关系做脉冲响应分析（图 6.16）。这种相位显示印度财政医疗服务支出的经济增长效应无论正向还是负向影响都较小。其原因可能在于：一是印度人口基数大，人均医疗卫生资源保有量不足；二是印度医疗保障体系重公平、轻效率的缺陷。因此，鉴于印度医疗卫生依然贫乏落后，政府不仅要加大医疗财政投入，更要重视医疗服务制度的优化设计以提升管理水平。此外，图 6.17 表明了印度政府在国家财力不充足的条件下为构建国家医疗保障体系已经量力而行了。

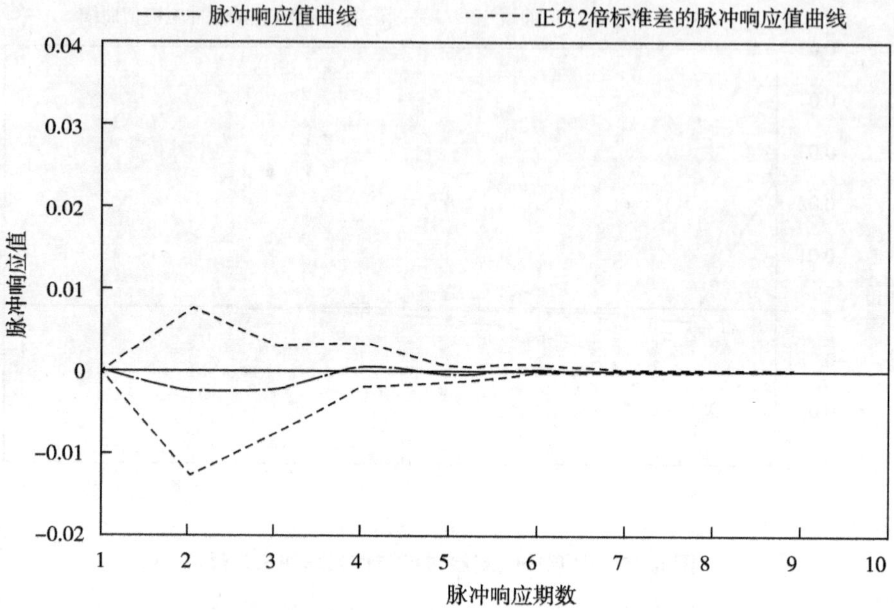

图 6.16　经济增长率对医疗服务支出冲击的反应

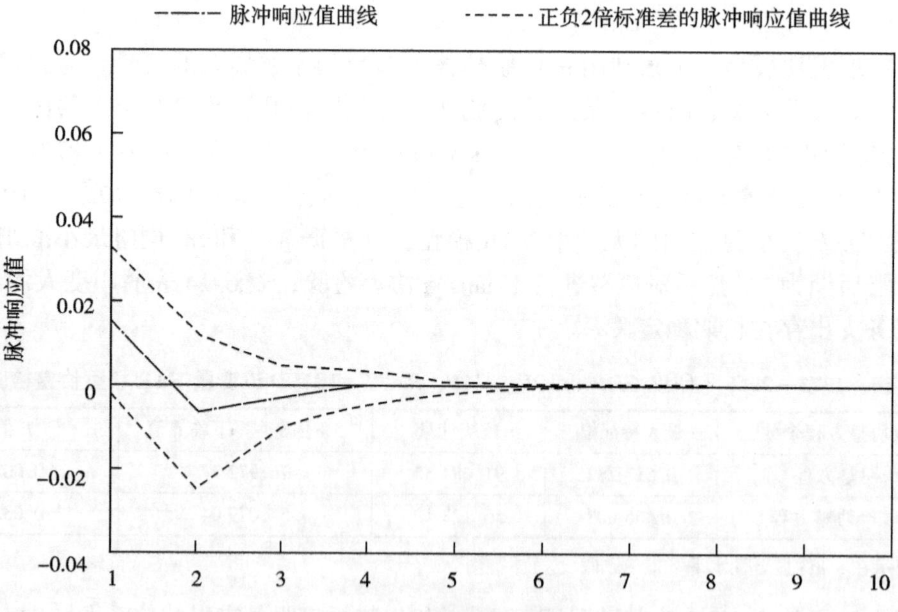

图 6.17　医疗服务支出对经济增长率冲击的反应

6.5 对实证结果的分析

本研究第3部分的理论分析结果表明：一是经济增长与其财政支出规模之间呈非线性关系；二是经济增长最快时的财政支出水平是最优支出规模；三是当其他条件不变时，政府最优财政支出规模可以保证经济增长实现最大化；四是在财政支出水平尚未达到最优规模前继续扩大其支出规模有助于提高经济增长率，一旦支出水平超过最优规模，扩大支出规模将阻碍经济增长。

本研究实证检验结果证明，独立以来的大多数年份印度财政支出的经济增长效应为正，表明印度政府财政支出规模还没有达到最优水平，此时财政支出的边际收益大于私人资本的边际收益，因此印度政府继续增加其财政支出规模引起产出的增加将大于私人资本投资减少导致的产出减少，从而最终促进印度总产出增加，这种情况直至财政支出规模达到最优值，即财政支出和私人支出的边际产出相等。当政府财政支出规模超过临界值后，如果继续扩大政府支出规模将会阻碍经济增长。但滚动VAR模型的脉冲响应累积值出现两次峰值，并且后一次峰值较前一次峰值高，这表明印度财政最优支出规模又不是一成不变的，在20世纪80—90年代后，由于印度财政支出结构开始不断得到优化，同时政府也加强了对财政支出的效率管理，此外还进行大规模的包括财税体制在内的经济体制改革，这些举措又在一定程度上提高了印度财政支出的结构效率或（和）管理效率，从而又间接推高了印度财政支出规模的水平值和某些财政支出项的最优支出水平。

此外，前文的理论模型分析还表明，经济增长与政府财政支出结构之间同样是非线性关系，当经济增长达到最大化时，其财政支出结构便是最优政府支出结构，即当财政支出规模不变时，存在使人均GDP最大化增长的最优政府财政支出结构。假设资本性支出的产出弹性大于经常性支出的产出弹性，在财政支出规模既定的前提下，继续提高财政资本性支出在总支出中的比重将有利于促进经济增长，直到二者的支出比重关系与二者的产出弹性关系相一致为止，否则，其他任何支出比重关系均无法保证经济产出最大化。实证结果发现，自独立以来，印度经常性支出与资本性支出的经济增长效应均为正值，但经常性支出的经济增长效应却大于资本性支出的经济增长效应。这种结果表明，由于印度财政支出规模尚未达到最优支出水平，因此可以继续扩大财政支出规模以促进经济增长，但增加的财政支出部分，应该更多用于经常性支出而不是资本性支出才有利于经济增长率的进一步提高。此外，印度财政资本性支出对经济产出的贡献度小于经常性支出的贡献度，可能是用于生产效率较低的农业基础设施投入较多或者相关支出的管理效率较低的原因所致。

另外，从按功能分类法的几项代表财政支出实证结果来看，债务利息支出、国防支出、财政补贴支出无论是短期还是长期与经济增长之间均为负相关关系，这与前文的描述性分析结论基本一致。多年来，印度财政上述3项支出占据总支出比重的60%以上，极大挤占了有限的财政资源，对印度经济增长产生极为不利的影响。教育与养老服务支出的经济产出效应总体来说以正向为主，这也印证了前文描述性分析的结果，相应支出有利于印度人力资本的形成和积累、直接刺激印度消费从而推动经济增长，因此，继续扩大其支出规模是有益于经济增长的，但同时也需要进一步加强教育制度改革和提升相应财政支出的管理效应。行政管理支出对经济增长的效应在短期内具有正向作用，但长期却以负效应为主，这一实证结果可能在一定程度上用印度事例佐证了政府行政“腐败”既是经济增长的“润滑剂”又是经济增长前行之车的“沙子”的理论。经济服务支出和医疗服务支出对经济增长的效应从总体来看是负效应，前者可能与相关财政支出主要用于生产效率相对低下的农业投入有关，后者可能与医疗服务支出较低的管理效率有关，解决之路主要在于调整农业、工矿业、能源灌溉与防洪、交通运输与通信和公共工程的公共投入比重以提升经济服务支出的产出效应，改革公费医疗体制以提升医疗服务支出的产出效应。

7　结论与启示

7.1　主要结论

本研究的主要内容及行文逻辑为：首先在全面梳理财政支出的经济增长效应现有大量相关研究文献的基础之上，根据 Solow①、Swan②、Barro③、Turnovsky④、Barro 等⑤、Ghosh 等⑥和 Devarajan 等⑦的分析方法构建模型对财政支出的经济增长效应进行了理论分析；其次回顾和分析了印度财政制度和财政政策的变迁过程及其特征，并对印度财政支出的经济增长效应做了描述性分析；最后构建 VAR 模型对印度财政支出规模和结构的经济增长效应进行了实证检验。下面从两个方面总结本研究所获得的主要结论。

从数理模型分析来看，其结论主要包括以下 5 个方面。

第一，无论是财政支出规模还是财政支出结构对一国经济增长都将产生重要影响，但理论分析框架不同，其结论也有所差异。新古典增长理论模型分析认为，财政支出政策无法影响长期经济增长，但财政支出规模和结构对稳态经济增长率和过渡期经济增长率产生影响；内生增长模型分析认为，财政支出规模和支出结构均作用于长期经济增长。

第二，新古典增长模型分析认为：①财政支出规模与稳态人均产出和过渡期人均产出之间呈倒"U"形关系，即当结构既定时，如果税率低于公共资本的产出弹性，财政支出规模与稳态人均产出或过渡期人均产出呈正相关，扩大财政支出规模有助于提

① SOLOW R M. A contribution to the theory of economic growth [J]. The quarterly journal of economics, 1956, 70 (1): 65-94.

② SWAN T W. Economic growth and capital accumulation [J]. Economic record, 1956 (32): 334-361.

③ BARRO R J. Government spending in a simple model of endogenous growth [J]. Journal of political economy, 1990, 98 (5): S103-S126.

④ TURNOVSKY S J. Old and new growth theories: a unifying structure [C] // SALVADORI N. Old and new growth theories: an assessment. Cheltenham: Edward Elgar, 2003: 1-43.

⑤ BARRO R J, SALA-I-MARTIN X. Economic growth [M]. New York: McGraw-Hill, 1995.

⑥ GHOSH S, ROY U. Fiscal policy, long run growth, and welfare in a stock-flow model of public goods [J]. Canadian journal of economics, 2004, 37 (3): 742-756.

⑦ DEVARAJAN S, SWAROOP V, ZOU H. The composition of public expenditure and economic growth [J]. Journal of monetary economics, 1996, 37 (3): 313-344.

高稳态或过渡期经济增长率；反之则反。②财政支出结构与稳态人均产出或过渡期人均产出之间也呈倒“U”形关系，即当财政支出规模既定时，如果一种财政支出的产出弹性高于其他财政支出的产出弹性时，增加该项财政支出有助于提高稳态人均产出或过渡期人均产出水平；反之则反。

第三，仅包含两种公共服务支出的内生增长模型分析认为：①在政府平衡预算约束和家庭非蓬齐预算约束前提下，代表性消费者最大化无限跨期效用保证了经济存在唯一均衡增长路径，存在最优经济增长率、最优财政支出规模和最优财政支出结构。②在支出结构既定的前提下，当税率小于两种公共服务支出的产出弹性之和时，扩大政府支出规模有助于促进经济增长；反之则反。③在支出规模既定的前提下，只有当某种公共服务支出的产出弹性大于其他公共服务支出的产出弹性时，提高这种公共服务支出占财政总支出的比重，才能促进均衡经济增长；反之则反。

第四，在内生增长理论的框架下，同时纳入资本性和经常性两种财政支出的模型分析认为：①在初始私人资本和政府公共资本支出满足均衡增长的前提条件下，无论在中央计划经济条件下还是在非中央计划经济条件下，均可实现均衡经济增长，并且存在最优经济增长率、最优政府财政支出规模和最优财政支出结构。②在中央计划经济条件下，均衡增长路径上的最优经济增长率、最优支出规模（税率水平）、最优资本性支出水平及代表性消费者的最优储蓄率均高于非中央计划经济条件下的对应指标，而中央计划经济条件下私人最优储蓄水平低于非中央计划经济条件下私人最优储蓄水平。③政府较高的财政支出规模、较高的资本性支出水平，私人较低的消费水平、较高的储蓄水平、较高的投资水平是中央计划经济条件下均衡经济增长率较高的主要原因，即低消费、高储蓄、高支出和高投资对中央计划经济条件下的均衡经济增长具有非常重要的意义。

第五，无论是新古典增长理论的分析框架还是内生增长理论的分析框架一致认为，一国财政支出规模同该国稳态人均产出或均衡经济增长率之间到底是正相关还是负相关关系，关键取决于税率水平是高于还是低于财政支出的产出弹性；同理，一国财政支出结构同该国稳态人均产出或均衡经济增长率之间到底是正相关还是负相关关系，关键在于该项财政支出的支出水平是高于还是低于该项财政支出的产出弹性。可见，判断财政支出规模和支出结构是否合理的依据主要在于支出规模或支出结构的水平同公共资源产出弹性（公共资源生产效率）的对比关系。不同国家或同一个国家不同时期或地域，由于制度环境和管理水平的不同，经济资源的生产效率也会有所不同，甚至存在重大差别，因此财政支出规模和财政支出结构同均衡经济增长率之间并非是简单的线性关系。

从数理模型分析来看，其结论主要包括以下 5 个方面。

第一，无论是财政支出规模还是财政支出结构对一国经济增长都将产生重要影响，但理论分析框架不同，其结论也有所差异。新古典增长理论模型分析认为，财政支出政策无法影响长期经济增长，但财政支出规模和结构对稳态经济增长率和过渡期经济增长率产生影响；内生增长模型分析认为，财政支出规模和支出结构均作用于长期经济增长。

第二，财政制度变迁和财政支出管理效率提升对印度财政最优支出规模和最优支出结构的水平具有非常重要的意义。含有人均 GDP 增长率、财政支出规模、真实利率和固定资本形成率四变量的滚动 VAR 模型的脉冲响应累积值出现两次峰值，并且后一次峰值较前一次峰值高，这表明印度财政最优支出规模并不是一成不变的。在 20 世纪 80—90 年代后，由于印度财政支出结构开始不断得到优化，同时政府也加强了对财政支出的效率管理，此外还进行了大规模的包括财税体制在内的经济制度改革，这些举措又在一定程度上提高了印度财政支出的结构效率或（和）管理效率，从而间接推高了印度财政支出规模的水平值或某些财政支出项的最优支出结构水平。

第三，优化财政支出规模的路径宜较多配置给经常性支出项、较少配置给资本性支出项，而不是相反。实证结果发现，自独立以来，印度经常性支出与资本性支出的经济增长效应均为正值，但经常性支出的经济增长效应却大于资本性支出的经济增长效应。这种结果表明，由于印度财政支出规模尚未达到最优支出水平，因此可以继续扩大财政支出规模以促进印度经济增长，但所增加的财政支出资源应该更多地用于经常性支出而不是资本性支出方能有利于经济增长率的进一步提高。

第四，印度财政资本性支出对经济产出的贡献度小于经常性支出的贡献度，可能是用于生产效率较低的农业基础设施投入较多或者相关支出的管理效率较低的原因所致。

第五，各类代表性财政支出的经济增长效应也因其性质、相关领域制度与管理状况的不同而不同。债务利息支出、国防支出、财政补贴支出无论是短期还是长期与经济增长之间均为负相关关系，这些支出项极大挤占了有限的财政资源，继续增加其支出将对印度经济增长产生极为不利的影响。教育与养老服务支出的经济产出效应总体来说以正向为主，继续扩大其支出规模是有益于经济增长的，但同时也需要进一步加强教育制度改革和提升相应财政支出的管理效应。行政管理支出对经济增长的效应在短期内具有正向作用，但长期却以负效应为主，这一实证结果在一定程度上用印度事例佐证了政府行政“腐败”既是经济增长的“润滑剂”又是经济增长前行之车的“沙子”的理论。经济服务支出和医疗服务支出对经济增长的效应从总体来看是负效应，前者可能与相关财政支出主要用于生产效率相对低下的农业投入有关，后者可能与医疗服务支出较低的管理效率有关，解决之路主要在于调整农业、工矿业、能源灌溉与防洪、交通运输与通信和公共工程的公共投入比重以提升经济服务支出的产出效应，改革公费医疗体制以提升医疗服务支出的产出效应。

7.2 对中国的启示

独立以来，印度财政支出政策走过了一条从重总量管理到总量管理与结构管理并重再到重结构管理的路径，财政支出规模和支出的有效调节使财政支出的经济增长效应得到稳步提升；同时，印度政府还进行了财政体制改革及赤字与绩效管理制度改革，印度财政成功实现了从计划管制型（资源动员型）向现代市场型（相机抉择型）过渡，有效促进了财政资源的制度效率和管理效率提高，从而也进一步提升了印度财政支出的经济增长效应。

在遭受2007年全球金融危机的巨大冲击后，我国经济当前已进入经济新常态，稳增长、调结构、促转型是头等大事。为此，政府实施了以公共投资为标志的宽松型财政政策，支出规模不断扩大。根据财政部发布的相关出版物的统计数据可知，2015年中国一般性财政支出17.58万亿元，政府性基金支出4.24万亿元，两项支出合计占2015年国内生产总值（67.67万亿元）比重的32.23%。如果按照IMF《政府财政统计手册》所规定的国际通用口径计算，我国2015年全口径财政支出占GDP比重为38.47%。[①] 马栓友[②]、马树才等[③]、张明喜等[④]研究认为中国最优财政支出规模分别为26.17%、24%和27.9%。可见，我国实际财政支出水平已大大超出最优支出规模，已经接近甚至超过发达国家的财政支出水平，这充分表明通过继续扩大财政支出规模、增加公共投入以获取产出增长的路径已不具有可持续性。

再从财政支出结构来看，依据梁东黎[⑤]把我国财政支出划分为福利性支出、消费性支出和资本性支出的方法，对我国2010—2015年财政支出数据做统计分析发现，福利性支出、消费性支出和资本性支出占总支出比重分别为17%、50%和33%。近年来，尽管福利性支出呈上升趋势、消费性支出呈下降趋势、资本性支出保持相对稳定，但整个支出结构并没有发生实质性变化。这种支出结构与发达国家相比有着显著的差异。一是发达国家基本上不存在资本性支出或者资本性支出占总支出的比重已非常小，而我国"建设型财政"特色还非常突出；二是发达国家福利性支出同消费性支出结构基本维持在6∶4上，而当前我国这一结构依然为3∶7，这一结构甚至落后于发展中国家4∶6的水平。

---

① 中国相关统计口径同国际社会其他国家相比存在较大差异，上述财政支出比重无法很好的同其他国家进行横向比较。按照IMF《政府财政统计手册》规定，一个国家全口径政府财政收入包括一般预算收入（税收收入、国有资产收益和利润等）、政府性基金收入、预算外收入、土地有偿使用收入、社保基金收入等。据此标准，2015年中国全国一般公共预算收入15.2217万亿元，社保基金总收入4.6万亿元，土地出让收入3.3658万亿元，全国政府性基金预算收入0.4112万亿元，国有资本经营收入0.2560万亿元，合计达24.31万亿元；而2015年中国地方性政府债务0.6万亿元，中央政府债务1.12万亿元，由此可大致判断2015年中国全国全口径财政支出应该为26.03万亿，占2015年GDP（67.67万亿元）比重的38.47%。

② 马栓友.1983—1999：我国的财政政策效应测算［J］.中国经济问题，2001（6）：11-17.

③ 马树才，孙长清.我国政府支出对经济增长拉动作用研究［J］.财经理论与实践，2005（6）：100-104.

④ 张明喜，陈志勇.促进我国经济增长的最优财政支出规模研究［J］.财贸经济，2005（10）：41-45.

⑤ 梁东黎.我国财政支出结构的失衡与优化：基于资金流量表数据的分析［J］.探索与争鸣，2013（3）：57-61.

李永友[①]、安体富[②]、何继善等[③]、罗文宝等[④]、刘江会等[⑤]大量研究表明，上述我国财政支出规模和支出结构非常不利于我国经济增长，尤其是当前我国已进入工业化中后期阶段，人均 GDP 已进入中高收入水平，经济社会已发展到新的历史阶段，新形势对政府财政支出提出了新的要求。为适应这种变化，政府财政支出规模和支出结构都需要进行一定程度的调整与优化，从而更好地促进经济增长和社会公平发展。有鉴于此，印度财政支出的实践或许能为我们提供某些借鉴和参考。

7.2.1 适当控制财政支出规模，防止支出增长过快

适当控制和压缩财政支出规模是当前财政支出管理的头等大事。Barro 认为，财政支出规模在达到临界值之前有加速或减速正向增长效应，扩大支出有利于促进经济增长；但在财政支出规模达到临界值之后，边际产出效应为负，扩大财政支出只会阻碍经济增长。当前中国中央和地方政府为稳定增长均有扩大财政支出的冲动，但当支出占 GDP 比重超过 30%之后还继续放纵支出无止境扩张，最终只会伤及民力和动摇经济社会基础而无益于经济增长。但是，本书的研究结论也告诉我们，财政支出规模和支出结构的最优水平高低最终是由公共资源本身的产出弹性即产出效率决定的。通过财税体制改革、财政制度设计、强化财政支出绩效管理等举措提高了公共资源的使用质量和效率，财政支出最优规模的水平同样可以适当提高，最优支出结构也会发生改变，从而形成财政资源高效利用的良性循环。当前中国经济进入中高速增长的新常态，稳增长、促转型、调结构既是时下经济工作的主要目标和手段，也是经济活动的重要内容，政府实施扩张性财政政策以期促进宏观经济增长，但也要保持宏观经济政策的稳定性和连续性，防止政府财政支出增长较快或者导致税收水平过高从而限制社会总消费水平最终影响经济增长，或者导致政府债务水平过高从而加大经济运行风险。因此，当前财政支出管理的目标之一就是既要用好增量公共资源，更重要的是要用好和盘活存量公共资源。

7.2.2 优化财政支出结构，努力促进包容性经济增长

当前我国财政支出结构不尽合理，急需对其进行优化和完善。主要表现在：一是政府经济建设支出占财政总支出的比重过高。世界金融危机爆发以来，我国经济进入中高速增长的“新常态”，稳增长依然是头等大事。为此，政府实施积极财政政策来刺

① 李永友．我国财政支出结构演进及其效率［J］．经济学（季刊），2010（1）：307-332.

② 安体富．民生财政：我国财政支出结构调整的历史性转折［J］．地方财政研究，2008（5）：4-8.

③ 何继善，汪东华．转型期我国财政支出结构与经济增长关系研究［J］．财经理论与实践，2006（6）：77-82.

④ 罗文宝，向莉．我国财政支出结构问题及其优化研究［J］．前沿，2014（增刊9）：113-114.

⑤ 刘江会，董雯，彭润中．两次金融危机后我国财政支出结构对居民消费率影响的比较分析［J］．财政研究，2016（1）：83-92.

激投资以扩大社会总需求，从而使多年来形成的我国财政的生产建设型特征进一步被强化。二是国家财政在文化、教育、科技、医疗、社会福利、社会救济、社会保障、市镇建设与维护、环境保护等公共事业、社会服务和社会保障方面的财政支出依然存在较大缺口。三是由于各级行政人员过多和各级行政机构膨胀，行政管理支出增速过快、支出过大。虽然通过深化改革近几年全国行政管理支出增速有所放缓，但仍然存在反弹趋势。四是政府财政补贴支出负担日益加重。我国的财政补贴由价格补贴和企业亏损补贴两大类组成，尽管近年来通过市场体制改革，政府财政补贴支出增速有所放缓，但财政补贴占财政总支出的比重依然较高。财政支出结构的上述缺陷客观上加剧了我国贫富悬殊拉大和社会消费水平低下。从前文研究结论可以知道，20 世纪 90 年代以后，印度政府通过压缩国防、行政、补贴、债务利息等非发展性支出，增加教育、医疗、养老、经济服务等发展性民生支出，不但没有妨碍印度经济增长，反而助推了印度包容性经济增长，这正是印度贫富悬殊较小、整体消费水平较高的重要原因。因此，未来中国政府应主动转变其职能、优化财政支出结构，适当压缩公共资源在经济建设方面的支出，加大公共服务和社会保障方面的支出，扭转我国多年来持续存在的经济品过剩、公共品不足的供给格局，助力当前供给侧改革，实现经济增长方式从排他性向包容性过渡。

7.2.3　完善财政支出监管机制以提升财政资金使用效率

财政支出监管机制是指财政监管机构按照法律法规所确认的财政支出对象、支出范围和支出标准，依据一定的监管方式与监管程序，对财政支出资金进行全流程、全覆盖的监控管理，预防财政资金的使用偏离财政预算轨道，以确保财政资金合法、合规、高效运转的制度、组织和工作系统。由前文相关研究内容和结论可知，自 20 世纪 90 年代初以来，印度政府通过颁布和实施相关财政立法加强对财政预算、财政支出责任和财政赤字的管理，强化财政零基预算和财政绩效预算，增加财政预算的中期报告环节，加大对财政资金使用方向和过程的监管力度等，这些旨在提升财政资金使用的制度安排或政策举措收到了立竿见影的效果。当前，我国地方政府债务高企，总体来看，财政资金使用效率低下，政府应从提高财政预算的公开性与透明性、强化绩效预算、设置债务红线等方面入手以提升支出效率。具体而言，一是要建立健全政府财政支出对象、财政支出范围和财政支出标准；二是合理设计财政支出即财政资金的运转流程，建立健全“预算—审核—支拨—审核—使用—审核”的财政资金精细化循环过程，改变“预算—拨款”的传统循环过程；三是出台与财政支出监管相关的法律法规，制定与财政支出监管相关的工作程序和规章，健全和完善财政支出的监管手段；四是成立专门的财政支出监管机构，实现财政支出监管专业化和职业化；五是把日常监管与例行检查结合起来，积极探索财政支出监管的多种实现方式。

7.2.4 健全和完善现代公共财政运行机制

现代财政，即以市场经济为基础的公共财政，是国家治理的基础和重要支柱，不仅具有资源配置的功能，而且在社会收入再分配、宏观调控、公平与效率等方面还具有重要作用。本书的研究结论表明，印度自独立以来，财政支出规模与财政结构的不断调整和优化无疑是公共资源产出效应不断得以提升的重要原因，但财政支出规模效率与结构效率即配置效率并不是解释印度财政资源产出效率得以提高的全部原因；20世纪90年代以后，财政支出的制度效率和管理效率对印度财政支出产出效应的提高也起了重要作用，其中，计划管理型财政体制向以市场机制为基础的现代公共财政体制转型也是印度财政支出的产出效率得以提升的重要因素。在市场经济条件下，公共财政把财政视为弥补市场机制缺陷的工具和保护市场机制的手段，采用能充分表达民意的公共选择决策方式把一切财政收支活动公开透明地纳入国家预算法及其他财政法规所规定的程序和范围，赋予政府财政收支的权利和接受社会公众监督的义务。当前，我国财政支出的产出效率相对较低，这与我国当前市场机制存在的诸多问题不无关系。由于计划经济思维依然存在，一把手“拍脑袋”的财政支出决策现象时有发生，财政支出“越位”和“缺位”也并不少见，尚未建立完善系统的财政支出监管机制等。上述种种现象必然导致我国财政支出的管理效率或使用效率受到制约或影响。毋庸置疑，进一步健全和完善公共财政运行机制对提升财政支出的产出效应具有重要意义。

7.2.5 坚持厉行反腐提升行政管理支出效率

行政管理支出膨胀并不一定表明腐败与寻租的大量存在；但反过来，大量腐败和寻租行为的存在必然会导致行政管理支出急速扩大。并且，即使因大量腐败和寻租滋生导致行政管理支出急速扩大，但也并不必然表明行政管理支出的经济产出效应就很低下。依据前文的研究，一方面，印度号称全球最大的民主国家，建有复杂的文官体系，但其历史和制度也孕育了印度独特的腐败文化，腐败和寻租在国家政治、经济生活中普遍存在是不争的事实；另一方面，本研究的实证结果又表明，印度行政管理支出的经济增长效应短期为正、长期为负。因此，这种矛盾可能的解释是：腐败是把双刃剑，短期内它对经济增长有“润滑剂”功能，但长期来看它是经济车轮前行的“沙子”，将严重危害社会经济发展。当前，中国反腐工作已进入攻坚阶段，面对经济下行，反腐也不乏微词。部分学者认为，现任政府的厉行反腐与中国经济持续下行或在低位徘徊有一定相关性。但我们应该充分认识到腐败和寻租对我国政治、经济和社会持续健康、稳定发展产生的危害的严重性。唯有坚持对腐败与寻租的持续高压态势，从根源上铲除腐败与寻租产生的土壤才能充分保障中国经济社会成功转型升级。

附　录

附录 A　印度财政支出、GDP、人均 GDP、真实利率、固定资本形成数及相关数据(2003—2004 财年不变价格)

财年	GDP 平减指数(2003—2004 财年)	名义 GDP/亿卢比	实际 GDP/亿卢比	实际 GDP 增长率/%	经常性财政支出占财政总支出比重/%	资本性财政支出占财政总支出比重/%	经常性支出占 GDP 比重/%	资本性支出占 GDP 比重/%	财政总支出占 GDP 比重/%	经常性支出/亿卢比	经常性支出增长率/%	资本性支出/亿卢比	资本性支出增长率/%
1950—1951	3.72	1040.1	27 961.8	2.27	81.09	18.91	7.30	1.70	9.00	2041.8	—	475.90	—
1951—1952	3.86	1105.4	28 614.7	2.34	72.98	27.02	7.25	2.69	9.94	2075.7	1.66	768.30	61.44
1952—1953	3.69	1085.0	29 426.7	2.84	82.96	17.04	7.71	1.58	9.29	2268.5	9.29	465.80	-39.37
1953—1954	3.78	1181.0	31 217.7	6.09	82.99	17.01	7.42	1.52	8.94	2316.7	2.12	474.80	1.93
1954—1955	3.43	1117.0	32 543.1	4.25	72.48	27.52	8.36	3.18	11.54	2721.3	17.46	1033.20	117.61
1955—1956	3.41	1137.1	33 376.6	2.56	70.72	29.28	9.05	3.75	12.79	3019.6	10.96	1250.30	21.01
1956—1957	3.84	1354.7	35 276.6	5.69	63.55	36.45	8.10	4.65	12.75	2858.5	-5.34	1639.30	31.11
1957—1958	4.00	1395.1	34 850.0	-1.21	61.10	38.90	9.24	5.88	15.12	3219.4	12.63	2050.20	25.07
1958—1959	4.15	1555.1	37 494.8	7.59	62.84	37.16	9.04	5.34	14.38	3388.0	5.24	2003.70	-2.27
1959—1960	4.28	1638.4	38 315.3	2.19	62.67	37.33	9.67	5.76	15.43	3705.9	9.38	2207.00	10.15
1960—1961	4.37	1794.2	41 027.9	7.08	63.32	36.68	9.81	5.68	15.50	4026.1	8.64	2332.00	5.66
1961—1962	4.49	1901.0	42 301.1	3.10	66.50	33.50	10.48	5.28	15.76	4434.0	10.13	2233.50	-4.22
1962—1963	4.73	2042.9	43 196.0	2.12	65.38	34.62	11.70	6.19	17.89	5052.2	13.94	2675.10	19.77

续表

财年	GDP平减指数（2003—2004财年）	名义GDP/亿卢比	实际GDP/亿卢比	实际GDP增长率/%	经常性财政支出占财政总支出比重/%	资本性财政支出占财政总支出比重/%	经常性支出占GDP比重/%	资本性支出占GDP比重/%	财政总支出占GDP比重/%	经常性支出/亿卢比	经常性支出增长率/%	资本性支出/亿卢比	资本性支出增长率/%
1963—1964	5.17	2346.2	45 382.9	5.06	63.69	36.31	11.98	6.83	18.82	5438.7	7.65	3100.60	15.91
1964—1965	5.61	2736.7	48 824.7	7.58	61.97	38.03	11.35	6.97	18.32	5543.1	1.92	3402.10	9.72
1965—1966	6.13	2885.7	47 040.2	−3.66	62.55	37.45	12.35	7.40	19.75	5811.3	4.84	3479.10	2.26
1966—1967	6.87	3266.9	47 519.0	1.02	62.36	37.64	12.32	7.44	19.76	5854.8	0.75	3534.50	1.59
1967—1968	7.45	3826.1	51 386.0	8.14	68.06	31.94	11.63	5.46	17.09	5975.2	2.06	2804.10	−20.66
1968—1969	7.68	4051.2	52 727.0	2.61	73.31	26.69	12.14	4.42	16.56	6401.1	7.13	2330.00	−16.91
1969—1970	7.94	4460.5	56 163.0	6.52	76.76	23.24	12.33	3.73	16.07	6926.0	8.20	2096.60	−10.02
1970—1971	8.08	4763.8	58 978.7	5.01	72.88	27.12	12.52	4.66	17.17	7381.8	6.58	2747.20	31.03
1971—1972	8.56	5099.9	59 574.1	1.01	74.67	25.33	14.29	4.85	19.14	8511.9	15.31	2887.60	5.11
1972—1973	9.47	5621.4	59 384.3	−0.32	75.21	24.79	14.55	4.80	19.34	8639.2	1.50	2847.50	−1.39
1973—1974	11.02	6842.0	62 087.2	4.55	75.57	24.43	13.21	4.27	17.49	8204.2	−5.04	2653.00	−6.83
1974—1975	12.86	8077.0	62 807.9	1.16	70.30	29.70	12.75	5.39	18.14	8010.5	−2.36	3383.50	27.53
1975—1976	12.66	8670.7	68 463.4	9.00	68.46	31.54	14.23	6.56	20.78	9740.3	21.59	4487.80	32.64
1976—1977	13.48	9342.2	69 319.1	1.25	69.97	30.03	15.45	6.63	22.08	10 709.1	9.95	4596.60	2.42
1977—1978	14.21	10 584.8	74 497.2	7.47	70.75	29.25	14.75	6.10	20.85	10 989.1	2.61	4543.60	−1.15
1978—1979	14.59	11 464.7	78 596.5	5.50	70.49	29.51	15.75	6.72	22.47	12 380.5	12.66	5281.70	16.24
1979—1980	16.87	12 572.9	74 508.3	−5.20	71.14	28.86	16.85	6.83	23.68	12 551.7	1.38	5091.90	−3.59
1980—1981	18.74	14 964.2	79 850.6	7.17	68.05	31.95	16.49	7.75	24.24	13 169.8	4.92	6184.40	21.46
1981—1982	20.84	17 580.5	84 342.6	5.63	70.29	29.71	16.53	6.99	23.51	13 938.5	5.84	5892.20	−4.72
1982—1983	22.65	19 664.4	86 809.2	2.93	72.56	27.44	17.77	6.72	24.49	15 424.3	10.66	5831.80	−1.03
1983—1984	24.46	22 902.1	93 627.0	7.85	72.67	27.33	17.83	6.71	24.54	16 694.6	8.24	6277.70	7.65

续表

财年	GDP 平减指数(2003—2004 财年)	名义 GDP/亿卢比	实际 GDP/亿卢比	实际 GDP 增长率/%	经常性财政支出占财政总支出比重/%	资本性财政支出占财政总支出比重/%	经常性支出占 GDP 比重/%	资本性支出占 GDP 比重/%	财政总支出占 GDP 比重/%	经常性支出/亿卢比	经常性支出增长率/%	资本性支出/亿卢比	资本性支出增长率/%
1984—1985	26.36	25 661.1	97 335.7	3.96	72.48	27.52	19.28	7.32	26.60	18 763.4	12.39	7125.90	13.51
1985—1986	28.56	28 952.4	101 386.6	4.16	74.25	25.75	20.16	6.99	27.15	20 435.5	8.91	7085.90	−0.56
1986—1987	30.63	32 394.9	105 761.2	4.32	73.31	26.69	21.27	7.75	29.02	22 496.5	10.09	8192.30	15.61
1987—1988	33.63	36 821.1	109 499.3	3.53	76.82	23.18	21.73	6.56	28.29	23 798.6	5.79	7179.90	−12.36
1988—1989	36.22	43 689.3	120 624.3	10.16	78.45	21.55	21.31	5.86	27.17	25 709.9	8.03	7062.60	−1.63
1989—1990	39.21	50 192.8	128 022.8	6.13	78.67	21.33	22.15	6.01	28.16	28 360.9	10.31	7687.80	8.85
1990—1991	43.49	58 621.2	134 788.9	5.29	80.28	19.72	21.62	5.31	26.93	29 141.4	2.75	7158.60	−6.88
1991—1992	49.29	67 387.5	136 717.1	1.43	83.30	16.70	21.98	4.41	26.38	30 045.0	3.10	6023.80	−15.85
1992—1993	53.77	77 454.5	144 050.4	5.36	81.13	18.87	21.25	4.94	26.20	30 616.5	1.90	7119.00	18.18
1993—1994	58.55	89 135.5	152 234.4	5.68	82.18	17.82	21.35	4.63	25.98	32 499.0	6.15	7046.90	−1.01
1994—1995	64.55	104 559.0	161 969.4	6.40	84.37	15.63	21.19	3.93	25.12	34 322.9	5.61	6357.30	−9.79
1995—1996	70.59	122 672.5	173 774.1	7.29	85.12	14.88	20.68	3.61	24.29	35 929.5	4.68	6278.50	−1.24
1996—1997	75.64	141 927.7	187 631.9	7.98	88.05	11.95	20.67	2.81	23.47	38 779.8	7.93	5265.00	−16.14
1997—1998	80.35	157 239.4	195 703.2	4.30	86.99	13.01	21.09	3.16	24.25	41 279.7	6.45	6176.40	17.31
1998—1999	86.38	180 337.8	208 782.8	6.68	86.69	13.31	22.13	3.40	25.53	46 209.9	11.94	7098.60	14.93
1999—2000	89.72	202 313.0	225 494.2	8.00	87.06	12.94	23.15	3.44	26.60	52 210.9	12.99	7759.30	9.31
2000—2001	92.72	217 741.3	234 848.1	4.15	88.84	11.16	23.23	2.92	26.15	54 555.2	4.49	6850.50	−11.71
2001—2002	95.19	235 584.5	247 496.2	5.39	88.44	11.56	23.61	3.09	26.70	58 441.3	7.12	7637.70	11.49
2002—2003	100.00	257 093.7	257 093.5	3.88	87.61	12.39	25.07	3.55	28.62	64 463.6	10.30	9114.00	19.33
2003—2004	102.37	284 150.3	277 574.9	7.97	86.79	13.21	26.08	3.97	30.05	72 399.9	12.31	11 016.90	20.88
2004—2005	109.11	324 220.9	297 146.4	7.05	84.64	15.36	23.94	4.35	28.29	71 136.8	−1.74	12 911.00	17.19

续表

财年	GDP平减指数(2003—2004财年)	名义GDP/亿卢比	实际GDP/亿卢比	实际GDP增长率/%	经常性财政支出占财政总支出比重/%	资本性财政支出占财政总支出比重/%	经常性支出占GDP比重/%	资本性支出占GDP比重/%	财政总支出占GDP比重/%	经常性支出/亿卢比	经常性支出增长率/%	资本性支出/亿卢比	资本性支出增长率/%
2005—2006	113.53	369 336.9	325 307.3	9.48	84.36	15.64	23.28	4.32	27.60	75 734.8	6.46	14 037.00	8.72
2006—2007	120.49	429 470.6	356 436.4	9.57	84.37	15.63	23.30	4.32	27.62	83 042.6	9.65	15 387.40	9.62
2007—2008	127.98	498 709.0	389 663.6	9.32	81.20	18.80	22.07	5.11	27.18	85 994.9	3.56	19 915.70	29.43
2008—2009	135.38	563 006.3	415 867.6	6.73	85.27	14.73	24.33	4.20	28.54	101 193.1	17.67	17 474.80	-12.26
2009—2010	143.44	647 782.7	451 607.1	8.59	84.97	15.03	25.24	4.47	29.70	113 972.1	12.63	20 168.80	15.42
2010—2011	158.26	778 411.5	491 853.3	8.91	84.57	15.43	24.62	4.49	29.11	121 069.7	6.23	22 094.10	9.55
2011—2012	171.69	900 972.2	524 753.0	6.69	85.50	14.50	24.04	4.08	28.12	126 161.1	4.21	21 394.20	-3.17
2012—2013	161.11	883 201.2	548 211.1	4.47	84.91	15.09	24.79	4.41	29.20	135 918.0	7.73	24 165.10	12.95
2013—2014	173.96	998 854.0	574 179.1	4.74	82.55	17.45	25.28	5.35	30.62	145 141.0	6.79	30 689.90	27.00
2014—2015	183.97	1 134 505.6	616 668.4	7.40	83.80	16.20	25.49	4.93	30.42	157 191.5	8.30	30 387.00	-0.99
2015—2016	196.15	1 303 965.2	664 768.5	7.80	82.85	17.15	24.72	5.12	29.83	164 315.6	4.53	34 010.60	11.92

财年	财政总支出/亿卢比	财政总支出增长率/%	财政总支出占GDP比重/%	发展性支出/亿卢比	发展性支出增长率/%	发展性支出占GDP比重/%	非发展性支出/亿卢比	非发展性支出增长率/%	非发展性支出占GDP比重/%	发展性支出占财政总支出比重/%	实际人均GDP/卢比	全国总人口/万人	人均GDP增长率/%	实际利率/%	总资本形成率/%	总资本形成增长率/%
1950—1951	2517.7	—	9.00	1613.8	—	5.77	903.8	—	3.23	64.10	7840	35 902	0.78	2.74	9.3	30.37
1951—1952	2844.0	12.96	9.94	1795.1	11.23	6.27	1048.9	16.05	3.67	63.12	7910	36 501	0.90	3.48	11.4	-27.10
1952—1953	2734.3	-3.86	9.29	1747.2	-2.67	5.94	987.1	-5.89	3.35	63.90	8237	37 202	4.14	3.71	8.5	1.09
1953—1954	2791.5	2.09	8.94	1798.0	2.91	5.76	993.5	0.65	3.18	64.41	8431	37 899	2.35	3.82	7.9	20.54
1954—1955	3754.5	34.50	11.54	2241.4	24.66	6.89	1513.1	52.30	4.65	59.70	8493	38 600	0.74	3.66	10.0	30.33
1955—1956	4269.9	13.73	12.79	2511.5	12.05	7.52	1758.3	16.21	5.27	58.82	8797	39 299	3.58	3.25	12.8	40.73

续表

财年	财政总支出/亿卢比	财政总支出增长率/%	财政总支出占GDP比重/%	发展性支出/亿卢比	发展性支出增长率/%	发展性支出占GDP比重/%	非发展性支出/亿卢比	非发展性支出增长率/%	非发展性支出占GDP比重/%	发展性支出占财政总支出比重/%	实际人均GDP/卢比	全国总人口/万人	人均GDP增长率/%	实际利率/%	总资本形成率/%	总资本形成增长率/%
1956—1957	4497. 8	5. 34	12. 75	2370. 3	-5. 62	6. 72	2127. 4	20. 99	6. 03	52. 70	8521	40 100	-3. 14	3. 85	15. 2	-4. 77
1957—1958	5269. 7	17. 16	15. 12	2877. 2	21. 39	8. 26	2392. 4	12. 46	6. 86	54. 60	8970	40 900	5. 27	2. 76	14. 0	-6. 74
1958—1959	5391. 8	2. 32	14. 38	2881. 4	0. 15	7. 68	2510. 4	4. 93	6. 70	53. 44	8994	41 802	0. 27	2. 51	11. 7	11. 39
1959—1960	5912. 8	9. 66	15. 43	3357. 3	16. 52	8. 76	2555. 5	1. 80	6. 67	56. 78	9454	42 601	5. 11	2. 54	12. 4	25. 86
1960—1961	6358. 1	7. 53	15. 50	3630. 5	8. 14	8. 85	2727. 6	6. 73	6. 65	57. 10	9527	43 398	0. 78	2. 76	14. 3	-0. 16
1961—1962	6667. 5	4. 87	15. 76	3793. 8	4. 50	8. 97	2873. 7	5. 36	6. 79	56. 90	9514	44 400	-0. 14	3. 02	13. 4	19. 44
1962—1963	7727. 3	15. 90	17. 89	4412. 3	16. 30	10. 21	3315. 0	15. 36	7. 67	57. 10	9780	45 402	2. 80	3. 25	14. 9	9. 79
1963—1964	8539. 3	10. 51	18. 82	5080. 9	15. 15	11. 2	3458. 4	4. 33	7. 62	59. 50	10 300	46 402	5. 32	3. 42	14. 3	18. 08
1964—1965	8945. 2	4. 75	18. 32	5601. 7	10. 25	11. 47	3343. 4	-3. 33	6. 85	62. 62	9699	47 401	-5. 84	3. 61	14. 5	18. 37
1965—1966	9290. 4	3. 86	19. 75	5911. 2	5. 53	12. 57	3379. 3	1. 07	7. 18	63. 63	9600	48 500	-1. 02	3. 54	16. 2	16. 31
1966—1967	9389. 3	1. 06	19. 76	5647. 6	-4. 46	11. 88	3741. 7	10. 72	7. 87	60. 15	10 155	49 498	5. 78	3. 64	16. 7	0. 31
1967—1968	8779. 3	-6. 50	17. 09	5156. 3	-8. 70	10. 03	3623. 0	-3. 17	7. 05	58. 73	10 179	50 602	0. 23	3. 72	14. 3	-3. 09
1968—1969	8731. 1	-0. 55	16. 56	5219. 5	1. 23	9. 90	3511. 5	-3. 08	6. 66	59. 78	10 617	51 801	4. 30	3. 84	13. 1	23. 20
1969—1970	9022. 6	3. 34	16. 07	5332. 7	2. 17	9. 50	3689. 9	5. 08	6. 57	59. 10	10 902	52 901	2. 69	4. 64	14. 6	10. 56
1970—1971	10 129. 0	12. 26	17. 17	5892. 2	10. 49	9. 99	4236. 8	14. 82	7. 18	58. 17	10 753	54 100	-1. 36	5. 18	15. 1	13. 17
1971—1972	11 399. 5	12. 54	19. 14	6748. 5	14. 53	11. 33	4651. 0	9. 78	7. 81	59. 20	10 473	55 401	-2. 60	5. 72	16. 0	1. 03
1972—1973	11 486. 7	0. 76	19. 34	6823. 1	1. 11	11. 49	4663. 6	0. 27	7. 85	59. 40	10 705	56 701	2. 21	5. 82	14. 7	43. 75
1973—1974	10 857. 2	-5. 48	17. 49	6525. 2	-4. 37	10. 51	4332. 0	-7. 11	6. 98	60. 10	10 591	58 000	-1. 06	6. 12	17. 3	19. 20
1974—1975	11 394. 0	4. 94	18. 14	6904. 8	5. 82	10. 99	4489. 2	3. 63	7. 15	60. 60	11 279	59 302	6. 50	6. 68	17. 5	5. 76
1975—1976	14 228. 1	24. 87	20. 78	8793. 0	27. 35	12. 84	5435. 1	21. 07	7. 94	61. 80	11 181	60 699	-0. 87	7. 74	17. 2	8. 86

续表

财年	财政总支出/亿卢比	财政总支出增长率/%	财政总支出占GDP比重/%	发展性支出/亿卢比	发展性支出增长率/%	发展性支出占GDP比重/%	非发展性支出/亿卢比	非发展性支出增长率/%	非发展性支出占GDP比重/%	发展性支出占财政总支出比重/%	实际人均GDP/卢比	全国总人口/万人	人均GDP增长率/%	实际利率/%	总资本形成率/%	总资本形成增长率/%
1976—1977	15 305.7	7.57	22.08	9535.4	8.44	13.76	5770.2	6.17	8.32	62.30	11 750	61 999	5.09	7.72	17.4	16.02
1977—1978	15 532.7	1.48	20.85	9723.5	1.97	13.05	5809.2	0.68	7.80	62.60	12 129	63 402	3.23	8.84	17.8	28.38
1978—1979	17 662.2	13.71	22.47	11250.8	15.71	14.31	6411.4	10.37	8.16	63.70	11 221	64 800	−7.48	10.77	21.1	5.82
1979—1980	17 643.6	−0.11	23.68	11 194.8	−0.50	15.02	6448.7	0.58	8.66	63.45	11 760	66 399	4.80	−1.06	20.4	11.84
1980—1981	19 354.2	9.70	24.24	12 508.0	11.73	15.66	6846.2	6.16	8.57	64.63	12 188	67 901	3.65	4.48	19.2	16.10
1981—1982	19 830.6	2.46	23.51	12 838.5	2.64	15.22	6992.2	2.13	8.29	64.74	12 261	69 199	0.59	5.12	18.9	12.67
1982—1983	21 256.1	7.19	24.49	13 737.2	7.00	15.82	7518.9	7.53	8.66	64.63	12 950	70 803	5.62	7.77	19.1	11.28
1983—1984	22 972.3	8.07	24.54	14 686.6	6.91	15.69	8285.7	10.20	8.85	63.93	13 171	72 300	1.71	7.32	18.2	17.54
1984—1985	25 889.4	12.70	26.60	16 716.0	13.82	17.17	9173.3	10.71	9.42	64.57	13 429	73 901	1.96	7.95	19.1	21.54
1985—1986	27 521.4	6.30	27.15	17 679.4	5.76	17.44	9842.0	7.29	9.71	64.24	13 718	75 498	2.15	8.68	20.6	9.05
1986—1987	30 688.7	11.51	29.02	18 852.8	6.64	17.83	11 836.0	20.26	11.19	61.43	13 896	77 098	1.30	9.09	20.1	23.80
1987—1988	30 978.5	0.94	28.29	18 624.1	−1.21	17.01	12 354.4	4.38	11.28	60.12	14 985	78 800	7.84	6.56	21.9	23.92
1988—1989	32 772.4	5.79	27.17	19 283.9	3.54	15.99	13 488.5	9.18	11.18	58.84	15 575	80 499	3.94	7.64	22.8	19.25
1989—1990	36 048.7	10.00	28.16	22 209.6	15.17	17.35	13 839.1	2.60	10.81	61.61	16 065	82 200	3.15	7.44	23.7	28.23
1990—1991	36 300.0	0.70	26.93	21 693.9	−2.32	16.09	14 606.1	5.54	10.84	59.76	15 971	83 901	−0.59	5.27	26.0	−3.73
1991—1992	36 068.7	−0.64	26.38	21 220.0	−2.18	15.52	14 848.7	1.66	10.86	58.83	16 520	85 603	3.44	3.62	21.8	21.46
1992—1993	37 735.4	4.62	26.20	21 967.8	3.52	15.25	15 767.7	6.19	10.95	58.22	17 067	87 198	3.31	9.13	23.0	10.84
1993—1994	39 545.9	4.80	25.98	21 934.6	−0.15	14.41	17 611.3	11.69	11.57	55.47	17 799	89 198	4.29	5.81	22.2	30.73
1994—1995	40 680.2	2.87	25.12	22 416.8	2.20	13.84	18 263.4	3.70	11.28	55.10	18 725	90 999	5.20	4.34	24.7	19.91
1995—1996	42 208.0	3.76	24.29	22 990.7	2.56	13.23	19 217.3	5.22	11.06	54.47	19 834	92 802	5.92	5.86	25.3	8.41

续表

财年	财政总支出/亿卢比	财政总支出增长率/%	财政总支出占GDP比重/%	发展性支出/亿卢比	发展性支出增长率/%	发展性支出占GDP比重/%	非发展性支出/亿卢比	非发展性支出增长率/%	非发展性支出占GDP比重/%	发展性支出占财政总支出比重/%	实际人均GDP/卢比	全国总人口/万人	人均GDP增长率/%	实际利率/%	总资本形成率/%	总资本形成增长率/%
1996—1997	44 044. 7	4. 35	23. 47	23 765. 2	3. 37	12. 67	20 279. 5	5. 53	10. 81	53. 96	20 301	94 601	2. 35	7. 79	23. 7	19. 63
1997—1998	47 456. 1	7. 75	24. 25	24 805. 5	4. 38	12. 68	22 650. 6	11. 69	11. 57	52. 27	21 239	96 402	4. 62	6. 91	25. 6	8. 56
1998—1999	53 308. 5	12. 33	25. 53	27 544. 5	11. 04	13. 19	25 764. 1	13. 75	12. 34	51. 67	22 527	98 302	6. 06	5. 12	24. 20	23. 44
1999—2000	59 970. 2	12. 50	26. 60	30 459. 1	10. 58	13. 51	29 511. 1	14. 54	13. 09	50. 79	23 047	100 100	2. 31	9. 19	26. 6	-1. 96
2000—2001	61 405. 7	2. 39	26. 15	31 811. 0	4. 44	13. 55	29 594. 7	0. 28	12. 60	51. 80	23 798	101 899	3. 26	8. 34	24. 3	8. 11
2001—2002	66 079. 0	7. 61	26. 70	33 620. 4	5. 69	13. 58	32 458. 6	9. 68	13. 11	50. 88	24 346	103 999	2. 30	8. 59	24. 2	9. 91
2002—2003	73 577. 6	11. 35	28. 62	37 506. 6	11. 56	14. 59	36 071. 0	11. 13	14. 03	50. 98	25 893	105 599	6. 35	7. 91	24. 8	21. 45
2003—2004	83 416. 8	13. 37	30. 05	43 765. 8	16. 69	15. 77	39 651. 0	9. 92	14. 28	52. 47	27 286	107 202	5. 38	7. 31	26. 8	39. 56
2004—2005	84 047. 9	0. 76	28. 28	43 036. 2	-1. 67	14. 48	41 011. 6	3. 43	13. 80	51. 20	29 413	108 901	7. 79	4. 91	32. 8	20. 27
2005—2006	89 771. 8	6. 81	27. 60	47 654. 1	10. 73	14. 65	42 117. 8	2. 70	12. 95	53. 08	31 768	110 601	8. 01	6. 25	34. 7	19. 67
2006—2007	98 429. 9	9. 64	27. 62	52 182. 6	9. 50	14. 64	46 247. 4	9. 80	12. 97	53. 01	34 241	112 201	7. 78	4. 48	35. 7	24. 12
2007—2008	105 910. 6	7. 60	27. 18	57 193. 2	9. 60	14. 68	48 717. 4	5. 34	12. 50	54. 00	36 037	113 802	5. 25	6. 87	38. 1	1. 61
2008—2009	118 667. 8	12. 05	28. 54	70 006. 5	22. 40	16. 83	48 661. 3	-0. 12	11. 70	58. 99	38 599	115 399	7. 11	4. 28	34. 3	22. 35
2009—2010	134 140. 9	13. 04	29. 70	76 974. 5	9. 95	17. 04	57 166. 3	17. 48	12. 66	57. 38	41 471	117 000	7. 44	5. 77	36. 5	20. 24
2010—2011	143 163. 7	6. 73	29. 11	84 604. 2	9. 91	17. 20	58 559. 6	2. 44	11. 91	59. 10	43 657	118 601	5. 27	-0. 60	36. 5	12. 64
2011—2012	147 555. 3	3. 07	28. 12	86 576. 0	2. 33	16. 50	60 979. 3	4. 13	11. 62	58. 67	45 046	120 199	3. 18	1. 50	35. 5	10. 02
2012—2013	160 083. 1	8. 49	29. 20	93 507. 6	8. 01	17. 06	66 575. 5	9. 18	12. 14	58. 41	46 567	121 700	3. 38	3. 20	34. 8	12. 66
2013—2014	175 830. 9	9. 84	30. 62	100 461. 0	7. 44	17. 50	75 369. 9	13. 21	13. 13	57. 14	48 365	123 300	3. 86	3. 16	36. 3	14. 38
2014—2015	187 578. 5	6. 68	30. 42	110 462. 1	9. 96	17. 91	77 116. 4	2. 32	12. 51	58. 89	50 412	124 737	4. 23	3. 05	35. 4	15. 21
2015—2016	198 326. 2	5. 73	29. 83	115 624. 2	4. 67	17. 39	82 702. 0	7. 24	12. 44	58. 30	53 096	125 548	5. 32	3. 14	36. 8	15. 68

附录 B　印度财政债务利息支出、国防支出和养老服务支出(2003—2004 财年不变价格)

财年	债务利息支出				国防支出				养老服务支出			
	债务利息支出占GDP比重/%	债务利息支出占财政总支出比重/%	债务利息支出/亿卢比	债务利息支出增长率/%	国防支出占GDP比重/%	国防支出占财政总支出比重/%	国防支出/亿卢比	国防支出增长率/%	养老服务支出占GDP比重/%	养老服务支出占财政总支出比重/%	养老服务支出/亿卢比	养老服务支出增长率/%
1974—1975	2. 15	11. 83	1347. 3	—	3. 53	19. 43	2214. 1	—	0. 21	1. 17	133. 8	—
1975—1976	2. 04	9. 80	1394. 2	3. 48	3. 95	19. 00	2703. 6	22. 11	0. 28	1. 36	193. 1	44. 32
1976—1977	2. 78	12. 61	1930. 3	38. 45	3. 06	13. 85	2120. 0	-21. 59	0. 31	1. 42	217. 0	12. 38
1977—1978	2. 42	11. 62	1804. 9	-6. 50	3. 13	15. 02	2333. 2	10. 06	0. 30	1. 46	226. 2	4. 24
1978—1979	2. 84	12. 62	2229. 5	23. 52	3. 39	15. 07	2661. 3	14. 06	0. 34	1. 50	265. 1	17. 20
1979—1980	3. 10	13. 09	2309. 7	3. 60	3. 60	15. 20	2681. 3	0. 75	0. 36	1. 51	265. 9	0. 30
1980—1981	3. 02	12. 46	2411. 7	4. 42	3. 62	14. 93	2889. 8	7. 78	0. 40	1. 67	322. 6	21. 32
1981—1982	3. 16	13. 44	2665. 4	10. 52	3. 52	14. 96	2965. 9	2. 63	0. 43	1. 83	362. 1	12. 24
1982—1983	3. 39	13. 86	2946. 3	10. 54	3. 57	14. 59	3102. 1	4. 59	0. 46	1. 90	403. 4	11. 41
1983—1984	3. 46	14. 11	3242. 1	10. 04	3. 56	14. 50	3330. 3	7. 36	0. 49	2. 00	458. 3	13. 61
1984—1985	4. 12	15. 50	4012. 8	23. 77	3. 60	13. 52	3500. 5	5. 11	0. 55	2. 05	531. 8	16. 04
1985—1986	4. 17	15. 36	4227. 3	5. 35	3. 66	13. 48	3709. 3	5. 96	0. 57	2. 10	578. 5	8. 78
1986—1987	4. 64	16. 00	4910. 5	16. 16	4. 33	14. 91	4575. 4	23. 35	0. 64	2. 20	674. 2	16. 54
1987—1988	4. 77	16. 87	5225. 4	6. 41	3. 12	11. 02	3414. 4	-25. 37	1. 29	4. 58	1417. 3	110. 22
1988—1989	4. 97	18. 30	5998. 7	14. 80	2. 89	10. 64	3486. 3	2. 11	1. 25	4. 59	1505. 2	6. 20
1989—1990	5. 36	19. 04	6861. 9	14. 39	2. 67	9. 47	3412. 0	-2. 13	1. 26	4. 49	1618. 9	7. 55
1990—1991	5. 48	20. 34	7382. 7	7. 59	2. 39	8. 88	3224. 9	-5. 48	1. 14	4. 22	1530. 4	-5. 47
1991—1992	5. 70	21. 59	7788. 7	5. 50	2. 10	7. 97	2875. 0	-10. 85	1. 12	4. 23	1524. 6	-0. 38

续表

财年	债务利息支出				国防支出				养老服务支出			
	债务利息支出占GDP比重/%	债务利息支出占财政总支出比重/%	债务利息支出/亿卢比	债务利息支出增长率/%	国防支出占GDP比重/%	国防支出占财政总支出比重/%	国防支出/亿卢比	国防支出增长率/%	养老服务支出占GDP比重/%	养老服务支出占财政总支出比重/%	养老服务支出/亿卢比	养老服务支出增长率/%
1992—1993	5.91	22.55	8508.6	9.24	1.99	7.61	2872.8	−0.08	1.22	4.65	1754.7	15.09
1993—1994	6.03	23.20	9174.3	7.82	2.12	8.17	3228.9	12.40	1.21	4.66	1844.0	5.09
1994—1995	6.08	24.20	9843.8	7.30	1.92	7.65	3113.7	−3.57	1.43	5.70	2320.4	25.84
1995—1996	5.83	24.00	10 128.7	2.89	1.86	7.67	3237.4	3.97	1.20	4.95	2091.0	−9.89
1996—1997	5.81	24.73	10 892.3	7.54	1.74	7.43	3270.3	1.02	1.24	5.28	2326.4	11.26
1997—1998	5.93	24.46	11 607.8	6.57	1.98	8.15	3867.7	18.27	1.40	5.78	2740.6	17.80
1998—1999	6.14	24.03	12 810.0	10.36	1.98	7.75	4131.4	6.82	1.74	6.82	3633.0	32.56
1999—2000	6.53	24.54	14 717.3	14.89	2.09	7.85	4709.5	13.99	2.20	8.26	4950.5	36.26
2000—2001	6.61	25.30	15 534.4	5.55	2.01	7.67	4711.0	0.03	2.09	8.00	4910.6	−0.81
2001—2002	7.01	26.26	17 353.7	11.71	1.89	7.09	4687.6	−0.50	2.01	7.52	4966.5	1.14
2002—2003	7.40	25.86	19 027.2	9.64	1.90	6.65	4894.4	4.41	2.04	7.12	5235.8	5.42
2003—2004	7.91	26.32	21 953.4	15.38	2.05	6.83	5694.0	16.34	2.21	7.35	6132.8	17.13
2004—2005	7.04	24.88	20 912.8	−4.74	2.22	7.85	6598.4	15.88	2.10	7.44	6254.0	1.98
2005—2006	6.25	22.65	20 332.5	−2.77	2.06	7.47	6703.4	1.59	2.07	7.49	6724.3	7.52
2006—2007	6.04	21.87	21 530.0	5.89	1.87	6.77	6668.1	−0.53	2.03	7.35	7230.1	7.52
2007—2008	5.54	20.37	21 573.5	0.20	1.69	6.24	6603.6	−0.97	1.95	7.17	7596.7	5.07
2008—2009	5.29	18.55	22 010.0	2.02	1.83	6.43	7627.4	15.50	2.06	7.21	8557.3	12.64
2009—2010	5.27	17.73	23 784.3	8.06	2.00	6.73	9026.7	18.35	2.55	8.58	11 516.0	34.58

续表

财年	债务利息支出				国防支出				养老服务支出			
	债务利息支出占GDP比重/%	债务利息支出占财政总支出比重/%	债务利息支出/亿卢比	债务利息支出增长率/%	国防支出占GDP比重/%	国防支出占财政总支出比重/%	国防支出/亿卢比	国防支出增长率/%	养老服务支出占GDP比重/%	养老服务支出占财政总支出比重/%	养老服务支出/亿卢比	养老服务支出增长率/%
2010—2011	4.92	16.92	24 222.2	1.84	1.83	6.30	9015.4	−0.13	2.56	8.79	12 582.4	9.26
2011—2012	4.84	17.20	25 382.1	4.79	1.75	6.21	9167.8	1.69	2.50	8.90	13 137.2	4.41
2012—2013	4.99	17.09	27 352.8	7.76	1.63	5.57	8909.9	−2.81	2.49	8.54	13 665.5	4.02
2013—2014	5.15	16.83	29 594.4	8.20	1.65	5.40	9494.7	6.56	2.52	8.24	14 481.7	5.97
2014—2015	5.02	16.50	30 950.5	4.58	1.75	5.75	10 791.7	13.66	2.54	8.35	15 663.4	8.16
2015—2016	4.88	16.35	32 426.3	4.77	1.81	6.07	12 032.3	11.50	2.55	8.55	16 951.6	8.22

附录 C　印度财政教育服务支出、医疗服务支出和行政管理支出(2003—2004 财年不变价格)

财年	教育服务支出				医疗卫生支出				行政管理支出绝对数			
	教育服务支出占GDP比重/%	教育服务支出占财政总支出比重/%	教育服务支出/亿卢比	教育服务支出增长率/%	医疗服务支出占GDP比重/%	医疗服务支出占财政总支出比重/%	医疗服务支出/亿卢比	医疗服务支出增长率/%	行政管理支出/亿卢比	行政管理支出占财政总支出比重/%	行政管理支出占GDP比重/%	行政管理支出增长率/%
1974—1975	2.86	15.77	1796.8	—	1.02	5.62	640.8	—	399.8	3.51	0.64	—
1975—1976	3.17	15.25	2169.2	20.73	1.09	5.26	748.4	16.79	482.4	3.39	0.70	20.66
1976—1977	3.17	14.36	2198.4	1.35	1.14	5.16	790.2	5.59	506.4	3.31	0.73	4.98
1977—1978	3.14	15.08	2341.9	6.53	1.16	5.55	861.4	9.01	541.3	3.48	0.73	6.89
1978—1979	3.31	14.71	2597.9	10.93	1.26	5.61	990.7	15.01	593.7	3.36	0.76	9.68

续表

财年	教育服务支出				医疗卫生支出				行政管理支出绝对数			
	教育服务支出占GDP比重/%	教育服务支出占财政总支出比重/%	教育服务支出/亿卢比	教育服务支出增长率/%	医疗服务支出占GDP比重/%	医疗服务支出占财政总支出比重/%	医疗服务支出/亿卢比	医疗服务支出增长率/%	行政管理支出/亿卢比	行政管理支出占财政总支出比重/%	行政管理支出占GDP比重/%	行政管理支出增长率/%
1979—1980	3.29	13.90	2452.6	-5.59	1.34	5.67	1000.7	1.01	536.6	3.04	0.72	-9.62
1980—1981	3.48	14.38	2782.2	13.44	1.42	5.86	1134.5	13.37	607.5	3.14	0.76	13.21
1981—1982	3.33	14.15	2805.8	0.85	1.39	5.93	1176.0	3.66	641.6	3.24	0.76	5.61
1982—1983	3.50	14.29	3037.9	8.27	1.41	5.76	1223.7	4.06	673.2	3.17	0.78	4.93
1983—1984	3.42	13.93	3200.7	5.36	1.45	5.89	1353.5	10.61	834.1	3.63	0.89	23.90
1984—1985	3.51	13.20	3418.2	6.80	1.48	5.55	1435.8	6.08	848.9	3.28	0.87	1.77
1985—1986	3.64	13.40	3687.0	7.86	1.47	5.43	1495.0	4.12	1075.0	3.91	1.06	26.63
1986—1987	3.76	12.94	3972.0	7.73	1.57	5.41	1660.0	11.04	1065.7	3.47	1.01	-0.87
1987—1988	3.87	13.67	4235.1	6.62	1.52	5.39	1668.8	0.53	1079.2	3.48	0.99	1.27
1988—1989	3.67	13.51	4426.9	4.53	1.41	5.20	1705.1	2.18	1149.9	3.51	0.95	6.55
1989—1990	3.68	13.06	4708.7	6.37	1.37	4.88	1759.9	3.21	1258.8	3.49	0.98	9.47
1990—1991	3.68	13.67	4963.7	5.42	1.31	4.87	1768.2	0.47	1419.2	3.91	1.05	12.74
1991—1992	3.43	12.99	4683.5	-5.64	1.21	4.58	1650.9	-6.63	1357.0	3.76	0.99	-4.38
1992—1993	3.44	13.11	4948.6	5.66	1.23	4.68	1766.8	7.02	1367.5	3.62	0.95	0.77
1993—1994	3.35	12.90	5101.0	3.08	1.22	4.70	1859.8	5.26	1482.6	3.75	0.97	8.42
1994—1995	3.15	12.53	5095.2	-0.11	1.15	4.58	1863.6	0.20	1793.3	4.41	1.11	20.96
1995—1996	3.11	12.80	5403.0	6.04	1.10	4.54	1915.4	2.78	1856.6	4.40	1.07	3.53
1996—1997	3.00	12.79	5634.6	4.29	1.06	4.53	1993.9	4.10	1780.3	4.04	0.95	-4.11

续表

财年	教育服务支出				医疗卫生支出				行政管理支出绝对数			
	教育服务支出占 GDP 比重/%	教育服务支出占财政总支出比重/%	教育服务支出/亿卢比	教育服务支出增长率/%	医疗服务支出占 GDP 比重/%	医疗服务支出占财政总支出比重/%	医疗服务支出/亿卢比	医疗服务支出增长率/%	行政管理支出/亿卢比	行政管理支出占财政总支出比重/%	行政管理支出占 GDP 比重/%	行政管理支出增长率/%
1997—1998	3. 11	12. 83	6090. 5	8. 09	1. 15	4. 72	2241. 4	12. 41	2065. 8	4. 35	1. 06	16. 04
1998—1999	3. 41	13. 34	7109. 2	16. 73	1. 21	4. 73	2523. 1	12. 57	2111. 7	3. 96	1. 01	2. 22
1999—2000	3. 68	13. 83	8291. 5	16. 63	1. 19	4. 46	2675. 9	6. 06	2304. 1	3. 84	1. 02	9. 11
2000—2001	3. 37	12. 88	7910. 9	-4. 59	1. 11	4. 25	2611. 6	-2. 40	2591. 5	4. 22	1. 10	12. 47
2001—2002	3. 31	12. 38	8183. 2	3. 44	1. 09	4. 08	2695. 4	3. 21	2960. 5	4. 48	1. 20	14. 24
2002—2003	3. 39	11. 86	8727. 0	6. 65	1. 14	4. 00	2940. 2	9. 08	3578. 2	4. 86	1. 39	20. 86
2003—2004	3. 72	12. 39	10 333. 9	18. 41	1. 31	4. 35	3624. 6	23. 28	3626. 4	4. 35	1. 31	1. 35
2004—2005	3. 35	11. 84	9951. 2	-3. 70	1. 21	4. 28	3594. 5	-0. 83	3525. 4	4. 19	1. 19	-2. 79
2005—2006	3. 43	12. 43	11 156. 1	12. 11	1. 22	4. 44	3983. 3	10. 82	4212. 6	4. 69	1. 29	19. 49
2006—2007	3. 49	12. 65	12 447. 2	11. 57	1. 22	4. 41	4338. 6	8. 92	4629. 5	4. 70	1. 30	9. 90
2007—2008	3. 27	12. 03	12 744. 8	2. 39	1. 17	4. 30	4552. 6	4. 93	5557. 4	5. 25	1. 43	20. 04
2008—2009	3. 51	12. 32	14 617. 5	14. 69	1. 20	4. 19	4976. 9	9. 32	9640. 3	8. 12	2. 32	73. 47
2009—2010	3. 81	12. 83	17 213. 7	17. 76	1. 29	4. 35	5834. 3	17. 23	9125. 2	6. 80	2. 02	-5. 34
2010—2011	3. 97	13. 63	19 517. 7	13. 38	1. 25	4. 31	6166. 2	5. 69	8817. 0	6. 16	1. 79	-3. 38
2011—2012	3. 89	13. 83	20 407. 7	4. 56	1. 19	4. 22	6229. 9	1. 03	9235. 2	6. 26	1. 76	4. 74
2012—2013	3. 85	13. 18	21 106. 1	3. 42	1. 30	4. 44	7101. 4	13. 99	9142. 9	5. 71	1. 67	-1. 00
2013—2014	3. 89	12. 70	22 335. 6	5. 83	1. 36	4. 45	7822. 4	10. 15	9048. 0	5. 15	1. 58	-1. 04
2014—2015	3. 86	12. 69	23 803. 4	6. 57	1. 33	4. 37	8201. 7	4. 85	9885. 4	5. 27	1. 60	9. 26
2015—2016	3. 84	12. 87	25 527. 1	7. 24	1. 34	4. 49	8907. 9	8. 61	10 393. 5	5. 14	1. 53	5. 14

附录 D　印度财政经济服务支出和财政补贴支出(2003—2004 财年不变价格)

财年	经济服务支出									财政补贴支出			
	经济服务支出内部构成					经济服务支出占财政总支出比重/%	经济服务支出/亿卢比	经济服务支出增长率/%	经济服务支出占GDP比重/%	财政补贴支出/亿卢比	财政补贴支出增长率/%	补贴支出占财政总支出比重/%	财政补贴占GDP比重/%
	农业支出/%	工矿业支出/%	能源灌溉与防洪支出/%	交通与通信支出/%	公共工程支出/%								
1974—1975	7.57	1.87	0.81	3.15	0.98	14.38	1637.9	—	2.61	6229.7	—	5.47	0.99
1975—1976	7.47	2.48	0.83	2.98	0.72	14.48	2060.8	25.82	3.01	7645.9	22.73	5.37	1.12
1976—1977	7.72	2.28	0.88	3.29	0.55	14.73	2254.4	9.39	3.25	7835.7	2.48	5.12	1.13
1977—1978	8.44	2.84	0.97	3.15	0.47	15.87	2465.2	9.35	3.31	8566.5	9.33	5.52	1.15
1978—1979	9.34	2.18	1.24	3.59	0.56	16.90	2984.2	21.05	3.80	9185.9	7.23	5.20	1.17
1979—1980	9.65	2.65	1.07	3.72	0.76	17.85	3149.2	5.53	4.23	8477.2	-7.72	4.80	1.14
1980—1981	9.79	2.50	1.67	3.68	0.75	18.39	3558.3	12.99	4.46	9386.1	10.72	4.85	1.18
1981—1982	9.68	2.89	1.21	3.53	0.71	18.02	3574.1	0.44	4.24	10 218.0	8.86	5.15	1.21
1982—1983	9.68	2.66	1.28	3.14	0.73	17.49	3717.3	4.01	4.28	10 427.8	2.05	4.91	1.20
1983—1984	9.88	2.33	0.96	2.97	0.65	16.77	3853.4	3.66	4.12	12 926.4	23.96	5.63	1.38
1984—1985	10.55	3.29	1.60	2.92	0.73	19.08	4939.7	28.19	5.07	14 242.0	10.18	5.50	1.46
1985—1986	8.10	2.61	2.84	2.74	0.72	17.02	4682.8	-5.20	4.62	16 691.3	17.20	6.06	1.65
1986—1987	8.26	2.73	2.34	2.46	0.74	16.52	5070.7	8.28	4.79	17 231.5	3.24	5.61	1.63
1987—1988	8.71	2.83	2.57	2.50	0.79	17.40	5389.0	6.28	4.92	16 941.2	-1.68	5.47	1.55
1988—1989	8.59	2.49	2.39	2.34	0.73	16.54	5419.6	0.57	4.49	17 769.3	4.89	5.42	1.47
1989—1990	8.49	2.79	2.26	2.81	0.73	17.08	6157.8	13.62	4.81	19 945.0	12.24	5.53	1.56
1990—1991	8.99	2.01	2.20	2.14	0.74	16.07	5832.3	-5.29	4.33	21 961.6	10.11	6.05	1.63
1991—1992	8.56	1.71	5.50	2.35	0.66	18.79	6776.2	16.18	4.96	22 995.6	4.71	6.38	1.68
1992—1993	9.10	1.91	3.55	2.40	0.71	17.66	6665.6	-1.63	4.63	21 060.2	-8.42	5.58	1.46

续表

财年	经济服务支出									财政补贴支出			
	经济服务支出内部构成					经济服务支出占财政总支出比重/%	经济服务支出/亿卢比	经济服务支出增长率/%	经济服务支出占GDP比重/%	财政补贴支出/亿卢比	财政补贴支出增长率/%	补贴支出占财政总支出比重/%	财政补贴占GDP比重/%
	农业支出/%	工矿业支出/%	能源灌溉与防洪支出/%	交通与通信支出/%	公共工程支出/%								
1993—1994	8.95	1.86	3.85	2.41	0.68	17.74	7016.2	5.26	4.61	23 000.3	9.21	5.82	1.51
1994—1995	8.89	1.42	3.52	2.33	0.60	16.75	6814.8	−2.87	4.21	27 777.6	20.77	6.83	1.71
1995—1996	8.40	1.53	3.51	1.95	0.63	16.01	6757.1	−0.85	3.89	29 017.5	4.46	6.87	1.67
1996—1997	7.81	1.84	4.77	2.11	0.65	17.18	7568.2	12.00	4.03	30 344.3	4.57	6.89	1.62
1997—1998	7.66	1.30	3.71	2.15	0.67	15.48	7347.1	−2.92	3.75	32 997.8	8.75	6.95	1.69
1998—1999	8.00	1.22	3.48	2.07	0.57	15.34	8177.5	11.30	3.92	36 032.6	9.20	6.76	1.73
1999—2000	7.52	1.31	3.17	2.35	0.62	14.97	8976.3	9.77	3.98	41 145.9	14.19	6.86	1.82
2000—2001	6.48	1.15	3.95	3.29	0.64	15.50	9517.3	6.03	4.05	42 323.7	2.86	6.89	1.80
2001—2002	6.52	1.18	4.31	3.46	0.60	16.06	10 611.6	11.50	4.29	44 638.2	5.47	6.76	1.80
2002—2003	6.95	2.51	3.85	3.14	0.48	16.93	12 453.0	17.35	4.84	44 869.2	0.52	6.10	1.75
2003—2004	5.41	2.53	6.77	3.56	0.54	18.82	15 695.8	26.04	5.65	47 781.5	6.49	5.73	1.72
2004—2005	4.60	1.70	4.27	3.04	0.53	14.14	11 883.4	−24.29	4.00	50 628.9	5.96	6.02	1.70
2005—2006	4.93	1.56	4.52	4.28	0.52	15.81	14 193.0	19.43	4.36	51 449.1	1.62	5.73	1.58
2006—2007	5.32	1.69	5.03	4.64	0.61	17.29	17 023.0	19.94	4.78	53 633.6	4.25	5.45	1.50
2007—2008	5.76	1.33	4.33	4.32	0.62	16.37	17 332.6	1.82	4.45	55 342.5	3.19	5.23	1.42
2008—2009	6.75	1.61	4.08	4.02	0.54	17.00	20 170.4	16.37	4.85	63 588.2	14.90	5.36	1.53
2009—2010	5.95	1.98	3.39	4.58	0.60	16.50	22 132.7	9.73	4.90	77 338.7	21.62	5.77	1.71
2010—2011	6.05	3.01	2.86	4.57	0.63	17.11	24 498.6	10.69	4.98	77 564.8	0.29	5.42	1.58
2011—2012	5.44	3.91	3.30	4.19	0.53	17.37	25 625.9	4.60	4.88	82 617.1	6.51	5.60	1.57

续表

财年	经济服务支出									财政补贴支出			
	经济服务支出内部构成					经济服务支出占财政总支出比重/%	经济服务支出/亿卢比	经济服务支出增长率/%	经济服务支出占GDP比重/%	财政补贴支出/亿卢比	财政补贴支出增长率/%	补贴支出占财政总支出比重/%	财政补贴占GDP比重/%
	农业支出/%	工矿业支出/%	能源灌溉与防洪支出/%	交通与通信支出/%	公共工程支出/%								
2012—2013	5.84	4.49	2.04	3.83	0.68	16.89	27 041.9	5.53	4.93	90 580.0	9.64	5.66	1.65
2013—2014	5.64	3.05	3.20	3.85	0.65	16.41	28 846.6	6.67	5.02	98 342.7	8.57	5.59	1.71
2014—2015	—	—	—	—	—	16.91	31 719.5	9.96	5.14	101 855.1	3.57	5.43	1.65
2015—2016	—	—	—	—	—	17.14	33 993.1	7.17	5.11	109 277.7	7.29	5.51	1.64

参考文献

[1] AFONSO A, FURCERI D. Government size, composition, volatility and economic growth [J]. European journal of political economy, 2010, 26 (4): 517-532.

[2] AGELL J, LINDH T, OHLSSON H. Growth and the public sector: a critical review essay [J]. European journal of political economy, 1997, 13 (1): 33-52.

[3] AGELL J, LINDH T, OHLSSON H. Growth and the public sector: a reply [J]. European journal of political economy, 1999, 15 (2): 359-366.

[4] AGELL J, OHLSSON H, THOURSIE P S. Growth effects of government expenditure and taxation in rich countries a comment [J]. European economic review, 2006, 50 (1): 211-218.

[5] AGÉNOR P R. Fiscal policy and endogenous growth with public infrastructure [J]. Oxford economic papers, 2008, 60 (1): 57-87.

[6] AGÉNOR P R. Schooling and public capital in a model of endogenous growth [J]. Economica, 2011, 78 (309): 108-132.

[7] ALESINA A, RODRIK D. Distributive politics and economic growth [J]. The quarterly journal of economics, 1994, 109 (2): 465-490.

[8] ARROW K J, KRUZ M. Public investment, the rate of return, and optimal fiscal policy [M]. London: Routledge, 2013.

[9] ARROW K J. The economic implication of learning by doing [J]. Review of economic studies, 1962, 29 (3): 155-173.

[10] ASCHAUER D. Is public expenditure productive? [J] Journal of monetary economics, 1989, 23 (2): 177-220.

[11] AUTERI M, CONSTANTINI M. Fiscal policy and economic growth: the case of the Italian regions [J]. The review of regional studies, 2004, 34 (1): 72.

[12] BARRO R J. Determinants of economic growth: a cross-country empirical study [R]. National Bureau of Economic Research, 1996.

[13] BARRO R J. Economic growth in a cross section of countries [J]. The quarterly journal of economics, 1991, 106 (2): 407-443.

[14] BARRO R J. Government spending in a simple model of endogeneous growth [J]. Journal of political economy, 1990, 98 (5): S103-S125.

[15] BARRO R J, MANKIW N G, SALA-I-MARTIN X. Capital mobility in neoclassical models of growth [J]. American economic review, 1995, 85 (1): 103-115.

[16] BARRO R J, SALA-I-MARTIN, X. Economic growth [M]. New York: McGraw-Hill, 1995.

[17] BARRO R J, SALA-I-MARTIN X. Public finance in models of economic growth [J]. The review of economic studies, 1992, 59 (4): 645-661.

[18] BATTAGLINI M, COATE S. A dynamic theory of public spending, taxation, and debt [Z]. NBER Working Paper, 2006.

[19] BAXTER M, KING R G. Fiscal policy in general equilibrium [J]. American economic review, 1993, 78 (3): 315-334.

[20] BECKER G S, BARRO R J. A reformulation of the economic theory of fertility [J]. Quarterly journal of economics, 1988, 103 (1): 1-25.

[21] BECKER G S, MURPHY K, TAMURA R. Human capital, fertility, and economics growth [J]. Journal of political economy, 1990, 98 (5): S12-S37.

[22] BLANKENAU W F, SIMPSON N B. Public education expenditures and growth [J]. Journal of development economics, 2004, 73 (2): 583-605.

[23] BLEANEY M F, GEMMELL N, KNELLER R. Testing the endogenous growth model: public expenditure, taxation and growth over the long run [J]. Canadian journal of economics, 2001, 34 (1): 36-57.

[24] BOSE N, HAQUE M E, OSBORN D R. Public expenditure and growth in developing countries: education is the key [Z]. Centre for Growth and Business Cycle Research Discussion Paper Series, 2003.

[25] BRITTO R. Steady - state paths in an economy with endogenous population growth [J]. Economic inquiry, 1970, 8 (4): 390-396.

[26] CASHIN P. Government spending, taxes, and economic growth [J]. IMF staff papers, 1995, 42 (2): 237-269.

[27] CASS D. Optimum growth in an aggregative model of capital accumulation [J]. Review of economic studies, 1965, 32: 233-240.

[28] CHANG W. Government spending, endogenous labor, and capital accumulation [J]. Journal of economic dynamics and control, 1999, 23 (8): 1225-1242.

[29] CHENG B S, LAI T W. Government expenditures and economic growth in South Korea: a VAR approach [J]. Journal of economic development, 1997, 22 (1): 11-24.

[30] CHEN S, LEE C. Government size and economic growth in taiwan: a threshold regre-ssion approach [J]. Journal of policy modeling, 2005, 27 (9): 1051-1066.

[31] CONTE M A, DARRAT A F. Economic growth and the expanding public sector: a reex-amination [J]. Review of economics and statistics, 1988, 70 (2): 322-330.

[32] DALTON H. Principle of public finance [J]. Journal of finance, 2004, 11 (1): 108.

[33] DEVARAJAN S, SWAROOP V, ZOU H. The composition of public expenditure and economic growth [J]. Journal of monetary economics, 1996, 37 (2): 313-344.

[34] DEVARAJAN S, XIE D, ZOU H. Should public capital be subsidized or provided? [J]. Journal of monetary economics, 1998, 41 (2): 319-331.

[35] DEVEREUX M B, LOVE D R F. The dynamic effects of government spending policies in a two-sector endogenous growth model [J]. Journal of money, credit and banking, 1995, 27: 232-256.

[36] DIXIT A K, STIGLITZ J E. Monopolistic competition and optimum product diversity [J]. The American economic review, 1977, 67 (3): 297-308.

[37] DIXIT A K, STIGLITZ J E. Monopolistic composition and optimum product diversity [J]. American economic review, 1977, 63 (3): 297-308.

[38] DOMAR E D. Capital expansion, rate of growth, and employment [J]. Econometric, 1946, 14: 137 -147.

[39] DUTT P, MITRA D. Labor versus capital in trade-policy: the role of ideology and inequality [J]. Journal of international economics, 2006, 69 (2): 310-320.

[40] EASTERLY W, REBELO S. Fiscal policy and economic growth [J]. Journal of monetary economic, 1993, 32 (3): 417-458.

[41] EGGER E, WINNER H. Evidence on corruption as an incentive for foreign direct investment [J]. European journal of political economy, 2005 (21): 932-952.

[42] ENGEN E M, SKINNER J. Fiscal policy and economic growth [Z]. NBER working paper, 1992.

[43] EVANS P, KARRAS G. Are government activities productive? Evidence from a panel of U. S. States [J]. Review of economics and statistics, 1994, 76 (1): 1-11.

[44] FINN M. Capital productive? [J]. Federal reserve bank of richmond economic quarterly, 1993, 79 (4): 53.

[45] FISHER W H, TURNOVSKY S J. Public investment, congestion, and private capital accumulation [J]. The economic journal, 1998, 108 (447): 399-413.

[46] FOLSTER S, HENREKSON M. Growth and the public sector: a critique of the critics [J]. European journal of political economy, 1999, 15 (2): 337-358.

[47] FUTAGAMI K, MORITA Y, SHIBATA A. Dynamic analysis of an endogenous growth model with public capital [J]. The scandinavian journal of economics, 1993, 95 (4): 607-625.

[48] GANGAL V L N, GUPTA H. Public expenditure and economic growth a case study of India [J]. Global journal of management and business studies, 2013, 3 (2): 191-196.

[49] GHOSH S, ROY U. Fiscal policy, long run growth, and welfare in a stock flow model of public goods [J]. Canadian journal of economics, 2004, 37 (3): 742-756.

[50] GLOMM G, RAVIKUMAR B. Productive government expenditures and long-run growth [J]. Journal of economic dynamics and control, 1997, 21 (1): 183-204.

[51] GLOMM G, RAVIKUMAR B. Public versus private investment in human capital endog-enous growth and income inequality [J]. Journal of political economy, 1992, 100 (4): 813-834.

[52] GÓMEZ M A. Optimal fiscal policy in a growing economy with public capital [J]. Macroeconomic dynamics, 2004, 8 (4): 419-435.

[53] GÓMEZ M A. Fiscal policy, congestion, and endogenous growth [J]. Journal of public economic theory, 2008, 10 (4): 595-622.

[54] GREINER A, HANUSCH H. Growth and welfare effects of fiscal policy in an endogenous growth model with public investment [J]. International tax and public finance, 1998, 5 (3): 249-261.

[55] GRIER K B, TULLOCK G. An empirical analysis of cross-national economic growth, 1951-1980 [J]. Journal of monetary economics, 1989, 24 (2): 259-276.

[56] GROSSMAN G M, HELPMAN E. Innovation and growth in the global economy [M]. Cambridge: MIT Press, 1991.

[57] HANSSON P, HENREKSON M. A new framework for testing the effect of government spending on

growth and productivity [J]. Public choice, 1994, 81 (3-4): 381-401.

[58] HAQUE M E, Kim D H. Public investment in transportation and communication and growth: a dynamic panel approach [Z]. The University of Manchester, The School of Economics Discussion Paper series 324, 2003.

[59] HENDERSON D J, KUMBHAKAR S C. Public and private capital productivity puzzle: a nonp arametric approach [J]. Southern economic journal, 2006, 73 (1): 219-232.

[60] HOLMES J M, HUTTON P A. On the casual relationship between government expenditures and national income [J]. The review of economics and statistics, 1990, 72 (1): 87-95.

[61] HOLTZ-EAKIN D. Public sector capital and the productivity puzzle [Z]. NBER Working Paper, 1992.

[62] HOLTZ-EAKIN D, LOVELY M E, TOSUN M S. Generational conflict, fiscal policy, and economic growth [J]. Journal of macroeconomics, 2004, 26 (1): 1-23.

[63] HOWITT P. Steady endogenous growth with population and R&D inputs growing [J]. Journal of political economy, 1999, 107 (4): 715-730.

[64] HULTEN C R, SCHWAB R M. Public capital formation and the growth of regional manufacturing industries [J]. National tax journal, 1991, 44 (4): 121-134.

[65] JAIN R, KUMAR P. Size of government expenditure multipliers in India: a structural VAR analysis [Z]. Reserve Bank of India Working Paper series, 2013.

[66] JONES C I, WILLIAMS J C. Too much of a good thing? The economics of investment in R&D [J]. Journal of economic growth, 2000, 5 (1): 65-85.

[67] JONES C I. R&D-based models of economic growth [J]. Journal of political economy, 1995, 103 (4): 759-784.

[68] JONES L E, MANUELLI E. A convex model of equilibrium growth: theory and policy implications [J]. Joumal of political economy, 1990, 98 (5): 1008-1038.

[69] JUDD K L. On the performance of patents [J]. Econometrica: journal of the econometric society, 1985, 53 (3): 567-586.

[70] KAAS L. Productive government spending, growth, and sequential voting [J]. European journal of political economy, 2003, 19 (2): 227-246.

[71] KHUNDRAKPAM J K. Public sector spending and economic growth in India [J]. RBI occasional paper, 2001, 22 (1): 2.

[72] KNELLER R, BLEANEY M F, GEMMELL N. Fiscal policy and growth: evidence from OECD countries [J]. Journal of public economics, 1999, 74 (2): 171-190.

[73] KOCHERLAKOTA N R, YI K. A simple time series test of endogenous vs. exogenous growth models: an application to the United States [J]. Review of economics and statistics, 1996, 78 (1): 126-134.

[74] KOOPMANS T. On the concept of optimal economic growth [C] // The econometric approach to development planning. Amsterdam: North-Holland, 1965.

[75] KORMENDI R C, MEGUIRE P G. Macroeconomic determinants of growth: cross-country evidence [J]. Journal of monetary economics, 1985, 16 (2): 141-163.

[76] KRUEGER A B, LINDAHL M. Education for growth: why and whom? [J]. Journal of economic literature, 2001, 39 (4): 1101-1136.

[77] LAMARTINA S, ZAGHINI A. Increasing public expenditure: wagner's law in OECD countries [J].

Germany economic review, 2011, 12 (2): 149-164.

[78] LANDAU D. Government and economic growth in the less developed countries: an empirical study for 1960-1980 [J]. Economic development and cultural change, 1986, 35 (1): 35-75.

[79] LANDAU D. Government expenditure and economic growth: a cross-country study [J]. Southern economic journal, 1983, 49 (3): 789-792.

[80] LAU S P. Welfare-maximizing vs. growth-maximizing shares of government investment and consumption [J]. Economics letters, 1995, 47 (3): 351-359.

[81] LEE J. Optimal size and composition of government spending [J]. Journal of the japanese and international economies, 1992, 6 (4): 423-439.

[82] LEIBENSTEIN H. Allocative efficiency vs. x-efficiency [J]. The American economic review, 1966, 56 (3): 392-415.

[83] LEVINE R, RENELT D. A sensitivity analysis of cross-country growth regressions [J]. American economic review, 1992, 82 (4): 942-963.

[84] LUCAS R E. Making a miracle [J]. Econometrica, 1993, 61 (2): 251-272.

[85] LUCAS R E. On the mechanics of economic development [J]. Journal of monetary economic, 1988, 22 (1): 3-42.

[86] MAIND S. India's government spending composition and economic growth [J]. English-Marathi, quarterly, 2015, 4 (3): 9-16.

[87] MALTHUS T R , FLEW A . An essay on the principle of population - vol. 1 [J]. Harmondsworth England penguin, 2006, 41 (1): 114-115.

[88] MOHAPATRA G, GIRI A K. The composition of public expenditure and economic growth in India: evidence from auto regressive distributed lag approach [J]. Journal of economic research, 2016, 21 (2): 205-230.

[89] MORALES M. Growth and welfare effects of public research [Z]. University of Murcia Working Paper, 2011.

[90] MTHUR A S, SIRCAR S, DAS S, Status s of agriculture in India [J]. Economic and political weekly, 2006, 30: 5332.

[91] MUNNELL A H. How does public infrastructure affect regional economic performance? [J]. New England economic review, 1990 (9/10): 11-33.

[92] MUNNELL A H. Why has productivity growth declined? Productivity and public investment [J]. New England economic review, 1990 (1/2): 3-22.

[93] PARK H, PHILIPPOPOULOS A. On the dynamics of growth and fiscal policy with redistri butive transfers [J]. Journal of public economics, 2003, 87 (3): 515-538.

[94] PARK W G. A theoretical model of government research and growth [J]. Journal of economic behavior and organization, 1998, 34 (1): 69-85.

[95] PEROTTI R. Fiscal policy in good times and bad [J]. The quarterly journal of economics, 1999, 114 (4): 1399-1436.

[96] PERSON T, TABELLINI G. Is inequality harmful for growth? [J]. American economic review, 1994, 84 (3): 600-621.

[97] PURI V K, MISRA S K. Indian economy [M]. New Delhi: Himalaya Publishing House, 2008.

[98] RAMAKUMAR R. Levels and composition of public social and economic expenditures in India, 1950-51 to 2005-06 [J]. Social scientist, 2008, 36 (9): 48-94.

[99] RAMESY F. A mathematical theory of saving [J]. Economic journal, 1928 (38): 543-559.

[100] RAMEY C T, RAMEY S L. Early learning and school readiness: can early intervention make a difference? [J]. Merrill-palmer quarterly, 2004, 50 (4): 471-491.

[101] RAM R. Government size and economic growth: a new framework and some evidence from cross-section and time-series date: comment [J]. American economic review, 1986, 76 (1): 191-203.

[102] RANJAN K D, SHARMA C. Government expenditure and economic growth: evidence from India [J]. The ICFAI university journal of public finance, 2008, 6 (3): 60-69.

[103] RAO V B. Government size and economic growth: a new framework and some evidence from cross-section and time-series data: comment [J]. American economic review, 1989, 79 (1): 272-280.

[104] REBELO S. Long-run policy analysis and long-run growth [J]. Journal of political economy, 1991, 99: 492-501.

[105] REDDY Y V, VALLREI N, RAY P. Financial and fiscal policies [M]. Oxford: Oxford University Press, 2014.

[106] RICHARDO D. On the principales of political economy and taxation [M]. Cambrige: Cambrige University Press, 1951.

[107] RIVERA-BATIZ L A, ROMER P M. International trade with edogenous technological change [J]. European economic review, 1991, 35 (4): 971-1001.

[108] ROMER P M. Endogenous technological change [J]. Journal of political economy, 1990, 98 (5): S71-S702.

[109] ROMER P M. Human capital and growth: theory and evidence [Z]. NBER Working Paper, 1989.

[110] ROMER P M. Increasing returns and long-run growth [J]. Journal of political economy, 1986, 94 (5): 1002-1037.

[111] ROMER P M. Should the government subsidize supply or demand in the market for scientists and engineers? [Z]. NAEK Working Paper, 2000.

[112] SAKTHIVEL P, YADAV I S. Causality between public expenditure and national income in India: a re-examination [J]. The IUP journal of public finance, 2007 (4): 36-51.

[113] SALA-I-MARTIN X . Transfers [Z]. NBER Working Paper, 1992.

[114] SAMUELSON P A. The pure theory of public expenditure [J]. The review of economics and statistics, 1954, 36: 387-389.

[115] SCHUMPETER J A, NICHOL A J. Robinson's economics of imperfect competition [J]. Journal of political economy, 1934, 42 (2): 249-259.

[116] SCHUMPETER J A. The thoery of economic development [M]. Cambrige MA: Harvard University Press, 1934.

[117] SENGUPTA N K. Government and business [M]. 4th ed. New Delhi: Vikas Publication House Pvt. Ltd. , 1996.

[118] SIMS C A. Macroeconomics and reality [J]. Econometrica, 1980 (48): 1-48.

[119] SINGH B, SAHNI B S. Causality between public expenditure and national income [J]. The review of economics and statistics, 1984, 66 (4): 630-644.

[120] SMITH A. An inquiry into the nature and causes of the wealth of nations [M]. New York: Random House, 1937.

[121] SMITH D. Public consumption and economic performance [J]. National westminster bank quarterly review, 1975 (11): 17-30.

[122] SOLOW ROBERT M. A contribution to the theory of economic growth [J]. The quarterly journal of economics, 1956, 70 (1): 65-94.

[123] SRINIVASAN P. Causality between public expenditure and economic growth: the Indian case [J]. Journal of economics and management, 2013, 7 (2): 335-347.

[124] SRIVASTAVA K. Issues in Indian public finance [M]. New Delhi: New Century Publications, 2014.

[125] STURM J E, DE HAAN J. Is public expenditure really productive? New evidence for the USA and the Netherlands [J]. Economic modeling, 1995, 12 (1): 60-72.

[126] SWAN T W. Economic growth and capital accumulation [J]. Economic record, 1956, 32: 334 -361.

[127] TAMAI T. Optimal fiscal policy in an endogenous growth model with public capital: a note [J]. Journal of economics, 2008, 93 (1): 81-93.

[128] TIPPECONNIC J. Reflecting on the past: some important aspects of Indian education to consider as we look toward the future [J]. Journal of American Indian education, 2000, 39 (2): 39-48.

[129] TURNOVSKY S J. Fiscal policy, adjustment costs, and endogenous growth [J]. Oxford economic papers, 1996, 48 (3): 361-381.

[130] TURNOVSKY S J. Fiscal policy, elastic labor supply, and endogenous growth [J]. Journal of monetary economics, 2000, 45 (1): 185-210.

[131] TURNOVSKY S J, FISHER W H. The composition of government expenditure and its consequences for macroeconomic performance [J]. Journal of economic dynamics and control, 1995, 19 (4): 747-786.

[132] TURNOVSKY S J. Old and new growth theories: a unifying structure [C] // SALVADORI N. Old and new growth theories: an assessment. Cheltenham: Edward Elgar: 2003.

[133] TURNOVSKY S J. Optimal tax, debt, and expenditure policies in a growing economy [J]. Journal of public economics, 1996, 60 (1): 21-44.

[134] TURNOVSKY S J. Public and private capital in an endogenously growing economy [J]. Macroeconomic dynamics, 1997, 1 (3): 615-639.

[135] TURNOVSKY S J. Public and private capital in an endogenously growing open economy [J]. Macroeconomic dynamics, 2010, 35 (1): 615-639.

[136] TURNOVSKY S J. The transitional dynamics of fiscal policy: long-run capital accumu-lation and growth [J]. Journal of money, credit, and banking, 2004, 36 (5): 883-910.

[137] UZAWA H. Optimum technical change in an aggregative model of economic growth [J]. International economic review, 1965, 6 (1): 18-31.

[138] YOUNG A. Endogenous growth without scale effects [J]. American economic review, 1998, 88 (5): 1290-1310.

[139] YOUNG A. Invention and bounded learning by doing [J]. Journal of political economy, 1993, 101 (3): 443-472.

[140] YOUNG A. Learning by doing and the dynamic effects of international trade [J]. The quarterly journal of economics, 1991, 106 (2): 369-405.

[141] YUK W. Government size and economic growth: time-series evidence for the United Kingdom, 1830-1993 [Z]. University of Victoria Econometrics Working Paper, 2005.

[142] ZHANG J. Optimal debt, endogenous fertility, and human capital exeernalities in a model with altruistic bequests [J]. Journal of public economics, 2003, 87 (7-8): 1825-1835.

[143] ZHANG J. Optimal public investments in education and endogenous growth [J]. Scandinavian journal of economiscs, 1996, 98 (3): 387-404.

[144] 保罗·萨缪尔森，威廉·诺德豪斯．经济学 [M]. 18 版．肖琛，等译．北京：人民邮电出版社，2008.

[145] 陈继东．印度政府在促进经济社会发展中的作用 [J]. 南亚研究季刊，1998 (3): 16-26.

[146] 陈明华．拉奥政府的经济改革 [J]. 世界经济与政治，1993 (1): 10-15.

[147] 崔联会．财政收入制度演进与创新研究（上）[J]. 山西财税，2004 (7): 8-11.

[148] 邓子基．财政学 [M]. 北京：高等教育出版社，2008.

[149] 龚六堂，邹恒甫．政府公共开支的增长和波动对经济增长的影响 [J]. 经济学动态，2001 (9): 58-63.

[150] 洪共福．印度政府经济发展理念的变化与经济模式的转型 [J]. 南亚研究，2009 (2): 72-75.

[151] 雷启淮．当代印度 [M]. 成都：四川人民出版社，2000.

[152] 李琼．印度医疗保障体系公平性分析 [J]. 经济评论，2009 (4): 120-127.

[153] 刘晓风．公平 VS 效率：印度与俄罗斯社会保障支出的启示 [J]. 民办教育研究，2010 (2): 40-45.

[154] 鲁达尔·达特，桑达拉姆 K P M. 印度经济 [M]. 雷启淮，李德昌，等译．成都：四川大学出版社，1994.

[155] 罗文宝，李后强．论印度财政支出的经济增长效应及对中国的启示 [J]. 经济体制改革，2017 (1): 161-167.

[156] 罗文宝，向莉．我国财政支出结构问题及其优化研究 [J]. 前沿，2014（增刊 9）: 113-114.

[157] 罗文宝，杨文武．印度财政支出规模与经济增长相关性实证研究 [J]. 亚太经济，2015 (4): 68-73.

[158] 马树才，孙长清．我国政府支出对经济增长拉动作用研究 [J]. 财经理论与实践，2005 (6): 100-104.

[159] 马栓友．1983—1999：我国的财政政策效应测算 [J]. 中国经济问题，2001 (6): 11-17.

[160] 马颖．印度渐进式市场经济体制改革成效探析 [J]. 亚太经济，2016 (3): 68-74.

[161] 秦永红，张伟．印度社会保障制度改革及其对我国的启示 [J]. 南亚研究季刊，2011 (2): 48-55.

[162] 萨伊．政治经济学概论：财富的生产、分配和消费 [M]. 陈福生，陈振骅，译．北京：商务印书馆，1963.

[163] 司马军．印度市场经济体制 [M]. 兰州：兰州大学出版社，1994.

[164] 孙培钧．印度拉奥政府的新经济政策 [J]. 亚太研究，1992 (4): 46-53.

[165] 王月清．印度瓦杰帕伊政府时期的经济 [D]. 西安：西北大学，2008.

[166] 威廉·配第．赋税论 [M]. 马妍，译．北京：中国社会科学出版社，2010.

[167] 文富德．从瓦杰帕伊政府大选失败看印度经济改革的几点教训 [J]. 南亚研究季刊，2005 (2): 1-6, 25.

[168] 文富德．印度曼·辛格政府坚持谨慎经济改革 [J]. 南亚研究，2007 (1): 9-14.

[169] 文富德．印度瓦杰帕伊政府加速经济改革［J］．国际经济评论，2001（增刊6）：52-55.
[170] 吴永年．印度经济发展的特点和拉奥政府的新政策［J］．国际观察，1993（3）：23-25，40.
[171] 严成樑，龚六堂．财政支出、税收与长期经济增长［J］．经济研究，2009（6）：4-15，51.
[172] 杨文武，李文贵．印度经济发展模式面临的新挑战［J］．南亚研究季刊，2009（4）：44-49.
[173] 杨文武．试析印度经济增长［J］．南亚研究季刊，2005（3）：9-13.
[174] 杨文武，邹毅．印度经济增长模式研究［J］．南亚研究季刊，2011（3）：90-96.
[175] 于长革．财政支出对经济增长的效应分析［J］．生产力研究，2004（11）：15-16，101.
[176] 张淑兰．印度拉奥政府经济改革研究［M］．北京：新华出版社，2003.
[177] 庄子银，邹薇．公共支出能否促进经济增长：中国的经验分析［J］．管理世界，2003（7）：4-12.